北京汉阅传播
Beijing Han-read Culture

国家出版基金项目
NATIONAL PUBLICATION FOUNDATION

史家名著书系

法国史

第1卷

FRANZÖSISCHE GESCHICHTE

LEOPOLD VON RANKE

[德]兰克 著
韦劭辰 译

吉林出版集团股份有限公司

图书在版编目（CIP）数据

法国史. 第1卷 /（德）兰克著；韦劭辰译. —长春：吉林出版集团股份有限公司, 2015.10
（史家名著书系）
ISBN 978-7-5534-8338-2

Ⅰ. ①法… Ⅱ. ①兰… ②韦… Ⅲ. ①法国－历史 Ⅳ. ①K565

中国版本图书馆CIP数据核字（2015）第181685号

法国史　第1卷

著　　者　[德]兰克
译　　者　韦劭辰
创　　意　吉林出版集团·北京汉阅传播
策划编辑　齐琳
责任编辑　齐琳
责任校对　叶心　郭亚维
封面设计　观止堂_未氓
开　　本　787mm×1092mm　1/16
字　　数　230千
印　　张　14.5
版　　次　2020年11月第1版
印　　次　2020年11月第1次印刷

出　　版　吉林出版集团股份有限公司
发　　行　北京吉版图书有限责任公司
地　　址　北京市西城区椿树园15-18号底商A222
邮编：100052
电　　话　总编办：010-63109269
发行部：010-63104979
官方微信　Han-read
邮　　箱　beijingjiban@126.com
印　　刷　三河市元兴印务有限公司

ISBN 978-7-5534-8338-2　　定价：88.00元

译者序

《法国史》是19世纪德国著名历史学家利奥波德·冯·兰克的代表作之一。相比《拉丁与日耳曼民族史》《近四个世纪的罗马教皇史》《宗教改革时期的德国史》和《世界史》等史学名著，1852—1861年间成书的《法国史》算不上兰克最有名、影响最大的作品。与同时期问世的基佐的《法国文明史》、米什莱的《法国史》相比较，兰克《法国史》仍然独具魅力。

《法国史》原著一共十八编，最初的版本分为四卷。内容始于上古时期的高卢，迄于路易十五时代。兰克没有在时间轴上平均分配内容：开头两编就把16世纪之前的法国历史概述完毕；之后用四编叙述16世纪，也就是到胡格诺战争的结束；接下来的八编全部聚焦在17世纪；末尾的四编分配给18世纪。所以，《法国史》的重心放在17世纪，这部分篇幅占全书的一半以上，16世纪与18世纪的篇幅大致相埒。全书如果译成中文，预估将超过100万字。正如原书副标题“以十六、十七世纪为重点”所言，兰克的《法国史》其实是一部详尽的法国近代早期史。M.A. Garvey的英译本以“十六、十七世纪法国的内战与王权”为主标题，直接指明全书的重点内容。我国国内的法国史研究多半集中在启蒙运动以后的近现代历史，对之前法国王权的发展与法国的宗教冲突的发掘不足。兰克的《法国史》史料丰富、细节翔实，正好可以很好地填补国内研究的空白。

本次出版的《法国史》（第1卷）是把全部十八编的前三编集成一卷，时间跨度从上古直到查理九世初年，也就是胡格诺战争爆发的前夕。后面十五编的翻译和注释工作仍在推进中。

兰克生活的年代距离18世纪还不远。虽然他被公认为近代历史学科的奠基人，他的作品仍然会带给读者一种启蒙时代“随笔”式的观感。与其认为《法国史》是一部系统的国别史专著，不如说它是由一篇篇按时间顺序排列的札记组成的文集。

作为传统的历史书籍，兰克的叙述往往表现出丰富的细节、鲜明的人物个性、引人入胜的冲突与头绪繁多的大场面。这也与兰克高度讲究史学著述的文学性有关。兰克尤其善于营造紧张的冲突氛围。比如贯穿第二编的意大利战争，在兰克的笔下，尽管叙述简洁，却充满风云诡谲。

夹叙夹议也是兰克的写作风格特征之一。他的思想随时散落在行文之中，富于启发。兰克没有持“有些事情必定发生”的历史必然性论调，反而经常强调历史人物自身的个性对历史进程造成的影响，尊重历史事件的偶然性。在本书之中，他在论述弗朗索瓦一世、加尔文、枢机主教洛林的查理等人物时都叙述了他们的个性特征甚至成长经历，显示出他评价历史事件时实事求是的原则与对人性本身的关怀。

与兰克的其他作品一样，《法国史》的叙述建立在严谨考据、筛选原始档案资料的基础上，力图在中立的立场下还原史实。《法国史》原著的每个章节都附有兰克本人的大量注脚。这些注脚指出了正文中所叙述的史实的文献来源。不过，貌似客观的叙述背后仍然存在兰克预设的“意识形态”，他在前言里已经揭示出他力图展现给读者的“历史使命观”——“伟大的民族和国家都肩负着双重的使命——民族的使命与世界历史的使命”。

作为“随笔”，读者不难感受到，兰克的行文仿佛一气呵成，较少考虑不同读者的实际阅读体验。这是《法国史》面对当代读者的明显缺憾。兰克似乎预设读者几乎与他一样博览史乘。书中许多人物是突然登场的，比如亨利二世的股肱之臣蒙莫朗西；还有一些人物，比如国王弗朗索瓦一世以及他的姐姐纳瓦拉的玛格丽特，他们的事迹散见于书中各处，可是缺少把它们串联起来的人物主线——读者不得不自行脑补完成这个任务；另外一些并非不重要的人物隐没在事件的叙述中，比如奥尔良公爵查理一世、洛林公爵勒内、凯撒·波吉亚等。

为了提升原著的可读性，我为本书添加了比较详细的注释，把兰克在写作时的“未尽之言”补充完整，适当增加了人物登场的“前传”与“后续”，期待它们能够填补一些背景知识方面的空白。

在我的翻译工作中，注释被置于与正文同等重要的地位，注释的规模也几乎与原文相当。读者可能会发现，不少人物在注释里是屡次登场的老面孔，却从未在兰克的正文里露过面。注释本身几乎构成了独立的叙事，与正文产生一种“对位”关系，就像巴洛克时代的复调音乐，不同的线索彼此相关却并行不悖。

注释有作者原注与译者注两类，书中都分别予以标明。兰克的原注大部分引用他所翻阅的档案文献，内容相对冷僻，我只选择了一部分翻译。

此外，为了梳理正文和注释里的众多人物，我特意编写了《统治者年表》作为附录，汇总本书所涉及的重要君主和大贵族世家，并且提供译名和原名对照、所属王朝或家族以及在位时间等信息。君主或大贵族的原名选用其最主要的所属国家的通用语言表示，分别为法语、意大利语、西班牙语、英语和德语，而历代教皇的原名用拉丁语表示。在不同的语言中，原名的写法存在些许差异：法语的“一世”需要用罗马数字加“er”上标来表示，比如路易一世写作“Louis Ier”；德语中无论几世，罗马数字后都带有一个点，表示这是序数词。附录里出现过的人名在正文的注释里不再标注原名，仅标注生卒年。

从附录亦可看出，兰克《法国史》的第1卷是以法兰西王权的发展为主线的。与法兰西王权展开长期斗争或合作关系的，一方面是法国国内的波旁、勃艮第、安茹、奥尔良、布列塔尼等大贵族，另一方面是法国之外的教皇、皇帝、意大利诸侯、英格兰国王与阿拉贡（西班牙）国王。兰克很善于在分别叙述国内政治发展和国际冲突的同时突出两者之间的相互影响。

我在2015年末接手本书的翻译工作。尽管本书体量不大，由于我平日里本职工作繁忙，翻译和注释的过程竟跨越了五年之久。其间，我得到了许懿达先生、周尔康先生、王顺君女士、杨丁宇先生、闾春晖先生、盛世同先生和曹言慧女士无私的指导和帮助，在此表示衷心的感谢！我本人学识有限，翻译和注释之中难免存在错误、疏漏之处，恳请广大读者批评指正！

韦劭辰

2020年7月25日于南京

前　言

身为德意志人，我想斗胆为法国的历史著书立言。

伟大的民族和国家都肩负着双重的使命——民族的使命与世界历史的使命。所以，它们的历史也呈现出两面性。伟大的民族和国家参与塑造了人类历史进程中的哪些重大时刻，或者决定性地改变了哪些历史进程的走向，这些问题唤起的求知之心已经超越了国别的藩篱，成为非本国人士关注和研究的课题。

在古罗马繁荣鼎盛的时代，希腊和罗马的历史学家都曾致力于探讨罗马的历史。前者把握其影响世界历史的一面，后者则持守在本国的立场上发表见解。我认为，两国学者最显著的区别就在于此：探讨的对象是相同的，作者的视角却是不同的，结果双方的著述都得以流传后世。

近世诸民族之中，没有一个民族能够像法兰西民族那样对其他民族产生过如此多样且持久的影响。我们或许都听人讲过这样的话：法国的历史，至少最近几个世纪的法国历史，就等同于欧洲的历史。这个说法我其实不敢苟同。法兰西民族身处欧洲文明另外四个伟大民族的包围之中，它从未在来自邻族的新潮流面前故步自封：文学和艺术方面的新风尚来自意大利，17世纪君权制度的建立借鉴了西班牙的蓝本，宗教改革的风潮与德意志紧密联动，政治改革的举措则是步英格兰之后尘。

然而，不可否认，很长一段时间以来，在整个欧洲——至少在整个欧洲大陆，具有普遍影响的运动都是从法国发起的。法国人总是精神抖擞地应对国家和教会的重大问题，并且以他们特有的表达天赋感染其他民族。他们向来善于把“自由发挥的才智”——我暂且采用这样的表达——聚焦在一处，同时把已经掌握的理论付诸实践。法国人绝不会满足于仅在观念的王国里执掌权柄。在民族自信心的感召下，法国人争强好斗，接连不断的征战让邻国喘不过气。他们常常出于自我伸张的需求而行动，即使没有这种需求也会行动；他们有时大举进攻，有时却在真实的或臆想的危机面前严防死守；他们有时把自由给予被压迫的人，更多的时候却不得不压迫那些原本自由的人。在法国本土发生的历史事件的意义及其带来的深远影响，使法国的历史在某些特定的时期具备了世界历史的特征。

其中一个这样的时期正是我力图在这套著作里呈现的。

弗朗索瓦一世、卡特琳·美第奇与她的儿子们、海军上将科利尼、吉斯兄弟、波旁家族的伟大国王亨利四世、玛利亚·美第奇、黎塞留、马萨林、路易十四……这些人物形象既属于普遍的世界历史，也属于法国历史。这些大人物以或伟大、或良善、或自相矛盾的个性特征闻名于世，但真正能让他们彼此区分开来的特征，其实是他们与那些遍布16—17世纪的宗教及政治冲突的关联。在这两个世纪中，两种教义本身的冲突显得反而没多么重要，双方的学说在法国都没有太多新的发展；更重要的是宗教信仰与国家、与那些争权夺利的党派的关系。最高王权数度深陷于被制约、被质疑甚至被威胁、被控制的绝境之中，直到它在付出巨大努力之后最终得到巩固。一个新的法兰西王国从风暴之中诞生了，它的强盛在所有拉丁-日耳曼民族建立的国家之中前所未见。拥有无限权力的君主专制出现了，引起各国纷纷效仿；当无限君权的法国把自己的诉求付诸行动时，它又遭遇到各国的抵抗。这些事件使法国长期居于欧洲和世界局势的中心。

涉及16—17世纪法国历史的著述已经汗牛充栋，但是我认为，它们还不足以实现对这段历史的真正理解。当时的著述携带着撰写过程中留下的鲜活色彩与时代烙印，内容多半充斥着党派的或个人的偏见。法国的学者已经察觉到，由梅泽雷[①]建立的、近来又由西斯蒙第[②]进一步阐发的法国史叙述是多么靠不住。有些学者已经在个别的著述中突破了这个传统，但是大部分著述还是无法摆脱这种局限。为了探明事实的真相，我更重视应用一手的档案和文献，包括近几十年法国国内出版的史料文献，以及一些更早时候在尼德兰和意大利发表的、至今无人采用的文献。写作本书时，我主要从众多尚未发表的文献中汲取素材，包括16—17世纪罗马教廷和威尼斯驻外使节的外交简报、16世纪关键年份的西班牙外交信函、17世纪关键年份的英格兰外交信函、法国国王及政要的信件和笔记、法国三级会议与巴黎高等法院会议的记录档案以及其他各种不同来源的外交通告等。其中很多档案和文献值得完整呈现。对一手史料的阅读总能带来令我欣喜的教益，甚至经常决定性地影响了我对历史的见解——其中的过程我就不在这里详述了。目前，这些档案和文献多见于法国和英国的图书馆和档案馆，也散落在意大利、德意志和比利时的图书馆和档案馆中。法国的史料文献之所以散见于多国，是因为这些国家在当初就卷入了法国的历史事件。

不过，我不打算仿效过去和当今的史学大师事无巨细地撰写一部史书，我也不具备这样的能力。否则，我只能在持续查阅法国及其邻国档案的工作中度过一生。如果我能够借助可靠的一手史料，超越历史事件

---

①梅泽雷（François Eudes de Mézeray，1610—1683），法国历史学家、法兰西院士，著有《法国史——从法拉蒙德至今》（*Histoire de France, depuis Faramond jusqu'à maintenant*）。——译者注

②西蒙德·德·西斯蒙第（Jean Charles Leonard Simonde de Sismondi，1773—1842），瑞士经济学家、历史学家。西斯蒙第是英国古典政治经济学最早的批判者之一。其史学著作有《法国史》（*Histoire des Français*）、《中世纪意大利共和国史》（*Histoire des républiques italiennes du Moyen Âge*）等。——译者注

中对立各方的彼此攻讦与后世史乘的狭隘偏见，实现对重要历史事件的客观考察，我就心满意足了。对世界历史有重要意义的事件我会详述，不那么重要的则略写。

我相信，作者的写作意图与待解决问题的性质足以决定一部史书的内在逻辑。

目　录

第一编　法国早期历史

第一章　法兰西民族的构成…… 003

第二章　法兰西国家的兴起…… 017

第三章　英法战争时期…… 039

第二编　十五世纪下半叶与十六世纪上半叶的政治和军事

第四章　1500年前后的政治与军事…… 067

第五章　弗朗索瓦一世…… 095

第六章　亨利二世时期的国际局势…… 123

第三编　法国的宗教改革实践

第七章　宗教改革的最初涌动…………………………………………… 137

第八章　日内瓦宗教改革的历程………………………………………… 147

第九章　亨利二世的最后岁月…………………………………………… 159

第十章　枢机主教洛林的查理执政时期………………………………… 169

第十一章　三级会议及法院方面的协商………………………………… 187

附录　统治者年表（截止1562年）……………………………………… 199

第一编 法国早期历史

第一章

法兰西民族的构成

铁马金戈几许，王图霸业几何。有的人物凭借武力所向披靡，抓住关键的时机战胜野蛮，为人类的文化开辟出新的舞台。世人应该把最多的赞誉给予这些英雄。盖乌斯·尤利乌斯·恺撒是他们之中最伟大的一位。在西方文明的世界里，他无疑是首屈一指的英雄。他征服了阿尔卑斯山北面的高卢地区，为文明的传播与巩固带来了伟大而持久的影响，迄今没有其他战争的影响能够比肩恺撒的成就。

占据高卢地区的民族是伊比利亚人和凯尔特人，后者占大多数。倘若把这些部落视为所谓的蛮族，恺撒的战绩就更加引人注目了。从高卢墓葬发掘出的工艺品证明了蛮族有丰富的艺术才能。他们甚至拥有类似城镇的聚落地与原始的社会习俗。在具体的部落生活之外，蛮族也发展出自己特有的观念世界。对此我们只能期待原真性的文物引导我们获得更深入的认识。另外，蛮族的风俗带有根深蒂固的粗鄙、蛮荒的特征，例如被奉若神圣的人殉祭祀与蔑视身外一切的自我感觉。由于这些特征的存在，他们很难在人类文化的谱系中成长为一脉自由的支系。从人种志的角度难以下结论的事物，从历史学的角度却显得确凿无疑。上古凯尔特人简直是蛰伏在文明世界旁侧的最大敌人。他们随时能够把文明世界毁于一旦，这样的威胁持续了数个世纪。发动战争是凯尔特人唯一的事业，他们具有与生俱来的作战能力，甚至不会受到任何自然边界的阻碍，浩浩荡荡，不可抵挡。凯尔特人一度席卷意大利的北部和中部①，占领罗马②，甚至冲溃过一度不可战胜的马其顿方阵③，把德尔菲神庙的财富掳往托洛萨④。他们还霸占原本用于阻挡他们入侵亚洲的战船，渡向彼岸，在古老的伊力翁⑤建起城堡，作为暂时的据点。摆脱这些敌人正是旧世界的文明种族赖以生存的前提条件。

在旷日持久的冲突和艰苦卓绝的战斗之后，盖乌斯·尤利乌斯·恺撒主动出击，在蛮族的故土寻找他们，并通过战争征服了他们。

---

①公元前396年，高卢地区的凯尔特人攻占了梅尔普姆（Melpum），今意大利北部成为高卢人的势力范围；公元前391年，高卢人又南下入侵亚平宁半岛中部的伊特鲁里亚地区。——译者注

②公元前387年，高卢人与罗马军团在罗马城北约18公里处的阿里亚（Allia）河畔交战，罗马人大败，高卢人洗劫罗马。古罗马历史学家李维（Titus Livius，公元前59—公元17）称阿里亚河战役之日为“厄运日（dies ater）”。——译者注

③马其顿方阵（Macedonian phalanx）是由马其顿国王腓力二世（公元前382—公元前336）创制的作战阵形，并在其子亚历山大大帝的军事征服中得到充分运用。方阵士兵手持5~7米长的长枪，组成16人一排的横队。前4~6排士兵的矛头对准敌军，后面各排士兵把矛架在其前排士兵的肩膀上。作战时，整个方阵以坚固的密集队形跑步向前推进，猛烈冲击敌军。——译者注

④公元前4世纪，高卢人一面入侵意大利，一面向东推进到喀尔巴阡山麓和多瑙河流域。公元前3世纪，高卢人对巴尔干半岛的入侵达到顶峰。公元前279年，德尔菲的神庙曾遭到高卢人洗劫，财宝被运往托洛萨（今法国图卢兹），埋于凯尔特圣地。公元前106年，罗马人占领托洛萨，发掘出德尔菲的宝藏，总督西庇欧下令运往马萨利亚（今法国马赛），黄金部分却最终被人劫走，西庇欧最终也因此获罪。古罗马谚语用“托洛萨黄金（aurum Tolosanum）”形容带来厄运的财富。——原注

⑤伊力翁（Ilion）是特洛伊的别称。——译者注

从此，绽放出希腊、罗马文明的地中海两大半岛以及紧邻它们的岛屿和海岸最终免于再次遭受来自欧洲大陆腹地的侵害。另外，文化也在欧洲的中心地带扎根，那些勇敢、热情、生命力旺盛的民族被纳入文化的辐射半径内，开始臣服于文明教化。高卢人在被征服之后才开始在自己的家园耕种①，享受地理优势带来的和平生活。罗马人用巨大的建筑物填满这片土地，比如露天剧场、温泉、引水道和行军大道，借此表明他们无处不在。不同朝向的行军大道贯穿高卢，把各个地方与传播罗马教化的主要场所直接连接起来，比如被视为“阿尔卑斯山北面的罗马”的卢迪南②。所以，这些大道几乎是最重要的设施。要是能计算出定居高卢的拉丁裔和意大利裔移民的数量就好了。在公元后的头几个世纪，这里遍布殖民活动。伴随着文明的开化，一个崭新的世界形成了。显而易见的是，土著愉快而急切地融入到移民群体之中。这片土地上原有的氏族、部族与前来殖民的征服者共同构成了一个新的民族，一个独一无二的拉丁系大民族。2世纪，高卢已是罗马帝国人烟最稠密的地区；到了4世纪，尽管有一些本土习俗顽强地保留了下来，高卢却已发展成罗马帝国最有教养的地区之一。土著居民的原生才智同拉丁文化的分支结合，很快产生了一种值得关注的教养类型。在相当长的时期内，高卢地区的学校优于帝国其他地区的学校；土生土长的罗马人在加伦河畔学习当时受人推崇的拉丁修辞学。最深刻的变化还是出现在宗教领域。我们注意到，高卢人的德鲁伊教是唯一没有被罗马人宽容的宗教。即使找到祭坛，看到凯尔特神祇与希腊-罗马的诸神并立，它们也仅仅是偶像，并没有与民族性格和制度发生关联。人殉制度则被彻底废除。这项禁令不

---

①斯特拉波《地理学》第四卷第一章第二节云：“今咸使解甲而耕矣。”——原注
斯特拉波（Strabo，公元前64/63—公元23），古希腊历史学家、地理学家。——译者注

②卢迪南是今法国里昂的拉丁文旧称。——译者注

应仅仅视为政治手段。摧毁德鲁伊教的克劳狄乌斯皇帝无意中做了人类普世宗教的朋友。当时，基督教正在世界的另一个角落兴起。正当它在同诸多偶像崇拜的斗争中披荆斩棘时，高卢地区的罗马人也被它的教导以及推动它发展的各种问题强烈吸引。在多种宗教冲突之际，做出有利于基督教的裁决的那个罗马皇朝[1]就以高卢为首要的行在，对此人们引以为豪。相传，君士坦丁大帝正是在高卢把基督教的标记缝在了军旗上。不过，民众皈依基督教却还经过了一段不短的时间。4世纪下半叶，来自潘诺尼亚[2]的军人圣玛尔定[3]还冒着生命危险，当着众人的面，拆除他们的祭拜器物、锥形纪念物、供奉本地神祇的圣树以及供奉罗马神祇的神庙和彩绘立柱。并立的本地神祇和罗马神祇都倒塌了，祭拜神庙的原址上盖起了基督教堂。在图尔，圣玛尔定建造了一座大教堂。随后，大量罗马的机构、组织跟着他的脚步进驻高卢地区腹地和周边海岛。圣玛尔定还创办了可从事神学研究和教堂礼拜的拓荒学校，从这里走出的学员后来成了城里的主教与乡下的传教士。高卢人完美地融入了罗马世界，与它共享文化和宗教的兴衰！

这时，一股命中注定的外来力量降临到帝国，猛烈冲击着高卢。

曾几何时，每当被统治的臣民想要造反，人们通常会这样开导他们：罗马的统治会约束邻邦之间的仇怨、制止民族之间的战争。几个世纪以后，帝国已经无力维持庇护子民、打击外敌的自豪感。边疆的长城不再向邻近的蛮族区域内部伸展，反而被蛮族轻松跨越。在这样的局势下，招安日耳曼人的军队并利用他们守卫边疆似乎成了唯一的解救办

---

①指以高卢、不列颠和西班牙为根基兴起的君士坦丁王朝（305—363）。——译者注

②潘诺尼亚是罗马帝国的行省，其范围大致包括今匈牙利西部、奥地利东部和前南斯拉夫北部。——译者注

③圣玛尔定（Sanctus Martinus Turonensis，316/317—397），天主教圣徒、图尔主教，以割袍赠乞而见主的典故而闻名，是旅行者、穷人、乞丐、囚徒、难民、骑士等群体的主保圣人，也通常被视为法国的主保圣人。其逝世的日期11月11日被天主教会定为圣玛尔定节。——译者注

法。日耳曼人一方面必然受到边界一侧半游牧世界里的汹涌潮流的触碰和推挤；另一方面，他们也卷入了罗马权贵的权力斗争，心怀不满地朝帝国内部的行省迁移。帝国曾经不惜任何代价都要加以阻挡的外部要素最终进入高卢-罗马的世界，这个结局看似别无他选。

在高卢地区南部，接受招安并投入国防的军队定居下来，成为当地的主人和土地所有者。经罗马行省总督的许可，勃艮第人在塞广尼人①的地盘和卢迪南地区定居下来。我们能在大山里甄别出一些他们定居过的痕迹。不过，平原与城市仍然掌握在过去的所有者手中。大量西哥特人聚集在阿基坦——他们之前与帝国朝廷龃龉不合，一度尝试夺取帝国的最高权力，后来放弃。当时的局势十分混乱，对于土著居民而言，相比他们迄今为止一直缴纳的贡赋，西哥特人在豪夺地产时设置的行政机构算是更仁慈的。

在一度谋求独立的高卢地区北部，帝国崩溃的废墟上刚刚崛起了一个不同寻常的权力中心。如果我们没有弄错的话，这是一个罗马-高卢王国②，它显现出日耳曼意识形态的影响。这个王国没能抵御住从毗邻地区不断推进的法兰克诸王国，后者把权力建立在固有习俗和观念的基础上，因此他们的权力更为牢固。经过一场战役③，克洛维推翻了高卢地区北部的王国，夺取了它的土地。涌入高卢地区的其他部族不久都销声匿迹了，几乎只有当年被恺撒从高卢上驱走的日耳曼人重新回来定居。定居运动如果发生在更早的时代，对世界历史的意义就会大打折扣，因为

①塞广尼人（Sequani）指居住在今法国索恩河、罗纳河和汝拉山脉之间的凯尔特土著。罗马帝国的大塞夸诺伦行省即得名于此，首府为维松提奥（今法国贝桑松）。——译者注

②指罗马军阀西亚格里乌斯（Syagrius，430—486/487）在高卢地区北部的势力范围。西亚格里乌斯为西罗马帝国最后一任高卢军事长官埃吉迪乌斯（Aegidius）之子。西罗马帝国崩溃以后，西亚格里乌斯的残存罗马势力盘踞在索姆河和卢瓦尔河之间，人称“苏瓦松王国”（464—486）。王国倚仗当地较好的基础设施和行政机构，在民族大迁徙的混乱中保持了一方的稳定，也引起法兰克等毗邻势力的垂涎。——译者注

③指486年的苏瓦松战役。法兰克国王克洛维在此役中击败西亚格里乌斯，苏瓦松王国灭亡，法兰克王国版图大增。——译者注

这样只能把野蛮和半野蛮的民族联结起来。高卢罗马化开启的伟大前景使日耳曼人从此与文明世界不再分离。

究竟是什么使强大的征服者服从一种规则？是什么制止了时而步步为营、时而长驱直入的民族大迁徙？正是帝国的观念。它得到了日耳曼人的认同，他们逐步接受了它的熏陶。更重要的是，包裹在教会形式下的宗教信仰发展成了等级化的制度，尽管没有人能说清楚，这种制度是如何在高卢的土地上发展壮大的。

克洛维率领他的扈从接受基督教的洗礼。这个事件的发生或许不是因为蛮族精神文化的飞跃，但是对高卢地区和世界带来了翻天覆地的历史性的影响。

此后，克洛维的军事组织把信仰带给了其他血缘相近的法兰克人的部落以及其他日耳曼人的部族，一直传播到莱茵河畔，并且越过它，终结了日耳曼诸民族自古以来对罗马人和高卢人的敌意。否则，正在莱茵河谷、尼德兰和不列颠展开的全盘日耳曼化进程可能不会止步于马恩河和塞纳河流域。宗教注定能够消弭民族之间最顽固的敌对。法兰克人不会再摧毁其他民族的敬拜场所，反而加入到使他们皈依的族群之中，热情洋溢地接纳后者传给他们的信仰形式和敬拜仪轨。那时，天主教与阿里乌斯派①的教义争论尚未分出高下。随着信奉阿里乌斯派的西哥特人和勃艮第人迁入，这个派别在高卢地区建立起新的势力，让正信的主教们甚为反感。正是在法兰克人那里，一部分与他们长期接触的主教们找到了强援。在兰斯为克洛维和他的部族施洗的圣勒弥爵②不只是一位偶像破坏者，他还因为

①阿里乌斯派（Arianism），早期基督教异端，由亚历山大里亚的长老阿里乌斯（250—336）提出，在诸蛮族中传播甚广。阿里乌斯派否认耶稣具有完全的神性，是圣父、圣子、圣灵中的地位较低者，圣父并不始终与圣子同在。——译者注

②圣勒弥爵（Sanctus Remigius，437—533），天主教圣徒、兰斯主教，出身高卢的罗马贵族世家，曾给法兰克国王克洛维施洗，深刻影响了西欧历史的走向。——译者注

反对阿里乌斯派并取得成功而闻名。法兰克人的统帅兼国王的雄心与拉丁主教的宗教热情缔结成最紧密的联盟。在本土居民的支持下，克洛维与他的儿子们战胜了高卢境内信奉阿里乌斯派的各个国王，成为所有省份的主宰，并将其统治区域大幅拓展到日耳曼尼亚内部。他们把日耳曼人的殖民大潮阻挡在高卢地区之外，对内镇压异端教派——罗马帝国未竟的事业由他们完成了。征服者保护了拉丁族群的存续与天主教会的统一。在罗马帝国的军事机器不再发挥效用的时代，正是皈依基督教的野蛮人阻止了人们信仰全面的毁灭。

这些国王往往长有卷曲的金发，有几位看上去多么像上帝的祭司！而他们也乐于展现出这样的形象。他们把自己的财富捐献给教会，无非是为了增强敬拜仪式的华丽；他们表现出宽宏大量，是为了收买被征服的民众。当时的著述者认为，他们富有四海，有能力慷慨解囊，一贫如洗者也将因此拥有自己的财产，这正是国王捐助教会最重要的动因。正如奥尔良宗教会议[①]确立的章程所示，国王捐献土地上的产出应当用于周济穷人或赎回囚犯。由此，教会把迄今为止完全被忽视的社会最底层者的需求与胜利者维系在一起。

系统地、目标明确地摧毁罗马世界肯定是不可能的。拉丁族裔仍然是国内最富有、最显赫的人群，他们直接为国王效劳。如罗马皇帝一般，法兰克国王也要求臣民顺服、尽责。旧时的财政制度被尽量保存下来，既征收土地税，又征收人头税，景况一如既往。在墨洛温王朝统治下，竞技场的娱乐得到恢复，“罗马大法”[②]依然发挥效用，人们感觉自己仿佛还生活在昔日的帝国内。然而，一个独特的变化正潜入人们的生

①指克洛维于511年召集的第一次奥尔良宗教会议。——译者注

②罗马大法（leges maiestatis），指罗马共和国和罗马帝国时期针对背叛国家与罗马公民行为的法律。——译者注

活和意识之中。如果重大的变迁能够用寥寥数语阐明，那么它可以概括为：公共权力被视为可通过继承和馈赠加以转让和分割的私有财产。部族国王无论多么年迈，都享有无条件的继承权；民众或权贵选举、拥戴国王的行动通常不可行。国王的官员不论出身拉丁人还是日耳曼人，都仅有效忠于国王个人的义务。作为报酬，国王把王室领地分封给他们。国王的宫廷就是政府所在，王室的总管就是全国的首相。由于行政职位以及与之相关的权利也被视为不容撤回的私产，于是一切都显现出分离和自主的趋势。很快，国王们开始抱怨，要么他的荣耀都转移到城市里的主教那儿去了，要么世俗权贵蚕食了他的地产和权力。国王感到自己被独断专行的权臣们包围了。他们为国家的创建立下功劳，因而要求分享与其功劳相匹的权力。虽然君主把权力完全视为私产，然而，当权力也可以转让给他人以后，个人权力原则就成了对抗君主的利器。受到部族首领庇护的扈从群体与尊崇神职人员的旧高卢精神曾在罗马统治时期消亡，如今几乎又从深渊里被打捞上来，在主教和大贵族的权力中复活——昔日的高卢风俗也随之复苏了。

在克洛维的继任者的统治下，高卢展现出比罗马帝国时期更加丰富多彩的社会生活。各地涌动的自由力量成长为各具特色的邦国，它们既被王朝统合在一起，同时又被王朝分开。可是，彼此的关系却渐渐疏远，从属的义务也被漠视。假如没有服从的义务，国家的建立是不可能实现的。虽然历代国王不时地伸张他们的权力，但这么做却越发暴露出他们的虚弱。没过多久，这个法兰克王国是否还能够存续下去，已经很成问题了。

当时世界上还存在别的大国。它们组织得更严密，建立在自由充沛的雄性武德的基础上。这些大国把整个地球视为扩张权力的处女地。

崛起于阿拉伯的沙漠，穆罕默德的后继者们以不可阻挡的武力四处碾压。他们征服了罗马-希腊化的叙利亚、埃及和阿非利加诸省，摧枯拉朽般灭亡了盘踞在西班牙的日耳曼王国①，并且与当地人勾结，在比利牛斯山南面站稳脚跟。因内部党争而瘫痪、丧失行动力的墨洛温王朝何曾经受过这样的狂飙？西班牙的覆辙眼看就要在高卢重蹈。

正是被后世称为加洛林王朝的那个家族率领奥斯特拉西亚②的扈从抵挡住了那些仿佛要毁灭一切的进攻，在敌人的面前立下拯救法兰克-基督教世界的汗马功劳。每一支有意崛起的势力都必须以功绩为基石，因为真正的功勋可以增加威望。加洛林家族把他们兴起并取得国王尊号的伟业归功于这场防御战争③。在一系列子承父业的强者面前，弱者的行列仿佛自动消失了。

加洛林王朝亦同教会联袂，然而却不是同高卢的教会。当时的高卢教会仅把增加田产与谋取独立视为首要目标，于是，加洛林王朝反而给它添加了最严厉的服从义务。与加洛林王朝结盟的是西方的普世教会，它刚刚脱离东方教会，而且对伊斯兰教威胁基督教的危险有全面的认识。它需要这个家族的强援，以便一面与君士坦丁堡的皇帝周旋，一面对付穆罕默德的继承人。因此，它对加洛林王朝的帮助感恩戴德。加洛林王朝的权力基础不单是所向披靡的军事行动，也离不开教会的认可和支持。

在一系列的斗争中，军队给法兰克统治下的高卢增添了日耳曼人的

①指714年灭亡于入侵的北非摩尔人之手的西哥特王国。——译者注

②奥斯特拉西亚（Austrasia），意为“东方的土地”，是法兰克王国重要的组成部分，其范围相当于今法国东部、德国西部和低地国家。克洛维征服苏瓦松王国后，其地则被称为纽斯特拉西亚（Neustrasia），意为“（西方的）新土地”。克洛维去世后直到矮子丕平建立加洛林王朝，奥斯特拉西亚均作为法兰克王国的分王国存在，首府在今法国梅兹。奥斯特拉西亚也是加洛林王朝的先祖——阿努尔夫家族和丕平家族的势力范围。——译者注

③指法兰克人抗击倭马亚王朝入侵的战争。阿拉伯帝国灭亡西哥特王国后，遂继续北上入侵法兰克，双方在阿基坦、勃艮第一带长期交战。732年，墨洛温王朝宫相（maior domus）查理·马特（Charles Martel，686/688—741）率军在图尔和普瓦捷战役中大败阿拉伯军队。后世的大多数历史学家认为是战役中止了伊斯兰文明势力向西欧的扩张，有守护欧洲基督教文明的重要意义。——译者注

力量。他们承担了主要的战争任务，然后定居下来，既能防御外敌，又能维持服从秩序。一切都被赋予更宏大、更严谨的形式。与日耳曼的联系为战争提供原动力，与意大利的接触则带来了精神上和学术上的推进力。每个人都意识到，无论他们是否情愿，他们都属于一个无所不包的宗教和政治整体。这个整体就是重新建立的帝国，而每个人都得为它承担义务。如同过去，战争再次成为唯一的国家大事，但是不再取决于部族及其首领的主观判断，也不再危害文化。如今的战争用于保卫信仰，为帝国开疆拓土——这两个概念互相交织，在它们的基础上，一个包罗万象且要求臣民无条件服从的组织建立起来。

无论加洛林帝国看上去多么秩序井然，它其实缺少构成其制度大厦的最后一块石头：统治家族权力的延续问题始终悬而未决。另外，帝国表面上的强大其实并不充分：虽然帝国制服了大陆上的所有对手，边区的要塞至少可保其内地无虞，然而它仍然缺少全部权力的另一半——海权。

有段时期，数代人仿佛被冲昏头脑，他们争斗不休，却为他们共同的敌人铺平了道路。正当查理大帝的后人为帝国的继承权互相敌对时，当各族的联合重新瓦解、庞大的军队遭到分割时，当帝国的权贵在党同伐异的活动中损害并耗尽了他们的力量时，称雄海上的北方诺曼人集中起一度被打退的异教信仰的全部能量，侵袭了从易北河口到加伦河口的所有帝国海岸①。

从地理条件上讲，西部法兰西的省份优于东部德意志的省份，因为西部的河流流向更加多样。这些河流从不同的方向连接陆地和海洋。现在，它们反而是更大的危险源。诺曼人占据了河口、河中沙洲和河岸地

①9世纪40年代起，诺曼人对法兰克王国及其后继王国的侵扰达到一个高潮。845年，从易北河到加伦河的所有河口地带都遭到了诺曼海盗的攻击。——译者注

带。他们溯索姆河而上直抵亚眠[①]，逆塞纳河兵临巴黎城下[②]，顺着卢瓦尔河进逼图尔和安布瓦斯[③]，沿着加伦河直抵图卢兹[④]。他们扫荡了这些河流之间的广大土地，到处都有原住民脱离基督教，加入他们的阵营。

加洛林王朝无力抵挡这巨大的灾祸。其掌控下的德意志诸邦亦无力把自身从类似的侵袭中解救出来，它们既没有力量，又缺少有力的组织为稍远的邻国提供足够的援助。所有的权力再次集中到一人手里，然而他却是最无能的。人们可以把下面的场景视为加洛林王朝嫡系君主统治的最后一幕：绰号“胖子”的国王查理[⑤]率领一支说两种语言——条顿语和罗曼语——的军队，在巴黎城外挡住了集结起来的诺曼人，却不敢率领这支军队继续追击，而是把一片高地预留给诺曼人过冬，还主动热心

①859年，诺曼人的舰队侵入索姆河，焚毁了亚眠城以及许多其他沿河的城镇和修道院。881年初，诺曼人袭扰佛兰德一带的海岸至索姆河口，遂溯流打劫，经亚眠至斯海尔德河谷。883年初，诺曼人扫荡佛兰德；10月，在索姆河击退西法兰克国王卡洛曼二世（866—884）的军队，进军亚眠，在那里安营过冬，并以此为根据地向南劫掠。890年，当诺曼人一部沿塞纳河和瓦兹河劫掠的同时，另一部分诺曼人分乘80艘船侵入索姆河，最后在亚眠西北的阿尔格弗镇安营过冬；翌年，诺曼人入寇索姆河谷，后在亚眠过冬；892年撤出。——译者注

②845年，诺曼人沿塞纳河而上，首次兵临巴黎城下，并在复活节的周日把巴黎城及其附近的城镇和修道院洗劫一空；国王秃头查理（823—877）无力抵抗，遂支付巨额银币“请”敌人回去。857年，诺曼人沿塞纳河劫掠，攻取巴黎，焚毁后撤出。861年，塞纳河流域再遭扫荡，巴黎部分被焚毁。865年，小股诺曼流寇兵至巴黎城下，大部队去洗劫沙特尔。885—886年的巴黎保卫战见后文注释。——译者注

③853年，诺曼人洗劫卢瓦尔河口的南特，又逆流而上劫掠修道院和城镇，直至纵火图尔后方休。857年，诺曼人沿卢瓦尔河至图尔、安布瓦斯和布鲁瓦，沿途大肆蹂躏。866年，诺曼人联合布列吞人劫掠卢瓦尔河流域，包括南特、图尔和普瓦捷。903年，图尔又遭诺曼人进攻，部分被毁。——译者注

④844年夏，诺曼人溯加伦河而上，沿途大肆劫掠，如入无人之境，直至图卢兹城下；后转而袭扰加利西亚和葡萄牙一带。864年春，诺曼人趁西法兰克国王秃头查理与阿基坦贵族内讧，再次溯加伦河至图卢兹，围城不克，掠其郊地乃还。——译者注

⑤胖子查理（839—888），东法兰克国王日耳曼人路易之子，876年即位为东法兰克国王，879年取得意大利王位，881年加冕为帝，882年继任巴伐利亚国王，884年继卡洛曼二世为西法兰克国王。至此，查理大帝时的法兰克全境复为一统，但不久便分崩离析，加洛林帝国的诸后继国再未有统一之局。在传统历史书稿中，胖子查理多被评价为无能之主，但这可能与他患癫痫有关。——译者注

地付给他们一笔可观的贡金[①]。

结局不存在其他的可能：帝国要么接纳诺曼人，要么认可他们自行占据的定居点[②]。这么做也是有条件的，一份当时的文书记述道，诺曼人有保卫帝国疆域之责。他们也成了基督徒，宗教热忱很快就超过了其他所有部族。他们为帝国戍边，抵挡来自海上异教国王的一切攻击。这与其说是基于他们的承诺，不如说是基于信仰的皈依。

在上述的事件中，宗教的效力及其塑造世界历史的决定性作用是多么明显！西方文明的整体发展有赖于高卢并未如西班牙一般不得不承受萨拉森人数世纪的统治。那些必须用暴力击退的敌人却能够因为皈依而被争取过来，加入了教会的共同体，而教会至少使国家在一定条件下的存续变得必要。教会的影响也把对和平的需求传播给远方的同族。宗教实现了通过边疆长城和海洋不能实现的事情，提供了一片安全的土地。如果有一双观察世界命运的眼睛，那么它在其所能观察的范围内不会再见到，有什么物事能够从根本上否定如今已在高卢日渐巩固的事业并摧毁它。

---

①885年，三万来自丹麦的诺曼人在首领齐格弗里德和罗洛的率领下进逼巴黎。当时巴黎城的范围仅限于塞纳河中的沙洲，通过南北两座桥与陆地相连。丹麦人的目标是绕过巴黎入寇马恩河流域，遂逼迫巴黎纳贡放行，却遭到巴黎伯爵厄德与巴黎主教、查理大帝的外孙若斯林（Goslin，834—886）的拒绝。十一月，丹麦人趁国王胖子查理尚在意大利征战，开始攻城。厄德和若斯林指挥贵族和民众英勇防御，同时向外求援，战事十分残酷。翌年二月，南边的桥被洪水冲垮，丹麦人航行无碍，齐格弗里德在接受厄德一小笔贡金后撤军，罗洛却继续围城。四月，若斯林牺牲。十月，胖子查理率军赶到，开始与丹麦人谈判，许诺给他们厄德之前拒付的贡金与塞纳河的自由航行权。后者遭厄德坚决抵制，丹麦人不得不从陆上把船只运往马恩河，然后去劫掠当时反对查理统治的勃艮第。查理的算计被巴黎军民视为懦弱和背叛。——译者注

阿邦《巴黎兵燹志》（*De bellis Parisiacae urbis*）第一章的描述曰：“将军允之，许以渡塞纳河。”这与《森斯圣女古伦巴编年》（*Annales sanctae Columbae Senonensis*）中886年条目所言的“十二月二日，夷狄浮塞纳河，遂去巴黎”等句相吻合。——原注

本笃会巴黎圣日耳曼德佩修道院的修士阿邦（Abbon de Saint-Germain-des-Prés）是巴黎围城战的亲历者。——译者注

②911年，诺曼人首领罗洛组织了对西法兰克王国的最后一次大规模袭扰，之后他与西法兰克国王糊涂查理（879—929）签约。根据约定，罗洛率部受洗，本人改名罗贝尔；国王把塞纳河下游的一片土地封给罗洛，作为诺曼底公爵的罗洛有保卫王国和基督教信仰的责任。——译者注

经过这些事件，形形色色的部族汇聚在高卢。这同样是值得关注的现象。

这片土地上的主体民族仍旧是罗马化的居民。他们在语言、记忆、行政机构等方面接近意大利与异族管辖中的西班牙。主体民族之外尚有古老部族的孑遗：属于凯尔特民族的布列吞人①得益于来自不列颠的人口迁入，势力增强，他们喜好嘲弄一切法令和关系；属于伊比利亚人的巴斯克人不时以激烈的敌对行动否认他们不明不白的从属地位。与这些民族相反，日耳曼移民积极接纳了教会和国家的理念。当时的人们还能区分不同部族的来源地。哥特人在西班牙边区②的边境重组了部族结构，更换了部族名称。法兰克成分和拉丁成分在塞纳河中游地区结合得最为紧密，这里也是墨洛温诸王最喜爱驻跸的地区。这时期，环巴黎的地带形成了一个强大的公爵领地，称为“法兰西”③。拉丁化的法兰克人脱离条顿人的过程是缓慢的，两者在风俗、思维方式和基础机构等方面关联紧密。后来诺曼人入侵了，他们又把法国的海岸与欧洲北部联系起来。

拉丁民族是欧洲西部的原住民，如今仍旧占据着那里的大半土地；日耳曼民族现在掌握陆地和海洋的霸权，两大民族在海陆边界内的土地上相遇了。

民族大迁徙的历史是地球历史的一部分，或者说，具备一种地质学

①布列吞人（Bretons）指6世纪从不列颠渡海迁来的凯尔特人，其定居之地被称为“布列塔尼”，今法国有同名大区。——译者注

②西班牙边区是查理大帝为抗击伊比利亚半岛的摩尔人而在800年前后逐步创建的军事边区，由巴塞罗那等十数个郡组成，后逐渐转化为独立的世袭伯国。——译者注

③9世纪起，“法兰西”用以指代以纽斯特拉西亚故地发展起来的塞纳河、马恩河地区，巴黎是其中心。这里是罗贝尔家族的核心领地。936年，西法兰克国王“海归者”路易四世（920/921—954）授予罗贝尔家族的大于格（Hugo Magnus，895—956）“法兰克人公爵”（dux Francorum）的专属头衔，相当于把罗贝尔家族的地位提升到其余封臣之上，类似“副王”。于格·卡佩登基为王后，该头衔自动失效，但“法兰西”一词仍在口语和文献中继续使用，用以指代卢瓦尔河以北的西法兰克疆土或王室的直属领地。——译者注

的特征：不同时期的“地层”都可以区分出来。人类的历史中不存在无人涉足的荒漠。互相接触或者被圈在共同边界内的各个民族成分不断产生相互作用，要么彼此排斥，要么寻求有机的联结。我们将集中注意力考察这些来源迥异的人群之间最终将形成怎样的关系。

第二章

法兰西国家的兴起

直至此时，高卢还没有形成统一的政治单元。

高卢的原住民分属若干不同的部族。组成这些部族的各个民系之间的关联并不可靠。罗马人把他们统一起来，使之构成从东方延展到西方的普世大帝国的一个省份。当墨洛温王国在这一地区兴起时，它没有能力实现持久的统一格局。除了高卢，墨洛温王国还包括日耳曼尼亚[①]的大部分，它的王族原本就是从那里来的。加洛林王朝君主制度的建立主要倚仗王国的

①日耳曼尼亚是古罗马人对日耳曼人的主要生活地域的称呼。它既包括莱茵河以东、多瑙河以北的非罗马人控制区，即大日耳曼尼亚，也包括被罗马人控制下的莱茵河左岸，即小日耳曼尼亚。小日耳曼尼亚又被分为首府在今德国科隆的下日耳曼尼亚与首府在今德国美因茨的上日耳曼尼亚两个行省。——译者注

日耳曼部分，然而它吸纳了在西方重建罗马帝国的思想，所以具有高度普世的倾向。

到了9世纪，帝国的统一难以为继。战胜萨拉森人曾是加洛林王朝最重要的统治基础。如今，面对诺曼人入侵的束手无策深刻动摇了它的统治。可是，随后出现的却不是另一个包括高卢在内的统一国家政权，而是众多不同的省份各自建立起同样多的独立政权。

在帝国之外，西法兰克国家的概念在古老的日耳曼继承权的作用下发轫，并且逐步成为现实。这是一个综合性的新实体最初形成的时刻。与东法兰克-德意志王国区分的边界其实早已划定。当时，洛林和帝位都属东法兰克。无论主宰各省的公爵与封地领主的势力多么强大，他们也不能缺少一个王国。因为王国能够凝聚起所有合法的权力：这些权力由罗马帝国传给墨洛温王朝，再由墨洛温王朝传给加洛林王朝。他们每个人的权力都源自王权的转移或认可。他们要么接受一位国王，要么就得自己称王称帝。

与此同时，由于加洛林王朝的战争机器在抵御诺曼人时表现软弱无力，而其他国家对此事多多少少都表现出袖手旁观的冷漠，于是西法兰克的一些权贵和平信徒，尤其一些因被授予圣职而自信能够取代天赋权利的教士，试图扶持一个本土的家族取代加洛林王室。

有一个刚从德意志迁来不久的家族①，它凭借同王室的姻亲关系、

①指始于莱茵河右岸、自强者罗贝尔起开始在西法兰克创立基业的贵族世家罗贝尔家族。——译者注

该家族父系与加洛林王朝在谱系上的联系是站不住脚的。更早时候的谱系学家之所以摒弃该家族源于萨克森的说法，主要是因为他们只在弗勒里的艾摩因那里才找到有关这一起源的论述；尤其关于“维杜金德”这一名字，他们除了《乌尔斯贝格通鉴》的作者，找不到其他具有权威性的证人。我们如今在10世纪的作者黎歇耳那里找到了可靠的谱系传承史料，于是提出了上述不同意见。——原注

弗勒里的艾摩因（Aimoinus Floriacensis，约960—约1010），卢瓦尔河畔圣邦瓦弗勒里修道院修士，著有编年史《法兰克事纪》（*Historia Francorum*），叙述至公元653年的法兰克历史，后被其他作者续写至12世纪中叶。艾摩因认为罗贝尔家族源于萨克森部族。——译者注

《乌尔斯贝格通鉴》（*Chronicon Urspergense*）是一部主要在巴伐利亚乌尔斯贝格修道院完成、集多位作者所述的编年通史，记叙从亚述王尼诺斯至公元1229年的世界历史。——译者注（转下页）

英勇的作战表现与广袤的领地而声誉日隆。这个家族并不出产查理·马特、丕平或查理大帝那样仅凭一举一动就可决定世界命运的英雄，却出产天资聪颖、无所畏惧的人才，他们在一场蹂躏一切的战争留下的废墟中保卫土地、城市和教堂不被毁灭。

这个家族在法国的始祖是安茹的罗贝尔[①]，绰号“强者”。他在9世纪下半叶抵御诺曼人的战事中功勋卓著。一位教会编年史家[②]表示他的回忆里从未有过如此崇高的事迹，又把罗贝尔的业绩同犹大·马加比[③]为其子民和信仰所做的付出相提并论。罗贝尔在英勇的战斗[④]中牺牲，他的死被视作上帝对这个国家的震怒。在保卫巴黎的战役中，罗贝尔之子厄德[⑤]的表现赢得了由衷的赞扬。人们尤其称赞他的在场对精疲力竭的战士的激励作用，以及他个人与生俱来的能够平息不安的超群气质。他懂得在恰当的时刻聚集众人，以少胜多。深陷险境、急需领袖的西法兰克人遂

（接上页）兰斯的黎歇耳（Richerus Remensis，约940—约998），兰斯的圣勒弥爵修道院修士，曾著有一部编年史《事纪》（*Historiae*），记述西法兰克加洛林王朝崩溃与卡佩王朝兴起间史事甚详。黎歇耳认为，反叛查理大帝的萨克森公爵维杜金德是罗贝尔家族的祖先。这一猜测已被证实为谬误。——译者注

①强者罗贝尔（Robert le Fort，约830—866），西法兰克国王秃头查理时期的图尔、安茹和巴黎伯爵。后来依次统治法国的卡佩王朝（987—1328）、瓦卢瓦王朝（1328—1589）和波旁王朝（1589—1792以及1815—1830）的历代国王均是罗贝尔的直系男性后裔。罗贝尔之父是东法兰克王国的沃姆斯郡伯爵和上莱茵郡伯爵鲁特佩特三世（Rutpert III.，约781—834），其母为奥尔良伯爵之女。罗贝尔曾继承沃姆斯郡伯爵之位，后挂冠而去，前往西法兰克继承其母的产业，转而为秃头查理效力。——译者注

②指东法兰克王国富尔达修道院修士鲁道夫（公元前800—865）。他被认为是9世纪最详尽的编年史的重要作者，该年鉴也因此被称为《富尔达年鉴》（*Annales Fuldenses*）。——译者注

③犹大·马加比（Judas Maccabeus，？—160），反抗塞琉古帝国的犹太人领袖，因作战英勇而被誉为“马加比”（意为“铁锤”）。他本人虽战死沙场，但其领导下的犹太反抗运动最终使犹太人成功从塞琉古帝国独立。——译者注

④指866年的布里萨特（Brissarthe）战役。是年，诺曼人与布列吞人入寇卢瓦尔河流域，罗贝尔与其贵族盟友率军抵抗。在布里萨特，法兰克人截住了诺曼人，战斗中罗贝尔牺牲，法兰克人未能克敌。之后，国王秃头查理被迫与布列吞人进行艰难的谈判。——译者注

⑤巴黎的厄德（Eudes de Paris，866前—898），强者罗贝尔长子、巴黎伯爵，885—886年曾领导巴黎军民抵抗诺曼人围城（参见上一章的注释），赢得了很高的声望。886年，他从国王胖子查理获封安茹、布鲁瓦、图尔和奥尔良等郡，取得塞纳河与卢瓦尔河之间地域的军事调度权，另担任多所修道院的“世俗院长”且享有其收入，成为纽斯特拉西亚最大的权贵。——译者注

推举厄德为国王[1]。

即使在欧洲最动荡的年代，改朝换代也非易事。厄德没有能力凝聚起全国的力量。他屡屡与敌人英勇作战，但无论如何也制服不了敌人。厄德去世后，加洛林家族的王位重获承认[2]。

之后的一段时期内，所谓的罗贝尔家族占据着法兰西公国与其他一些领地，时而反对查理大帝的子孙，时而又支持和协助他们，始终保有巨大的权势。于是，法国出现了互相竞争的两大势力。厄德的侄子，即再次登上王位的某位罗贝尔[3]的儿子，同时也是“蒙神恩典的法兰克人公爵”，人称“大于格”，他则自称“全体高卢人的公爵”，当时的人干脆简称他为“公爵”——仅仅出于固有的宗教敬畏感，他才克制自己，没有自立为王[4]。至于他的儿子，也就是被称为“卡佩”[5]的于格，我们可以重复那句不祥的话：他才是真正的国王，而加洛林王朝的洛泰尔[6]只是名义上的。

依我之见，加洛林王朝眼下遭遇的状况不完全是昔日墨洛温王朝的

①888年2月29日，厄德在贡比涅被贵族选为西法兰克国王。同年夏，厄德战胜诺曼人，这巩固了他的地位。厄德对外不挑战尚在加洛林王朝治下的东法兰克王国，也有助于在西法兰克保持自主权。——译者注

②厄德继承西法兰克王位后，以兰斯大主教“尊者”富尔克（Foulques le Vénérable，？—900）为首的部分贵族始终暗中支持加洛林家族的王位继承权。893年，他们扶秃头查理之孙、路易二世之子查理为“对立国王”，随后爆发内战。根据战后和约，查理承认厄德为国王，然而膝下无子的厄德必须指定查理为继承人。——译者注

③指西法兰克国王罗贝尔一世（约866—923）。他从其兄长厄德继承了各郡治理权与各修道院“世俗院长”之职，并出任纽斯特拉西亚督护。922年，罗贝尔在兰斯被推举为对立国王。在923年的苏瓦松战役中，查理三世的王军虽然败北，然而罗贝尔却殒命疆场。罗贝尔之子于格拒绝继承王位，贵族们遂拥立罗贝尔的女婿、勃艮第公爵鲁道夫（前890—936）为王。——译者注

④954年，国王路易四世坠马伤重不治。大于格再一次拒绝了贵族的劝进，反而扶立路易的长子洛泰尔为王。作为奖赏，大于格又得到对勃艮第和阿基坦的公国主权。——译者注

⑤绰号“卡佩（Capet）”的意思今已不明。一种推测认为它来自拉丁语cappa，意为修道院院常穿的僧袍，影射罗贝尔家族成员长期把持修道院“世俗院长”之职。——译者注

⑥洛泰尔（941—986），西法兰克国王。他一生受到大于格及其子于格·卡佩的挟制，但从未放弃加强王权，却在诸侯、主教的斗争中收获甚微；神圣罗马帝国皇帝奥托一世（912—973）去世后，洛泰尔多次试图从帝国夺取洛林，甚至一度占领查理大帝的都城亚琛，却遭到皇帝奥托二世（955—983）的有力反击与报复，最终一无所获。——译者注

翻版。加洛林王朝的统治者没有像墨洛温王朝一样把权力全盘托付给一个代表他们的新权威。他们仍然坚持其权力要求，他们的行动力也绝非堕入谷底。与其说他们不作为，不如说他们做得太多。尝试消灭诺曼人政权的行动①组织得很糟糕，恰好证明了这一点。

一方面抱有建功立业的个人雄心，另一方面却对一群占有土地的大贵族提出无止境的要求，正是两者的结合加上各种接踵而至的困境，使加洛林王朝永远地没落了。

洛泰尔国王去世后不久，他的儿子路易也撒手人寰。如果绰号可以体现某种道德指责，那么路易被称为“懒王”②是不公正的。他坠马丧生之时，心中筹划的大业还来不及展开。他的叔父查理要求继承王位。查理当时是萨克森王朝诸帝统治下的东法兰克王国的下洛林公爵③。洛泰尔登基时，人们就偏离了加洛林王朝的旧俗，没有把一些零碎的领地与父祖的部分权力交予查理④。现在的问题是，是否邀请这位遭到排斥和羞辱的人继任国王？年轻的路易尸骨未寒，法兰西的权贵们就在集会上

---

①960年，在国王洛泰尔的支持下，布鲁瓦子爵蒂博一世（Thibaut Ier，约910—975）入侵诺曼底。蒂博原为其领主大于格的忠实追随者，曾在后者与路易四世的斗争中效力。956年大于格去世，蒂博见其诸子皆已成年，遂在意欲削藩的新王洛泰尔的支持下，强占沙特尔和沙托丹（Châteaudun）两郡，在法国北部建立起优势，但与罗贝尔家族的关系也从此破裂。当时的诺曼底公爵无畏者理查一世（约935—996）是于格·卡佩的姻亲与同盟。961年，蒂博占领埃夫勒（Évreux），翌年在鲁昂被理查一世击败。理查随之展开反击，并且得到了丹麦和挪威国王蓝牙哈拉尔德（Harald Blåtand）的支援，袭取了迪努瓦（Dunois）和沙特尔。国王洛泰尔担心理查的报复行动将使国中动荡，遂介入阻止双方继续交战。966年，双方议和，蒂博放弃全部所占的诺曼底领土，但也借机扩大了自身权势。洛泰尔既未能达到削弱罗贝尔家族与诺曼底公国的目的，又坐视蒂博的布鲁瓦家族壮大，一无所获。——译者注

②“懒王”路易五世（967—987），西法兰克王国加洛林王朝的末代国王，登基14个月后，在一次狩猎活动中丧生。路易在位时，虽然察觉到于格·卡佩、兰斯大主教阿达尔贝隆、皇帝奥托三世（980—1002）以及出身意大利公主的母后艾玛（Emma d'Italie，约948—988）暗中勾结，但是未能采取灵活有效的对策，反而进一步与大主教和帝国交恶。有学者猜测路易五世其实是被政敌害死的。——译者注

③下洛林公爵查理（953—991）是路易四世之子、洛泰尔之弟。路易五世无嗣，查理遂成唯一在世的有王位继承权的加洛林家族成员。——译者注

④洛泰尔即位后没有给予其弟查理应有的分封，因此兄弟反目。因指责王后艾玛与拉昂主教阿达尔贝隆（Adalbéron de Laon，约947—1030）通奸，查理被逐出西法兰克，却被皇帝奥托二世接纳。977年，奥托二世把下洛林公国封给查理，被洛泰尔视为眼中钉。翌年，洛泰尔趁奥托二世在亚琛逗留，奇袭下洛林，欲逮捕皇帝，未遂而旋即撤回；查理则加入奥托二世对洛泰尔的报复性征讨。——译者注

抛出各种异议，反对查理继位①。他们宣称，查理公爵是德意志皇帝的封臣，而且他的夫人并非门当户对②，大贵族们不能尊她为王后；况且查理本人性情暴虐，身边云集着一群只想犯罪的乌合之众；查理不配享有王冠，倘若选举他，他将给国家招致不幸，等等。有人顾虑查理可能会率领他的扈从前来，全盘恢复他祖传的权利③，这并非杞人忧天。所谓的权利没有明确的定义，与其说受制于法律，不如说取决于现实。查理的扈从可随时动武，而且仅听命于查理一人。兰斯的阿达尔贝隆大主教④尤其公开反对迎入查理。阿达尔贝隆曾因叛国罪被先王指控，幸亏得到法兰西公爵于格的帮助，才免于全部罪责⑤。作为教会领袖，他更看重选举和授职，而不是继承权。他在权贵的集会上详细阐述有关继承权的法规如何不必恪守。为此，他援引罗马皇帝更替的先例——对于10世纪而言，这一举动加倍值得注意。既然回绝了有权继承的人，那么除了权势最大者，还能选择谁？阿达尔贝隆向与会者推举了他的朋友于格·卡佩，声称他不会对任何人构成威胁，而且将会尽心维护所有人已取得的权利与

---

①以兰斯大主教阿达尔贝隆为首的僧俗权贵在桑利斯（Senlis）集会，选举于格·卡佩为国王。——译者注

②下洛林公爵查理的第一任妻子是莫城（Meaux）兼特鲁瓦伯爵韦芒杜瓦的罗贝尔（Robert de Vermandois，910/915—967）之女，975年娶的第二任妻子名阿黛莱德（Adélaïde）。阿黛莱德的出身未见诸史乘。——译者注

③988年，下洛林公爵查理果真诉诸武力。他攻占拉昂，俘虏了他的嫂子艾玛及其所谓的情夫拉昂主教阿达尔贝隆。于格·卡佩的反攻均告失败。当时在帝国摄政的太后、奥托三世之母泰奥法努（Theophanu，955/960—991）试图调解双方，遭到查理拒绝。翌年，查理甚至攻占历代西法兰克国王的加冕地兰斯，却错过了给自己加冕的时机。后来，阿达尔贝隆成功逃出监禁，加入查理一方，博取了他的信任，甚至重获主教之职。991年3月底，心怀异志的阿达尔贝隆在夜间打开拉昂的城门引入王军，查理被俘，残生囚于奥尔良。——译者注

④兰斯大主教阿达尔贝隆（Adalbéron de Reims，约925—989）出身洛林贵族，是拉昂主教阿达尔贝隆的叔父。他效忠皇帝奥托一世，969年被任命为兰斯大主教；同年，他被奥托一世的外甥、西法兰克国王洛泰尔任命为首相。——译者注

⑤985年，鉴于兰斯大主教阿达尔贝隆长期与帝国暗通款曲，西法兰克国王洛泰尔打算以叛国罪起诉他。此前已同奥托家族改善关系的于格·卡佩亲率600扈从赶赴审判地点贡比涅，强行驱散了御前会议。——译者注

国家完整[1]。于格的祖先中已出现过不止一位国王，他本人与手握大权的贵族们的私交也甚好；因为他还是一些大修道院的所有者，所以他在教会中的名望也颇高。于格没有他父亲曾经怀有的顾虑，接受了众人交给他的王冠，正式接管了加洛林家族的残余领地。然而，于格登基为王，却不是为了把法国改革为一个选举制君主国。很多人顾虑到，选举制会立刻把王国带入众多困境和混乱中。就像不久前发生过的那样，假如新选的国王在一次征战中丧生，该怎么办？那时，三军将不知该奉谁的号令，大贵族之间将爆发冲突，王国将陷入险境。在大主教数次抗议无效后，新当选的国王指定他的儿子为继承人[2]。

于是，“从马斯河到大海”的西法兰克王国被托付给一个新的家族。多个完全不同的因素共同促成了此事，譬如这个家族的实际权力和光荣历史、于格与教会高层的密切关系、仍然身为公爵的他与其他贵族在权力上的相似性，等等。然而，最首要的因素却是众人对于格维持当下治安的期待。

虽然一名臣属于神圣罗马帝国、所率军队也来自帝国一个省份的君主的即位要求被排斥，但此举绝非向德意志的皇帝显示敌意，因为重建一个有力的加洛林政权也会危及皇帝的统治。不难看出，这也是进一步摆脱同日耳曼尼亚的关系的步骤。当一个根植于本土、不具备获取境外援助权限的家族取得了王位时，西部王国实现了完全的独立自主，王朝更替的同时国家的定位也完全改变了。

无论受到多少来自事态和现实的制约，加洛林王朝凭借其出身与昔日教会颁布的诏令，就可以觊觎西方诸国的君位，包括德意志的王位和

①黎歇尔《事纪》第四卷记录了兰斯大主教阿达尔贝隆之言：“天位宜立贵重，统绪之正闰姑置之可也。夫惟贤彦，克膺推举，共戴一人，厥号大统领。其德钦明，其武威烈，邦家是固，逮乎黎元，咸有恒产，无虑攘夺”。——原注

②根据黎歇尔《事纪》第四卷，于格·卡佩坚决要求“立储君，以固国祚”。——原注

帝位，还可以同样要求西法兰克王国无条件臣服。后来被称为“卡佩家族”的罗贝尔后裔却只能觊觎西法兰克的王位，而且这一权利还是建立在众贵族效忠的基础上。未经众人自由表决许可，儿子的权利不得与父亲的权利联结，这与德意志人的国家也相似。

移交给卡佩家族的权力不是新创的，而是历经数世纪形成的。虽然他们径自把古老的西法兰克王冠加诸自身，可是这种权力交接的方式不可避免地限制了王权——它必须获得大贵族的认可。在很长一段时间内，新的王权很少干预具体事务，仅仅作为通过分封的纽带把不同领地结合在一起的宗主。

倘若想追踪这个国家的历史，首先得在承认国王宗主权的若干大封臣的领地内寻找：随着基于民族出身的个体差别逐步消失，基于土地特性与特定血统混合的省份特征显露出来；语言分化为两种属于同语族但仍然迥异的方言；骑士文化兴起，并在诺曼底、香巴尼、勃艮第和佛兰德的大贵族宫廷以及南部的图卢兹、普瓦捷和克莱蒙费朗形成真正的中心。地方贵族与大贵族的关系就像大贵族与国王的关系一样。他们与国王出身相似，行使封建义务而较少受到控制，从而有机会尝试各种对外行动。这些行动无论成败都扰乱了欧洲。

布鲁瓦和香巴尼伯爵厄德二世①开展行动，为的是通过他夫人伸张他

---

①厄德二世（983—1037），蒂博一世之孙，1004年继任布鲁瓦伯爵。约1021年，莫城-特鲁瓦伯爵韦芒杜瓦的艾田一世（Étienne Ier de Vermandois，？—约1021）去世，国王虔诚者罗贝尔二世（972—1031）欲收回封地，却被厄德仰仗军事优势强夺。经过一番冲突，国王为集中力量夺回洛林，于1024年认可厄德对莫城郡与特鲁瓦郡的领主权，称厄德一世。于是，厄德的领地把王畿夹在中间，特鲁瓦家族也壮大为法兰西势力足以同卡佩王族比肩的大贵族。从厄德之孙于格一世（1074—1126）起，莫城-特鲁瓦伯爵又称“香巴尼伯爵”。——译者注

对勃艮第王位的继承权[①]。他甚至怀有更大的图谋[②]：在意大利确立统治地位[③]，占领皇都亚琛[④]。可是，法兰克尼亚王朝的第一位皇帝[⑤]是他的劲敌，挫败了他。卡佩王朝的国王听凭皇帝在法国的土地上追击他的封臣，丝毫不加阻挠[⑥]。

相形之下，诺曼底公爵却实现了有史以来最成功的对外征服，使抵抗过丹人和诺曼人的英格兰臣服于拉丁化的诺曼底贵族[⑦]。法国沿海地区的所有居民以及一些来自边远地区的人都为这次行动出了力。香巴尼伯

---

①勃艮第国王鲁道夫三世（约970—1032）曾于1006年与其外甥、皇帝亨利二世（973—1024）约定，倘若他死后无嗣，则皇帝为勃艮第王位第一顺位继承人。布鲁瓦伯爵厄德二世则是鲁道夫的另一外甥，对王位亦生觊觎之心——所以兰克原文中的“夫人”可能有误，应为“母亲”，即厄德一世（950—996）的夫人。厄德一面与反对皇帝的勃艮第贵族勾结，一面侵入洛林；亨利二世视之为挑衅，遂与正苦于莫城-特鲁瓦继承纠纷的罗贝尔二世联手，逼退厄德。亨利二世不久驾崩，罗贝尔二世趁机觊觎洛林，而厄德成了勃艮第王位第一顺位继承人。——译者注

②弗拉维尼的于格《凡尔登或弗拉维尼年鉴》（*Chronicon Virdunense seu Flaviniacense*）1037年条目云“既登位，行暴君事”，《萨克森年鉴》（*Annalista Saxo*）公元1037年条目云“寇发号施令于亚琛巍阙”，秃头鲁道夫《事纪》（*Historiarum*）云“诸公静候意大利使团，彼身负意国政府之保证”。——原注

弗拉维尼的于格（Hugo Flaviniacensis，约1064—晚于1111），本笃会修士，著有《凡尔登或弗拉维尼年鉴》，记述基督降生至1102年的世界史。——译者注

《萨克森年鉴》是1148—1152年间在尼恩堡修道院成书的编年史，不著撰人，记述741—1139年间加洛林与德意志诸王史事。——译者注

秃头鲁道夫（Rodulphus Glaber，约985—约1047）勃艮第的本笃会修士，著有编年史《事纪》五卷，记述约900—1044年间的历史。——译者注

③1037年，曾支持康拉德二世（约990—1039）即位意大利国王的米兰大主教阿里贝托（Ariberto da Intimiano，约970—1045）为争取米兰大主教权力的扩张，在帕维亚的帝国会议上忤逆皇帝，遭囚禁，后逃回米兰。米兰市民起义对抗皇帝。阿里贝托联络其他主教，愿把意大利王位与罗马帝位让予厄德二世，后阴谋败露。——译者注

④图谋勃艮第失败后，厄德二世又多次袭扰洛林。1037年的出征更以在亚琛皇帝行宫“践祚”为目标。洛林公爵戈泽洛一世（Gotzelo I.，约970—1044）率领的帝国军队在凡尔登以南大败厄德。厄德本人为追兵所弑。——译者注

⑤指康拉德二世，1024年即位德意志国王，1026年即位意大利国王，1027年加冕为帝，1033年又成为勃艮第国王。其王后是士瓦本公主吉塞拉（Gisela von Schwaben，989/990—1043），即鲁道夫三世之姐勃艮第的格贝加（Gerberga von Burgund，965/966—1019）的女儿。——译者注

⑥康拉德二世即位后，以先帝继任者的身份迫使鲁道夫三世把许诺给亨利二世的全部权利转给自己。鲁道夫三世薨后，厄德二世利用皇帝出征波兰的时机入侵勃艮第，受到维埃纳大主教等权贵的拥戴。翌年，皇帝挥师南下，在克鲁尼修道院加冕，却未能速胜。此后，厄德再次入侵洛林，皇帝遂与法国的新国王亨利一世（1008—1060）结盟。国王围攻森斯，皇帝扫荡香巴尼，厄德被迫与国王和谈。1034年，皇帝从德意志和意大利两路出军夹击勃艮第，拥戴厄德的权贵倒戈，厄德最终放弃勃艮第。——译者注

⑦指诺曼底公爵威廉二世（1027/1028—1087）的“诺曼征服”。1066年，威廉加冕，称英格兰国王威廉一世，绰号“征服者”。——译者注

爵、厄德二世之孙厄德[①]不久以后就以约克伯爵的身份再次亮相[②]。

当这群诺曼人向诺森伯兰和苏格兰边境挺进时，或者接替盎格鲁-撒克逊人继续同威尔士人打仗[③]时，与他们血统相近的部族正在那不勒斯附近的海域打败了希腊人，又在西西里以基督之名重振了对抗萨拉森人的大业[④]。

与此同时，阿基坦的领主和贵族云集在阿拉贡和卡斯蒂利亚国王的旌旗下[⑤]，他们将同熙德[⑥]并肩作战。一位年轻的勃艮第伯爵通过迎娶卡斯蒂利亚公主，取得了一片沿海的领地，那里后来发展成葡萄牙[⑦]。

上述这些都是个别行动，对国家的统一毫无裨益。对国家而言，尝

---

①指厄德三世（？—1093），特鲁瓦（香巴尼）伯爵、布鲁瓦伯爵厄德二世 / 莫城-特鲁瓦伯爵厄德一世之孙、香巴尼伯爵于格一世之兄。——译者注

②此处作者应该有误。布鲁瓦家族成员里担任过约克伯爵的其实是香巴尼厄德三世之孙、布鲁瓦厄德二世之玄孙胖子威廉（？—1179）。——译者注

③英格兰国王威廉一世即位时未完全掌控英格兰全境，盎格鲁-撒克逊贵族残存势力、苏格兰国王马尔科姆三世（约1031—1093）、威尔士诸王公以及斯堪的纳维亚入侵者均对新生的诺曼政权造成威胁，战争持续到威廉二世（约1056—1100）年间。——译者注

④指诺曼底封臣欧特维尔的坦克雷德（Tancrède de Hauteville，？—1041）的诸子铁臂威廉（Guillaume Bras-de-Fer，？—1046）、德罗贡（Drogon，？—1051）、翁弗莱（Onfroi，？—1057）、罗贝尔·吉斯卡德（Robert Guiscard，约1015—1085）和罗杰（Roger，1031—1101）在意大利南部和西西里岛进行的一系列军事冒险。起初，威廉与德罗贡为拜占庭帝国的雇佣兵，因时局与军功而晋升。1043年，威廉称阿普利亚伯爵，德罗贡继之，翁弗莱再继之，三传至罗贝尔·吉斯卡德。罗贝尔与罗杰打败拜占庭帝国，几乎占领卡拉布里亚全境，1058年称阿普利亚和卡拉布里亚公爵，后攻占穆斯林卡尔比德王朝（948—1036与1040—1053）绝嗣后纷乱不休的西西里。1072年，罗杰被罗贝尔任命为西西里大伯爵，称罗杰一世。——译者注

⑤阿拉贡国王拉米罗一世（Remiro I，约1000—1063）在与摩尔人作战时战死，其子桑乔一世（约1042—1094）吁请教皇组织国际援助，又求助于阿基坦公爵威廉八世（约1025—1086）等法国贵族。1064年，威廉八世亲率法国骑士与阿拉贡合兵一处，攻打摩尔人的萨拉戈萨王国，占领了战略要津巴尔瓦斯特罗。——译者注

⑥熙德（El Cid，约1043—1099），原名罗德里戈·迪亚兹·德·维瓦尔（Rodrigo Díaz de Vivar），卡斯蒂利亚国王阿方索六世（约1040—1109）时的贵族、西班牙民族英雄，因其骁勇善战而被摩尔人尊称为“熙德”（意为“主君”）。熙德战功卓著，性格慷慨大方，人格魅力大，许多勇士慕名投奔。他的故事流传甚广，后被编入中世纪著名的骑士史诗《熙德之歌》（*El Cantar de Mio Çid*）。——译者注

⑦勃艮第的亨利（1066—1112），勃艮第公爵罗贝尔一世（1011—1076）之孙，因继承公爵位无望而从戎，投奔卡斯蒂利亚国王阿方索六世。1093年，他娶了阿方索六世最宠爱的私生女、莱昂公主特蕾莎（1080—1130），获封阿方索刚从摩尔人手里收复的一片土地作为嫁妆，称“葡萄牙伯国”。阿方索过世后，亨利就寻求葡萄牙的独立。1139年，葡萄牙最终摆脱对卡斯蒂利亚的附庸地位，亨利之子遂称葡萄牙国王阿方索一世（1109—1185）。——译者注

试开展一项可凝聚起所有封臣的事业才更有价值。在当前的局势下，在意识的偏见中，只需要把从萨拉森人统治下收复圣墓这一古老念头庄严地宣告出来，一切力量都将被扯进这股洪流。

收复圣墓的意图源自西方基督教世界的共同体感受。这与西法兰克王国本身没有关联，却以最生动的方式攫住了讲法语的人们。远征大军的最高统帅来自布洛涅家族①，该家族不久前刚参加过对英格兰的征服②。其他统帅则是来自诺曼底、香巴尼、佛兰德以及卡佩王畿法兰西公国的法国人，其中最有权势的是来自阿基坦的诸侯图卢兹的雷蒙③。按照某部编年史的说辞，他在阿尔卑斯山和比利牛斯山之间一呼百应，即使教皇使节也请求他的庇护。随着时间的推移，很多新政权成立了！法国与叙利亚之间建立起最紧密的联系④，法兰西的威名后来传遍希腊和地中海诸岛⑤。在持续数世纪的移民涌入之后，向外扩散的时候终于到来。这个民族是形形色色的族群在混居和冲突中形成的，而且这个过程远未结束。收复圣墓的行动基于广大民众的迫切愿望与个人的自由决断，是这

①指第一次十字军东征的领袖布永的戈弗雷（Godefroy de Bouillon，约1060—1100）及其兄弟鲍德温，二人均为布洛涅伯爵厄斯塔什二世（Eustache II de Boulogne，约1020—1085）之子。1100年，鲍德温加冕为耶路撒冷国王，鲍德温一世（1058/1065—1118）；戈弗雷则拒绝称王，自封“圣墓守护者”（advocatus sancti sepulchri）。——译者注

②布洛涅伯爵厄斯塔什二世曾参与“诺曼征服”，在1066年10月14日的黑斯廷斯战役中指挥诺曼远征军的右翼。——译者注

③雷蒙四世（约1042—1105），1094年承袭图卢兹伯爵与普罗旺斯侯爵，后响应教皇乌尔班二世（约1035—1099）的呼召参加第一次十字军东征，被推举为统帅，攻打盘踞在的黎波里一带的埃米尔国，却至死未克。他的儿子贝特朗（约1065—1112）最终完成攻破的黎波里城，建立的黎波里伯国。——译者注

④位于叙利亚的安条克大公国（1098—1268）与的黎波里伯国的历任君主均为出身法国的贵族。安条克大公国首任大公博希蒙德一世（Bohémond Ier，约1058—1111）是罗贝尔·吉斯卡德的长子。——译者注

⑤第四次十字军东征期间及其后在原拜占庭帝国属地上出现的一系列十字军政权均为法国人建立：佛兰德伯爵鲍德温九世/埃诺伯爵鲍德温六世（1171—1205）被选举为拉丁帝国（1204—1261）的首任皇帝，称鲍德温一世；香巴尼骑士查普利特的威廉（Guillaume de Champlitte，约1160—1209）与威勒哈督因的戈弗雷（Geoffroi Ier de Villehardouin，约1169—1228）开创了亚该亚公国（1205—1432）；来自勃艮第伯国的骑士拉罗什的奥托（Othon de la Roche，？—1234）创建了雅典公国（1205—1458）；出身普瓦图骑士、曾任耶路撒冷国王的吕西尼昂的居伊（Guy de Lusignan，1159—1194）则是塞浦路斯王国（1192—1489）的奠基者。——译者注

个新民族的首批行动。战争把无拘无束和顺服结合在一起，使当时的国家找到了一个能宣泄它全部旺盛精力的出口。

同一时期，法国北部与普罗旺斯的诗歌艺术繁荣发展，现代哲学和神学的基础奠定了，这片土地上还诞生了中世纪建筑艺术奇观般的杰作[①]。精神里充盈着远大的抱负。除了这些体现出共同趋势的潮流，一种更具国家意义的思想出现了，它立足于当时日益迫切的需要。

大贵族的自主权虽然催生出众多辉煌的成就，但也显现出不少弊端：扈从之间的冲突、境内持续的内战、对弱者的镇压以及不堪忍受的暴行。教会试图通过到处宣讲“上帝的和平”或“上帝的停战”制止这些灾祸[②]。可是，无论人们最初以怎样的热情接受教会的安排，日后付诸实施的条件仍显不足。

在国王直辖的地界，自由和财产是最不安全的。无视法律和主权的私人决斗和无端欺压司空见惯。沙特尔主教福尔贝[③]对一位相邻骑士[④]的暴行的抱怨可令人了解到这类状况是多么危险。该骑士不仅重建了被国王摧毁的城堡，还建造了一座新的，使主教面临来自两个方向的压迫。他寻求国王和王子的支持，可是一无所获；如今，他再次上书国王祈求帮助，并且表示倘若他还是孤立无援，他将离开教区和王国，也许不得不投奔某个外国国王或者皇帝，在那儿抱怨法国国王要么没有保护教会的意愿，要么不具备保护教会的权力[⑤]。

---

①一般认为，哥特式建筑诞生于12世纪中叶的法兰西岛，今人公认的首座哥特式教堂为圣德尼修道院院长絮热（Suger de Saint-Denis，约1081—1151）主持重建的圣德尼修道院教堂。——译者注

②即10世纪末起由天主教会发起的“上帝和平运动”。——译者注

③福尔贝（Fulbert，950至970间—1028），1006年起任沙特尔主教。他是当时欧洲最博学的学者之一。主体为罗曼风格的沙特尔圣母主教座堂始于1020年起福尔贝主持的重建，今为世界遗产。——译者注

④指沙托丹子爵若弗鲁瓦一世（Geoffroy Ier，？—1039/1040）。——译者注

⑤根据迪歇纳《法兰西史钞》（*Historiae Francorum scriptores*），第四册所录，福尔贝在致国王的信中如是描述其对头：“亵渎天主，侮慢陛下，忤逆之事夥矣”。——原注

安德烈·迪歇纳（André Duchesne，1584—1640），法国历史学家、地理学家，著述甚丰，是近代法国史学的先驱者。——译者注

于是，教会呼吁国王出面协助、展现权威。教会情愿优待卡佩家族的王权，为的是在其旁侧发展壮大，因为此时的教会正遭受普遍失序带来的困扰，苦不堪言，况且它也无法独立控制局面。最高权力机关保护受压迫者的权利和义务从不会遭人质疑，可是这些权利和义务由于不加行使和承担而被人淡忘。人们仿佛必须从头了解他们之上还存在一个最高的世俗王权，甚至王权本身也得重新回忆起它的本质和职责。

除了哲学思辨大师阿伯拉尔①和实证神学之父圣伯尔纳铎②，圣德尼修道院的院长絮热也是同时代一位出类拔萃的修士。他钻研修道院从不疏于研究的古代皇权，构想有关最高权力固有使命的理念，发展出对权力、正义、权力和正义的关系以及王权行使权力的责任等范畴的活跃意识。絮热知道如何以这样的思想去满足一位与他是朋友关系的天生精力充沛的君主。他引导路易六世“为王国和公共事务的福祉”做事，并且使大多数行动取得成功。然后，他以饱含个人热情的笔触描述了这些行动③。一切都是从修道院与其强邻布沙尔·德·蒙莫朗西④的冲突发端的。由于布沙尔不愿屈服于以各种形式颁布的针对他的司法判决，于是国王亲自过问，迫使他服从。在修道院院长与领主的边界上，王权的威望得到重申。不久以后，其他领主也都将经历他们之中最有名望的布沙尔所遭遇的事——古老的法兰西公国内所有的领主都被迫对国王俯首帖

①彼得·阿伯拉尔（Petrus Abaelardus，1079—1142），著名神学家、早期经院哲学的代表人物。他推崇概念论，强调信仰的理性基础，一生著述颇丰。——译者注

②圣伯尔纳铎（Bernard de Clairvaux，约1090—1153），著名神学家和教会政治家、明谷修道院院长、熙笃会笃会改革领袖。他主张通过爱与灵修亲近天主，谴责彼得·阿伯拉尔的经院理性主义，是中世纪神秘主义的代表。——译者注

③参见絮热《路易大王本纪》（*De vita Ludovici Grossi*），第一章有“于教会广为布施，农夫、贫民、百工之属皆安居乐业”之语；第八章曰“朝廷热衷设市，以互通有无；又驯养牲畜，籍没城堡”。——原注

④蒙莫朗西领主布沙尔二世（Bouchard II de Montmorency，？—1020），卡佩王朝初期王畿内最强大的领主之一。他与毗邻的圣德尼修道院有冲突，后在国王罗贝尔二世的裁决下，被迫拆除了位于塞纳河中圣德尼岛上的巴塞城堡。他与其父布沙尔一世（约950—约980）是近代早期煊赫一时的蒙莫朗西家族的始祖。——译者注

耳。父亲开始的事业，儿子以相同的影响力继续。众所周知，路易七世还在远征圣地途中[①]时，絮热院长就致信给他，请求他返回，提醒他加冕时立下的誓言以及臣下与君主间的相互责任，要求他“不能使羊群更久地落于群狼之口”。在城市，市民盟誓组建联合会[②]互相帮助。如果王权已对其职责觉醒并且承认、保护它们，这么做实际上完全符合王权的观念。各地的暴行必须通过王国自身或外来的力量加以终结。国王们宣告了公共的和平，并且懂得如何维持和平——他们没有给予个人声望太多尊重，虽然他们往往为此费尽心机[③]。

卡佩家族在取得王位之前的最初几代都是勇猛、上进之人；之后的继承者却由于思维方式和局势的变化而崇尚和平，几乎染上教士般的性格。他们的王冠与其说代表一种权力，不如说是一种荣誉。在变化多端的形势下，卡佩王朝能人辈出，他们把正在兴起的普世理念付诸实践。

当卡佩诸王在他们自己的特殊领域里确立起最高权力和法律的威信后，伴随形势不可避免的进展，一个宽广得多的舞台正为他们的行动徐徐铺开。

大领主的权力可以限制王权的发挥，而且根据制度的逻辑，它必须限制王权。12世纪，同一家族内的继承权突然纷纷合并，大领主的权力因而大为扩张，以至于国王感到无法容忍，不得不冒险同他们的势力进行斗争。针对这些其实路人皆知的事件，请容我再赘述几句。

征服者威廉的男性后裔绝嗣。他的孙女是德意志皇帝的遗孀，在编

---

①在圣伯尔纳铎的强势游说下，法国国王路易七世（1120—1180）与德意志国王康拉德三世（1093—1152）共同领导了第二次十字军东征（1147—1149），但无功而返。——译者注

②此处应指城市公社运动（mouvement d'émancipation des villes）初期法国北部和佛兰德部分城市通过市民盟誓反对封建领主、争取城市自治的斗争。——译者注

③沙特尔主教圣依华致信国王：“陛下身负安天下之责，得天助，以除国中阿谀之劣徒、欺人之懒汉。”——原注

圣依华（Ivonis Carnutensis，约1040—1115），沙特尔主教、教会改革家。——译者注

年史中常被称作玛蒂尔达皇后[①]。她后来又嫁安茹和曼恩伯爵[②]，所生的儿子后来成为英格兰金雀花王朝的首位国王[③]。他把富庶、位于交通要冲的法国领地与英格兰、诺曼底联合起来，又迎娶当时最富有的女继承人——阿基坦的埃莉诺，法国南部七块可观的领地[④]由此落入他的诸子之手。金雀花王朝甚至欲染指萨伏依[⑤]，又把对布列塔尼的掌控地位转化成完全的统治权[⑥]。有人计算过，未来法国半数以上的领土将被他们掌握，而听命于国王——或者说挂靠在国王名下的领土还不及四分之一。金雀花王朝利用法国的大部分领土创造出新的权力中心，相形之下，法国王权黯然失色。倘若没有一位才智过人的国王出山，并且在同金雀花王朝的斗争中把国家引领到更高阶段的统一形态，它就要走投无路了。

有人说，腓力二世·奥古斯都的降生是上苍对他父王的恩赐，从而回应了迄今只生出女儿的路易七世与全国上下的祈祷。腓力冲龄践祚，在繁多的事务中锻造出特有的心智。他欣赏当时充满源源不竭的奇思妙想的诗歌艺术，主要汲取其中有关查理大帝的部分。在传说中，查理大

①玛蒂尔达（1102—1167），英格兰国王亨利一世（约1068—1135）之女、皇帝亨利五世（1086—1125）之后。亨利五世与玛蒂尔达无子，法兰克尼亚王朝（1024—1125）遂终。——译者注

②即若弗鲁瓦五世（Geoffroy V d'Anjou，1113—1151），他于1128年娶玛蒂尔达为妻。——译者注

③即亨利二世（1133—1189）。——译者注

④指当时的阿基坦公爵名下的七块领地，即与阿基坦公国共主的加斯科涅公国、阿基坦公爵直属的普瓦图伯国、昂古莱姆伯国、佩里戈伯国、拉马舍伯国、奥弗涅伯国与利摩日子爵领。——译者注

⑤萨伏依伯爵翁贝托三世（1136—1189）的领地受到皇帝红胡子腓特烈（1122—1190）扩张政策的威胁，因此他与英格兰国王亨利二世交好，引其“安茹帝国”为强援。翁贝托长年无子，亨利二世安排幼子约翰娶翁贝托之女阿丽丝，以便日后承袭萨伏依。这一丰厚嫁妆的分配可能引起约翰三位兄长（幼王亨利、理查、若弗鲁瓦）的妒忌，连同其他因素诱发了1173—1174年的家庭内战，且得到王后埃莉诺与法国国王路易七世的支持。当亨利二世稳住局面时，尚未过门的阿丽丝却去世了。后来翁贝托也得子，即托马索一世（Tommaso I di Savoia，1178—1233）。——译者注

⑥布列塔尼公爵柯南三世（1095—1148）临终前取消其子霍尔的继承权，仅以南特伯国相传；公国主体则另传外孙英格兰的里士满伯爵，称柯南四世（1138—1171），并指定波罗厄伯爵厄东二世摄政。厄东欲联手霍尔私分布列塔尼，反对柯南入主。柯南只好仰赖国王亨利二世的支持。经过一番拉锯，国王径取南特伯国，柯南虽保有布列塔尼公爵之位，却形同傀儡。1166年，亨利二世迫使柯南四世退位，亲自摄政，又安排儿子若弗鲁瓦（1158—1186）与柯南四世之女康丝坦斯（约1161—1201）订婚，布列塔尼公国遂入金雀花王朝之彀中。——译者注

帝被视作法国国王，他曾是整个国家从南到北的主人，权力直达比利牛斯之巅。这一愿景让腓力二世奋斗终生：身边的人在穷奢极欲的宫廷生活中追逐快乐和名声，他却作风简朴。他把为他赢取胜利的军队牢牢掌控在手里，把他们的战利品据为己有。他一件事接着一件事地做，因为同时做很多事会让精神裂成碎片。曾有诗句描绘，他看起来可怕如雄狮、敏捷如鹰隼，只有在重建和平后，才会性情温和、处事审慎。发达的头脑与充沛的精力都是他的禀赋。

在金雀花王朝的内战中，国王约翰①的侄子布列塔尼的亚瑟②在一场仰仗法国支持反对他叔父的战役中被俘③，然后——根据对此事持最宽容态度的史家的说法——从监狱里失踪了。布列塔尼的各等级随即在他们有案可稽的首次大会④上宣布约翰应承担谋杀罪责，并要求法国国王主持公道。

约翰同时也是英格兰的国王，他有理由提出异议，因为对他的谋杀指控有损他身为国王的尊严。腓力二世·奥古斯都在对约翰的回应中表示，法国国王不能因此放弃他的权利，反而听任他的某个封臣坐大。不仅在他的直属领地内，而且在他享有宗主权的全部土地上，他都感到有责任不再姑息任何有办法逃脱王权制裁的人。为此，国王赢得了广泛的

---

①即亨利二世的幼子无地王约翰（1166—1216）。——译者注

②即布列塔尼公爵若弗鲁瓦二世与康丝坦斯之子亚瑟（1187—约1203）。他的伯父英格兰国王狮心王理查（1157—1199）曾立亚瑟为储，临终时却担心他年幼，遗嘱约翰继位。——译者注

③无地王约翰一向视亚瑟为其王位隐患，腓力二世利用这一点左右逢源，与约翰时战时和，从中牟利。1202年，亚瑟在腓力二世支持下征讨约翰，在围困祖母阿基坦的埃莉诺所在的米雷博（Mirebeau）城堡期间被约翰奇袭，被俘，囚于诺曼底的法莱（Falaise）城堡，翌年转至鲁昂，后下落不明。——译者注

④根据法国教士勒·包德（Pierre le Baud，约1450—1505）的《布列塔尼史记》（*Histoire de Bretagne*）中的叙述，亚瑟公爵失踪后不久，布列塔尼各个主教与领主就在瓦讷（Vannes）举行特别集会，控告约翰为杀人犯。但是据译者考证，目前没有一手文献的证据表明这一集会确实举行过。——译者注

支持，尤其国内的其他大贵族也站在他的一边。王国贵族[①]齐聚一堂，组成一个大法庭[②]，向英格兰宫廷直接传讯约翰。他们与法国国王的关系就像约翰与他的关系一样。有人推断，这类集会尚属首例[③]。既然约翰拒绝应诉，法庭就对约翰做出判决，宣布没收他在海峡这一侧的全部领地[④]。国王以法国众圣人之名起誓，决心把他臣下的集体判决付诸实施。

腓力如此推进他的大业，其实没有遇到什么困难。当他占领诺曼底后，安茹、都兰和普瓦图全都无力阻挡他——诸藩纷纷对他妥协。封臣权力的内在根据是土地性质和部族多样性，特殊的部族领袖会坚持保留部族的固有特性。这些极其不同的土地接受一位并非他们国王的人作为共同的领主，有什么意义？在行政权力的直接压迫下，领主们感受到的更多的是压力，而最高权威的建立对他们来说反而是一种解放。

不过，约翰也有盟友。在逐渐形成的派别冲突中，他找到了缔结某种联盟的办法，旨在打压法国日趋壮大的军事实力，甚至肢解法国。但是，法国国王得到贵族和城镇的争相支持，维持了实力上的优势。在布

①法文pair源于拉丁文par，意为“同等”。王国贵族（有学者译为“法兰西贵族”）源于卡佩王朝初期在自家领地内享有独立司法权的大封建主。随着法国王室自12世纪下半叶起加强王权，开始在王家法庭传唤大贵族，因此国王最有势力的几个附庸要求得到司法优待，以显示同下层贵族的区别。这些人组成所谓“王国贵族”（pares regni），享有可媲美王室的尊荣，被授予祝圣、加冕等典礼上的尊贵职位。截至13世纪初，共有12家贵族成为“王国贵族”，即兰斯大主教公爵（首席王国贵族）、拉昂主教公爵、朗格勒（Langres）主教公爵、博韦（Beauvais）主教伯爵、沙隆（Châlons）主教伯爵、努瓦永（Noyon）主教伯爵、诺曼底公爵、阿基坦（吉耶讷）公爵、勃艮第公爵、佛兰德伯爵、香巴尼伯爵和图卢兹伯爵，有人将他们比拟为查理大帝的十二圣骑士（paladin）。——译者注

②伯尼奥伯爵，《判文老档》（*Les olim ou registres des arrêts*），第一卷有言：“就我所见到的而言，后世不言自明的规矩在这里已经受到关注：若干王国贵族列席法庭，足矣。”——原注

奥古斯特-亚瑟·伯尼奥伯爵（Auguste-Arthur，comte de Beugnot，1797—1865），法国历史学家，曾出版七部《判文老档》，即1254—1318年间巴黎高等法院几乎全部判书的总汇。——译者注

③为了惩戒不驯服的大贵族，腓力二世创建由王国贵族组成的法庭，作为特殊的司法审级，后发展成高等法院。——译者注

④原文在时间顺序上可能有误。法庭传讯约翰之事是在1200—1202年，共计四次，皆在腓力二世与布列塔尼公爵亚瑟结盟并出征诺曼底之前。立案的由头是1200年约翰抢夺拉马舍伯爵、吕西尼昂领主于格九世（Hugues IX de Lusignan，1163/1168—1219）年轻美貌的未婚妻昂古莱姆郡主伊莎贝拉（约1188—1246）。于格向腓力二世申诉，腓力二世遂抓住良机打击约翰。判决结果也给了腓力二世出兵的最好借口。——译者注

汶战役中，腓力二世成功击退了联军的进攻。

如果说，法兰西国家通过这一系列事件首次被激发出鲜活的共同体意识，这还不算是对这些历史时期的新鲜解释。当时有人宣称：在国家的不同地区，凡是国家领土能伸展到的地方，它都能体会到胜利的喜悦；在每一座城市、每一个村庄、每一座城堡和每一个行政区内，它都能感受到相似的激昂气氛。每个人都把属于全体的东西据为己有，一次胜利引发了千万次的凯旋。

王权的巨大收获不久成双。第二次收获的意义不弱于第一次，但成就它的前提条件却略有不同。

教皇及其特使针对图卢兹伯爵雷蒙六世的行动绝不是为了增强法国的王权。他们想消灭受其保护的异端阿尔比派，然后把所攻占的土地交给最虔诚的军队统帅西蒙·德·孟福尔[①]，因为他看上去是目前唯一有能力维持最严厉的天主教统治的人。因为法国国王为攻城略地出力甚微，所以教皇一方判决法国国王没有权利占据这片土地。可是，单单孟福尔家族远不具备长久保住这片领地所必需的力量，于是他们自行把这项权利转让给法国国王。在巴黎集会的王国权贵，即二十五位世俗诸侯与十七位主教和大主教，建议国王接受这一自愿的转让，并向国王承诺在这件事上给予忠实的协助[②]。与处理英格兰—诺曼事务类似，法国权贵在处理阿尔比派事务时也站在国王一边。可是，既然此事的处理流程是基于教会的判决，所以它还具有另一层性质，即法国国王将承担由宗教会议委任的领主责任。腓力·奥古斯都对是否进攻图卢兹伯爵顾虑重重，

①孟福尔伯爵西蒙四世（约1160—1218），阿尔比十字军统帅。他同时也是第五代莱斯特（Leicester）伯爵，即英格兰亨利三世（1207—1272）时反抗国王、首开议会的贵族领袖西蒙·德·孟福尔（Simon de Montfort，1208—1265）之父。——译者注

②法国一众权贵联名支持国王路易八世，称他为“致天主耶稣基督所挚爱的、虔信圣教的臣等高尚的主人、荣耀的法兰西王路易”。——译者注

他的儿子路易八世则决意进攻，结果薨于征途[①]。路易的遗孀、来自西班牙的布兰卡[②]不仅要担负起摄政的职责，还得指挥战争，陷入了很大的险境。不过，她思虑周密，又得到有力的支持，因此她懂得怎样平息一切。最终，图卢兹伯爵被迫签署城下之盟[③]。这份协议的条件对教会和国王十分有利。按照一位罗马作家的评论，即使伯爵在战斗中被俘，条件也不至于如此有利：三分之二的领地直接交给国王，伯爵保留剩余的三分之一，但仅限于他的有生之年；伯爵继承权只能传给他的女儿[④]，而她将嫁给布兰卡的第三子[⑤]。

就这样，西部法兰克的国王在以他为宗主的所有土地上树立了权威。上述的两次行动都是执行罢免诸侯的判决，一次是基于世俗判决，另一次是基于教会判决。这些行动为最高权力在国内建立起优势，而这种优势是自查理大帝驾崩以来从不曾存在过的。

鉴于前段时间的动乱，布兰卡的儿子路易九世试图建立一种符合他内心宗教和风俗观念的合法秩序。

围绕法国南部的领地，路易九世与出身古老的巴塞罗那伯爵家族的阿拉贡国王达成一致，调整了两国关系，划定了两国边界[⑥]。

---

①1225年，路易八世重启对阿尔比派的圣战，大捷，但未能竟克全功，第二年返回巴黎时染上痢疾，在蒙庞西埃（Montpensier）城堡去世。——译者注

②卡斯蒂利亚的布兰卡（Blanche de Castille，1188—1252）是卡斯蒂利亚国王阿方索八世（1155—1214）之女，1223—1226年为路易八世之后。——译者注

③即1229年4月12日布兰卡代表路易九世与图卢兹伯爵雷蒙六世（1156—1222）之子雷蒙七世（1197—1249）签订的《莫城-巴黎条约》。条约不仅结束了阿尔比十字军战争，也终结了奥西坦（Occitanie）地区在法国的自治地位。——译者注

④即图卢兹的让娜（1220—1271）。——译者注

⑤即普瓦捷的阿方索（1220—1271）。1241年，阿方索与让娜成婚，获封普瓦图伯国。——译者注

⑥经过阿尔比十字军战争并根据《莫城-巴黎条约》，阿拉贡王国以及统治它的巴塞罗那家族丧失了朗格多克、普罗旺斯一带多片重要领地的宗主权或掌控地位。阿拉贡国王“征服者”海梅一世（Jaime I el Conquistador，1208—1276），试图挽回损失。对此，路易九世一面通过进驻军事力量形成威慑，一面依据查理大帝建立西班牙边区的往事，向阿拉贡索要宗主权。1258年，路易九世与海梅一世签订《科尔贝条约》，海梅一世放弃除蒙彼利埃外对比利牛斯山以北的领土要求，换取了鲁西永与塞尔达尼亚（Cerdanya）的宗主权，路易九世则承认阿拉贡的主权国家地位。——译者注

当路易九世把已收复的部分领土归还给英格兰国王时，他的众臣对此不是没有分歧。但是通过此事，他促成英格兰国王在1259年亲赴巴黎收取封地，并确认在一切形式上放弃诺曼底、安茹、图尔和普瓦图[①]。诺曼底永久合并于王国，从此，国王的实力就以王畿法兰西和诺曼底为根本。

尽管封建君主政体的古老形式并未发生改变，但是，从前是分离和自主取得优势，如今是秩序和服从占了上风。

路易八世的母亲是加洛林王朝的后裔，确切地说，是出自下洛林的查理一脉[②]。查理的继承权经由她传递给了卡佩王朝。这一点通常都被认为很有价值。由此，王权还得到了完美合法性的外衣。

勃艮第、布列塔尼、安茹、普瓦图、图卢兹和阿托瓦的公爵或伯爵均来自国王的宗族，有人从中数算出八大世家[③]，国王则是所有这些家族的天然首领。

对路易九世而言，英格兰国王同法国王族的亲属关系也是他授予英格兰国王封地的动因之一。法国王室的谱系中包含支持国家统一的动力。在12世纪，选举的念头仍然时而涌动；可是到了13世纪，就没人再提起了。一切都屈从于权威，尤其王家法院。

当时的法典仍然承认大贵族在个别领地上享有一定程度的独立司法权，但法典中又补充说明，国王可对所有领地行使主权，因为他理应操

---

①1259年，英格兰国王亨利三世与法国国王路易九世签订《巴黎条约》。根据条约，亨利三世仅有权以法国封臣的身份继续保有加斯科涅以及路易九世归还的部分阿基坦。这两部分从此合称“吉耶讷”。——译者注

②路易八世之母伊莎贝拉（1170—1190）的祖母是那慕尔伯爵若弗鲁瓦一世（1080—1139）的女儿阿丽丝（1112/1115—1169）。若弗鲁瓦一世的曾祖母、即那慕尔伯爵阿尔伯特一世（981—1011）之妻就是下洛林公爵查理的女儿埃芒加德。——译者注

③参见米涅《关于法国领土形成与政治的随笔》（*Essai sur la formation territoriale et politique de la France*）以及《阅史备忘录》（*Notices et Mémoires historique*）第二卷。——原注

弗朗索瓦·米涅（François-Auguste Mignet，1796—1884），法国著名历史学家。——译者注

持整个王国。没有人足够位高权重，以至于他能够逃脱审讯。

正如传统上把布兰卡王后与法国的罗马法复兴联系在一起，她的儿子路易九世也作为有序法治最重要的奠定者而闻名遐迩。在路易看来，实施正义是君主最重要的义务，也是信仰赋予的责任。国王的朝廷先前已被视作最高法庭；如今，王权主要建立在司法判决的基础上，并负责判决的执行——国王的权力大为拓展，远远超出曾经的界限！国王的朝廷里渐渐分化出庞大的王国司法管理机构——高等法院[①]。它由王国贵族、朝廷命官以及其他僧俗领主组成。高等法院尽管没有完全脱离朝堂政治，但是大量教士出身且熟稔法律的人士很快在其中取得优势，较大程度上改造了高等法院。他们的案件审理表明，他们是国王普遍权威的强大盟友[②]。国王治下各省份的司法机关几乎就是高等法院的全权代表。国王三令五申地强调尊重他人的权利就像尊重自己的权利，他的公正以及法官们的功绩和杰出素质使他处处受到拥戴。

我们知道，路易九世绝对没有因此成为整个法制建设过程的主宰和家长。他的某些意图甚至未能实现。路易九世没有从根本上动摇封建国家，确切地说，他是通过节制自身权力的放纵，赋予国家一种形态。在这种形态里，他恰好符合了人们对社会秩序的必然需求。

在其他国家烽火连绵的时候，法国正享有太平。法国的人口在增长，文化在发展。一个安静、谦卑、热心灵魂拯救甚至连辛勤的劳动者都算不上的人，能够把这么多强大的诸侯与好斗的封臣控制住，这在当时的世界博得了普遍的称赞。

路易九世只要认定教士阶层甚至圣座的要求不合理，就会加以抵

---

①法文为parlement，德国历史著作里通常写作Parlament，与“议会”一词写法相同。——译者注

②伯尼奥伯爵《判文老档》第一卷推断道：“王家法院（在路易九世治下）逐渐取得优势，一步步介入各项事务，保障了统治者的权威。”——原注

制。但是，他完全认同基督教世界的统一，始终因为笃信而过着顺服信仰的生活。在遗嘱中，他建议儿子，宁可对教会让步，也不要同它争吵。他避免介入几任教皇同霍亨斯陶芬王朝诸帝的争端，然而却时刻待命向君士坦丁堡和圣地进军。他是如此频繁而慷慨地赞助十字军战士的出征！他本人也曾两次高举十字架①，可是结局十分不幸：一次，他在埃及被俘；另一次，他在突尼斯城前撒手人寰。弥留之际，他仍惦念着信仰的传播。

①路易九世是第七次十字军东征（1248—1254）与第八次十字军东征（1270）的发起者。——译者注

第三章

英法战争时期

掌握最高权力的人会如何看待手中的权力？通常有两种见解。

在有些国王的观念中，登基为王、坚持王国的存续其实是为了服务更高的目标，即维护上帝设立的万物秩序、赞助文化、实施正义、践行教会理念与传播宗教信仰。相比之下，另一些国王却以本国特殊利益代言者的形象示人，对他们而言，权力的扩张本身就是一种有价值的目标。只要有利可图，他们会毫无顾忌地进攻他国领土。他们把打造国家内部的强盛与对外的伟大形象视作荣誉和使命。前一类国王为人热忱活泼、性情随和、信仰虔诚，他们欣然接受法律的约束，而不是厌恶它；后一类国王天生就具备乾纲独断的能量，我行我素，大多性格冷峻，对一切起码的约束嗤之以鼻。前一类国王更多出现在中古时期，后一类国王更多出现在近古时期，任何时代都可以找到这两类君主。

卡佩王朝的路易九世可视为所有虔诚国王的典范与榜样。在其身后，一个具有另一类特点的典型人物也终于横空出世。

与列祖列宗不同，美男子腓力[①]以肆无忌惮、冷酷无情著称。虽然历代先王也致力于权力扩张，但正如一位德意志编年史学家所言，这些扩张行动仅限于为他们设定好的界限内。德意志皇帝很早就通过联合阿尔勒的王冠[②]取得了高卢东南部地区的几个省份[③]，而这些省份也乐于同德意志皇帝和平共处，保持友好的关系。美男子腓力却凭着无所顾忌的野心，成了第一位敢于突破这些边陲、在其另一侧攻城略地的国王。他丝毫不在意他已违反各个条约，并招致了神圣罗马帝国的敌意。腓力了解或感受得到天下大势是助他的。通过占领里昂[④]，他建立起一种可自行延续且以自身为目标的关联性。他所树立的强大国力凭借难以抗拒的天然威力把语言相近的地区吸引到自己一方。

在与教皇的交往中，历代先王接受了通过互相效劳实现彼此促进的模式。美男子腓力未加三思就撕破了这个过时的同盟。他同卜尼法斯八世的冲突最初只涉及次要的分歧[⑤]，后来却迅速升级为攸关罗马教廷世俗

---

①即法国国王腓力四世（1268—1314），又称“美男子腓力”。——译者注

②指勃艮第国王鲁道夫三世去世后，神圣罗马帝国皇帝康拉德二世继承勃艮第王位之事。勃艮第王国以阿尔勒为都城，因此又称“阿尔勒王国”。——译者注

③指附属于勃艮第王国的普罗旺斯伯国、维埃纳伯国、勃艮第伯国、萨伏依伯国等。——译者注

④1307年，腓力四世出兵占领位于勃艮第王国境内的高卢首席主教（primat des Gaules）座城与高卢经济中心之一的里昂，1312年正式兼并。——译者注

⑤腓力四世由于对佛兰德和英格兰的持续战争（1295—1304）而陷入财政困境，于是打算对法国的教士征税，引起主张教权高于君权的教皇卜尼法斯八世（约1235—1303）的反对。腓力四世遂以物资禁运回击，并宣称法国的教士阶层是法国国家的组成部分。卜尼法斯八世被迫让步，追封路易九世为圣徒，一度缓和了与腓力四世的关系。腓力四世请教皇调停法国与英格兰、佛兰德的战事。——译者注

权益的重大问题，而那些权益是教皇竭力捍卫的[①]。国王以近乎诅咒般的口吻宣布，他的后代在世俗事务上不得再受地上另一政权的领导。他还焚毁了教皇历数与他针锋相对的权力要求而颁布的诏书[②]。一位御用法学家曾告诉卜尼法斯：如果没有真正的权力，任何要求都等于一纸空文。卜尼法斯体验到了这句话的滋味[③]。

数个世纪以来，这个民族把最好的力量都投入东方的事业中，最终却一无所获。耶路撒冷早被萨拉森人夺回[④]，君士坦丁堡也没能守住[⑤]。无论是圣路易的行动，还是他的同胞兄弟、那不勒斯国王安茹的查理的

---

①在调停法国与佛兰德冲突期间，卜尼法斯八世公开站在佛兰德一边，要求腓力四世释放被监禁的佛兰德伯爵当皮埃尔的居伊（Guy de Dampierre，约1226—1305）。居伊一世致力于佛兰德的独立。此外，教皇未同腓力四世商议，兀自设置帕米耶（Pamiers）教区，并任命腓力的私敌、帕米耶圣安东尼修道院院长萨伊塞（Bernard Saisset，约1232—1314）为主教。萨伊塞支持教皇对佛兰德的立场。腓力四世因此找到了对抗教廷的借口。1301年10月，萨伊塞以叛国罪被捕。教皇视此举为对宗教司法独立性与教皇领导权的严重侵犯。两人的冲突迅速升级。——译者注

②1301年12月，卜尼法斯八世发教谕《吾儿垂听》（*Ausculta fili*）给巴黎，要求法国的国王与众主教前来罗马，澄清教俗两界的权力关系。腓力四世在公布前烧毁诏书，又伪造了一份，措辞十分侮慢。之后，腓力四世为对抗教皇寻求“天下之公意”（参见后面的正文），遂在1302年4月10日召开法国史上首次三级会议，借此激起法国上下反教皇的愤怒情绪。出于愤怒，卜尼法斯八世于1302年11月18日再发《至一至圣》（*Unam Sanctam*）谕，强调教会权力对世俗权力的无条件优先权。——译者注

③1303年，腓力四世主张召开宗教会议，欲以前任教皇切莱斯廷五世（1215—1296）之死与卜尼法斯有关为由，审问教皇，得到贵族、市民与部分教士的支持。同年，教皇在家乡阿纳尼（Anagni）被宿敌科隆纳家族羞辱，尊严扫地，数周后忧惧而死。——译者注

④1244年8月，随蒙古西征流亡至中东的花剌子模雇佣兵在阿尤布王朝苏丹萨利赫（1205—1249）的协助下攻占并洗劫了由代政官（bailiff）统治的耶路撒冷。此后，十字军再未能夺回耶路撒冷。——译者注

⑤1261年8月，尼西亚帝国的米海尔八世（1223—1282）收复君士坦丁堡，驱逐拉丁帝国的鲍德温二世（1217—1273），拉丁帝国灭亡，拜占庭帝国复国。鲍德温二世此后流亡，欲寻盟友夺回失地，但教廷正忙于同西西里的霍亨斯陶芬王朝内斗，无暇施以援手。——译者注

计划[1]，均告失败。最后，托勒密城[2]遭到苏丹阿什拉夫[3]的进攻。国王美男子腓力拒绝为守卫这座城市出力，听凭它陷入敌人之手。对他而言，东方的军事行动不仅无关紧要，更令他深恶痛绝。

在为对抗异教徒而创建的各支骑士团之中，最强大、最英勇的那支[4]仍被寄予收复圣墓的希望。可是，他们却被腓力以极其残忍的手段剿灭

---

①1258年，神圣罗马帝国皇帝腓特烈二世（1194—1250）兼西西里国王腓特烈一世的私生子曼弗雷德（1232—1266）无视教皇反对，篡夺了腓特烈之孙康拉丁（1252—1268）的西西里王位。由于西西里对于十字军东征大业具有举足轻重的战略地位，需要一位对教廷友好的国王主政，法国国王路易九世遂展开外交斡旋，未果，于是就支持其弟安茹的查理（1227—1285）以十字军的名义征讨西西里。1266年，查理被教皇克莱芒四世（约1200—1268）加冕为西西里国王，随后于同年和1268年分别打败曼弗雷德和康拉丁，占领西西里王国全境。正文中的“计划”是指查理以西西里王国为根基、法国和教廷为后盾建立一个地中海帝国的宏图。他打算出兵帮助鲍德温二世复国，条件是得到所占土地的三分之一。其间，克莱芒四世去世，查理为不受新教皇的掣肘，操纵枢机主教团，竟让“宗座从缺期（sedes vacans）”持续了三年。1270年，查理已派先头部队前往伯罗奔尼撒，但其兄路易九世却于同年发起第八次十字军东征。查理不得不转向去突尼斯，抵达时，路易已是濒死之人。后来英格兰王子爱德华—尚未登基的爱德华一世（1239—1307）——率军抵达突尼斯，欲同法国人一道收复耶路撒冷。途中，查理的舰队遭遇风暴，折损大半，查理遂返西西里。此时，进攻拜占庭的大好时机已经错失。1271年登位的新教皇格列高利十世（1210—1276）有意疏远查理。1272年，查理占领阿尔巴尼亚部分海岸地区。1274年，拜占庭皇帝米海尔八世打算借第二次里昂大公会议与格列高利十世促成东西教会方的和解，虽然没有成功，却拆散了教皇与西西里的同盟。此后，查理在巴尔干连失据点，阿拉贡对西西里的威胁却与日俱增，地中海帝国计划终成泡影。另外，安茹的查理对西西里王国的治理乏善可陈，不得人心。1282年3月30日，著名的“西西里晚祷”事件爆发，曼弗雷德的女婿、阿拉贡国王彼得（佩德罗）三世（1239—1285）乘机入侵西西里岛，称西西里国王彼得一世。查理仍保留西西里王国的亚平宁部分，后世以“那不勒斯王国”称之。两国随即为争夺西西里控制权开战，史称“西西里晚祷战争”（1282—1302）。在西方，安茹的查理同样有大计划。当时的神圣罗马帝国正处于“大空位”（1250—1273）时期，而教皇格列高利十世有意平息德意志和意大利的混乱局势。1273年，查理提出，安排他的侄子、法国国王腓力三世（1245—1285）当选罗马人的国王。格列高利不愿被卡佩-安茹的势力南北夹迫，拒绝了腓力三世，而支持哈布斯堡伯爵鲁道夫（1218—1291）最终当选。安茹的查理同时谋取东、西两个罗马帝国，堪称中世纪的政治奇才，然时运不济，虽机关算尽，所获却有限。——译者注

②托勒密，即阿卡，今以色列北部加利利沿海城市。阿卡是盘踞在黎凡特的十字军国家的最后一个据点，1291年陷落。——译者注

③即被称为“苏丹阿什拉夫”的马穆鲁克苏丹国巴赫里王朝苏丹萨拉丁·赫利勒，1290—1293年在位。——译者注

④指1118年成立的圣殿骑士团。最初为十字军骑士为保护朝圣者安全而成立的团体，后来得到圣伯尔纳铎的大力扶持，1139年起为直属教皇的骑士团。圣殿骑士团不受任何国王、领主和地方主教指挥，具有免税特权，甚至可自行征税，因此迅速壮大；其间，获赠大量地产，从事银行业与商业，掌握了巨额财富与多国的经济命脉。13世纪，圣殿骑士团拥有成员近两万名，地产九千余处。阿卡陷落后，圣殿骑士团经塞浦路斯返回欧洲，散居各地。——译者注

了[①]。我们不打算深究腓力四世对圣殿骑士团的各项指控的真实性以及他所实施的程序的正义性，此事本身就足以让我们体会到观念的丕变。一个关于圣殿骑士墓穴的传说：每年，在逮捕圣殿骑士的那夜，一个戎装的形象就会显现，白色的大氅上赫然印着一个红色的十字架。他问道："什么人愿意收复圣墓？""没有人了……没有人了……"有声音从穹顶深处回答他，"因为圣殿已经毁灭。"[②]

为普世基督教会的观念感到振奋的心情已成明日黄花。那些曾经以产出供给收复耶路撒冷大业的土地被籍没，转而用于增加王室的收成。

所有正在通过行动施加影响力的人物的活动状态多半取决于其所具有的各种观念的合力。圣路易沉浸在基督教的理想中，而美男子腓力把王权和国家看得高于一切。随着他走完全部生命，区分中古时代和近古时代的风已经吹起。通过发布各种诏谕，腓力把司法、立法与行政权力集于一身[③]。诏谕的数量令人咋舌。他使王权的观念侵入日常生活的每个角落，又使一个总揽天下事务的行政部门从高等法院分离出来。宗教观点对政务考量的影响越来越少。政治协商主要围绕国王权力、税收、征

---

①腓力四世穷兵黩武，因此负债累累。圣殿骑士团也是主要债主之一，引起腓力深深的嫉恨。在收拾了教皇卜尼法斯八世之后，腓力扶植亲信波尔多主教上位，称教皇克莱芒五世（1264—1314）。他是首位长驻阿维尼翁的教皇。1307年10月13日，在无任何征兆的情况下，全法国的圣殿骑士几乎同时遭到逮捕。腓力四世正是幕后黑手，他事前广发密函，命各地官员同时打开后立即搜捕。此后数年，腓力四世罗织异端罪名，对被囚禁的圣殿骑士施行严讯逼供。大部分圣殿骑士死于审讯和火刑。克莱芒五世多次要求将审判权交付教会，但腓力四世始终没有同意。1312年3月，克莱芒五世在维埃纳大公会议上宣布解散圣殿骑士团，其财产大部分移交给医院骑士团，法国境内的资产与地产则被腓力四世所夺。1314年3月18日，大团长雅克·德·莫莱（Jacques de Molay，约1244—1314）与训诫长若弗鲁瓦·德·沙尔内（Geoffroi de Charney，约1251—1314）被火刑处死。——译者注

②这个传说源自奥古斯丁·梯叶里的一条笔记，参见亨利·马丁《法国史》（*Histoire de France*）第五卷。——原注

奥古斯丁·梯叶里（Jacques Nicolas Augustin Thierry，1795—1856），法国著名历史学家。他是最早重视原始文献对历史研究的意义的人之一。——译者注

亨利·马丁（Henri Martin，1810—1883），法国历史学家、政治家。——译者注

③参见基佐《近代史教程》（*Cours d'histoire moderne*）第五册。——原注

弗朗索瓦·基佐（François Pierre Guillaume Guizot，1787—1874），法国著名历史学家、政治家，1847—1848年间任法国七月王朝首相，因二月革命而下台。——译者注

税机关与征税审批流程展开，甚至关乎国王对境内全部金银矿产的索取权——腓力想凭己意裁定其价值；此外，还涉及世俗权力的独立性及其对宗教事务的权限、等级会议与市民大会、所有人的天然自由与农奴的解放等问题。

正当这位君王的统治迎来新时代的朝霞时，他却招致同时代的伟大诗人但丁的反感[①]。这是可以理解的。但丁醉心于普遍自由的观念与对更高法则的领悟，他将憎恶爆发为尖锐的谴责。

这种无所顾忌、一意孤行、仅以法国国家利益为导向的政治立场尚未稳固，一场突如其来的事变就把法国推入天下大乱的深渊，迫使它只能完全依靠自身的实力来应付。

迄今为止，卡佩王室总能实现子承父位。美男子腓力的后裔枝繁叶茂，可是他的三个儿子[②]却都没有男性子嗣。当三人中的最后一人去世后，腓力的外孙、英格兰国王爱德华三世[③]要求继承法兰西的王位。

法国的诸侯爵位、伊比利亚半岛各国的王位甚至英格兰王位本身都是依照相同的法律传承给后代的。爱德华三世把他的王位继承诉求托付英格兰的法学家查验，在得到他们肯定的判决后，他决心采取行动捍卫他的权利。

相比之下，通过职权和领地的结合，德意志诸侯的男性继承权一直保持了鲜活的有效性。在法国，如人所见，最近的几次王位继承均为兄终弟及，公主的继承权则被排除在外。不过，相比基于法律的认可，这种继承安排更多是借助契约实现的，而契约的签订并非没有报偿。儿子能否代替母亲即位？是否存在可使王位继承权从统治家族转入旁系的权

①腓力四世高调追求权力与财富，又把教廷强行迁往阿维尼翁加以摆布，但丁深恨之。1301年，腓力四世之弟、瓦卢瓦伯爵查理（1270—1325）任受教皇特派前往佛罗伦萨调解党争，放逐了但丁，使其终生不能回乡。此事亦引起但丁深刻的怨念，他在《神曲》里对当时卡佩王室的贪婪有所影射。——译者注

②指腓力四世去世后陆续登基为法国国王的三位王子，即路易十世（1289—1316）、腓力五世（1293—1322）和查理四世（1295—1328）。——译者注

③爱德华三世（1312—1377）之母是腓力四世的公主伊莎贝拉（1295—1358）。——译者注

利？此类问题始终饱受争议。

其中的政治算盘其实远高于法律依据。国王的权威究竟是一种世袭遗产，还是一种职权，对此人们不做深究。关键的问题在于，能否把王冠交给一位身为外国君主的觊觎者。法国最显赫的封臣、上等贵族与低等领主肯定都不愿屈从于英格兰人的统治。为此，他们坚持奉行被称为“萨利克法”[①]的日耳曼继承法，因为它能保障他们的独立性。于是，他们认可血缘最近的旁系亲属瓦卢瓦的腓力继承王位[②]。尽管后来付出了浴血斗争的代价，但他们的决议终究是被坚持了下来。

当爱德华终于腾出手来时，他决心伸张他的权利。他给法国的贵族和统治阶层带来的是多么毁灭性的打击！他使他们的政权蒙受了怎样的羞辱！

在克雷西战役[③]中，十一位王公贵族[④]、八十位领主与一千两百名骑

---

①萨利克法（lex Salica）源于法兰克人萨利克部族的习惯法，故名。法兰克国王克洛维一世在507—511年将这些习惯法汇编为法律。萨利克法是墨洛温王朝与加洛林王朝的法律基础。根据萨利克法，女性无权继承土地。随着加洛林帝国的分裂与后继诸国的联姻，萨利克法扩散至西欧多数国家，女性无权继承土地的规定逐渐演变为对女性继承权的剥夺。——译者注

②查理四世薨逝后，留下身怀六甲的王后。若腹中为男孩，则需要选取一名摄政王；若腹中为女孩，则摄政王有资格继承王位。因此，摄政王的人选是大问题。王国贵族与法学家遂在巴黎集会表决是否可以把政府交给一名卡佩王室公主的后代，即王室女性成员是否可以把王位继承权传给其子，比如英格兰国王爱德华三世。集会最终决定，王室女性成员及其后代都无权继承一切封号，于是选择查理四世的堂弟、腓力三世之孙、瓦卢瓦伯爵腓力六世（1293—1350）继承王位。这一决议排除了任何外戚后裔试图取得法国王位的可能性。法国历史进入瓦卢瓦王朝。——译者注

③英法百年战争爆发后，英格兰一直试图在从佛兰德到布列塔尼的海岸上建立稳固的登陆据点。1346年8月26日，两国军队在加莱南面的克雷西决战，爱德华三世亲自指挥，以长弓兵大破数量约三倍的法国重装骑士部队，史称“克雷西战役”。——译者注

④殁于克雷西战役的十一位王公贵族究竟都是谁，作者没有明言。这个数目也有可能不准确。根据译者考证，他们或许是指：腓力五世的女婿、佛兰德伯爵路易一世（约1304—1346），兼内维尔伯爵路易二世；腓力六世之弟、阿朗松伯爵查理二世（1297—1346）；腓力六世的姑侄、布鲁瓦-沙蒂永（Châtillon）伯爵路易一世；欧塞尔（Auxerre）和托内尔（Tonnerre）伯爵约翰二世；奥马勒（Aumale）伯爵约翰二世；阿尔库尔（Harcourt）伯爵约翰四世；桑塞尔（Sancerre）伯爵路易二世（约1305—1346）；格朗普雷（Grandpré）伯爵约翰二世；沃代蒙（Vaudémont）伯爵亨利四世；鲁西（Roucy）伯爵兼皮埃尔蓬（Pierrepont）领主约翰五世；图阿尔子爵路易一世（约1310—1370）之弟吉亚尔。此外，波希米亚国王兼卢森堡伯爵约翰一世（1296—1346）、洛林公爵勇者鲁道夫（1320—1346）、萨尔姆（Salm）伯爵西蒙一世等一些加入法国方面作战的神圣罗马帝国诸侯也在此役中捐躯。——译者注

士阵亡；在普瓦捷战役[①]中，瓦卢瓦王朝的第二任国王约翰在英勇的战斗中被敌人俘虏。他的父王曾在临终时告诫他不要放弃抵抗，因为这是一项正义的事业。人们要么为疆场阵亡的亲属悲恸，要么忙于把被俘的亲属赎回，仅有少量重要的家族幸免于这样的命运。海上，英格兰人在一场大战[②]后也掌控着主动权。他们还攻占加莱[③]，将其纳入英格兰的殖民地。

法国迄今在世界上所占据的优势与霸主地位就此扭转。战争的后果也对法国内部产生了瓦解性的影响，促使一股新的势力觉醒、脱颖而出并且在政治上举足轻重。这股势力悄悄地积攒力量，得到所有在暗中作用的力量的支持，直到能够与领主和贵族平起平坐——那就是城市的势力。

以前的史学著述把法国城市公社的兴起归功于王权的扶植，这是不正确的。催生城市公社的动力是原生且自主的，无论在法国北部、意大利还是在尼德兰皆无二致。不过，法国国王从一开始就把城市公社纳入他的庇护之下，批准它们所取得的自由权利。作为回报，城市为国王出征，在国王与大贵族的冲突中支持国王。晚年的圣路易常常愉快地谈起一件往事：年少时某次去巴黎的途中，他在巴黎近郊遭遇哗变贵族的威胁。这时，市民从城墙后纷纷涌出，保护了他，使他免遭不测。市民也为美男子腓力的出征提供了可观的金钱赞助。他们不但承受了消费税，还同意对他们可观的收入加征所得税。腓力乐于见到市民在一些大会上拥护自己。在与教皇斗争期间，当他需要依靠全国一致的赞成以回击罗马教廷的要求时，他就让城市代表列席各种国家会议。城市的声明甚合

①1356年8月，英军在黑太子爱德华（1330—1376）的率领下，从阿基坦入侵法国中部。1356年9月19日，英军在普瓦捷以南的莫佩尔蒂伊（Maupertuis）再次靠长弓兵以少胜多，大败法国重装骑士。——译者注

②指1340年6月24日的斯鲁伊斯海战。是役，法国海军大部分被歼，英格兰海军控制了多佛尔海峡。——译者注

③克雷西战役后，爱德华三世调头围攻加莱。1347年8月3日，加莱投降。——译者注

国王的心意，爱国的雄心鼓舞城市支持王国的完全独立。

美男子腓力薨逝后，各省纷纷开始反抗王权的优势地位，国王被迫以地方特许状的形式对领主和贵族做出不小的让步。于是，城市也获得了一项重大权利——为保卫国王和自身的利益而自我武装的权利。

在14世纪，构成各个国家的两种要素互相武装对峙，即封建、等级的要素与城镇、公众的要素——整个欧洲大陆都是如此，包括法国。现在，两大派别的分裂还被卷入了继承权的争端。

王位之所以能够传给瓦卢瓦家族，尤其有赖于大封臣、大贵族的支持。以贵族领袖身份自居的瓦卢瓦家族向来就是他们的同党。新王即位后展开的首批行动之一就是支持佛兰德伯爵对抗他的城市[①]。国王的意图很明确：把佛兰德各地酝酿的市民运动阻挡在法国之外。

爱德华三世针锋相对地站在佛兰德城市一方，而佛兰德城市则鼓励他们伸张对法国王位的继承权。

爱德华三世数败法国，取得了双重的成就：一方面，通过亲自实施残忍的屠杀，削弱了法国的贵族阶层；另一方面，激起了法国民众对现政府及其司法程序的不满——他们把现政府的司法程序视为不幸的源头。普瓦捷战役使贵族的勇敢精神变得不再可靠。此后，法国内部就再也不是一块铁板了，裂隙始终未能弥合。

---

①指腓力六世出兵帮助佛兰德伯爵路易一世镇压尼古拉·赞尼金（Nicolaas Zannekin，？—1328）领导的佛兰德沿海起义。1323年，佛兰德沿海农民因无法忍受路易一世的横征暴敛而起义，原为兰佩尼斯（Lampernisse）富农的赞尼金被推为领袖。起义军连克多座城市，甚至在科特赖克（Kortrijk）俘虏了伯爵路易本人，引来国王查理四世调解。1326年，路易一世被释放，双方签订《阿尔克和约》。1328年，新登位的国王腓力六世重申佛兰德贵族的权利，佛兰德人立即以起义回应。路易一世逃往法国，说服腓力六世出兵镇压。布鲁日市长威廉·德·德肯（Willem de Deken，约1274—1328）同情起义者，前往英格兰寻求爱德华三世的支持，可是爱德华三世正忙于对付苏格兰叛乱并争夺法国王位，没有给予回应。1328年8月23日，王军在卡塞勒战役中一举击溃起义军，赞尼金战死；德肯逃往布拉班特，欲寻求布拉班特公爵的协助，却被遣送至法国处死。——译者注

为了筹措延续战争和赎回国王的资金，法国北部召开了三级会议[①]。大会指定成立一个政务委员会[②]，其中出身市民等级的委员比重较大，相当于另外两个等级之和。政务委员会试图改组王国政府。在其领导下，等级代表提出了众多权利要求，其所涉及的范围尤其值得注意：三级会议不仅有权征收经其批准的捐税，也有权把所征收的资金用于支付；各等级有权在确定的日期集会，无须等待国王召集；三级会议的决议具有法律效力；三级会议的政务委员会应参加有关战争或媾和的谈判。这一等级治理模式的理念是如此完善、全面，以至于早在14世纪中叶，民众就推动它在法国施行。

可是，时局、形势、民族意识甚至国家元首本身，都不适合把法国引导向这一目标。

市民派别最重要的首领是罗贝尔·科克[③]。他的立场完全就是朋党争斗的写照。他企图让另一位觊觎王位的宗室亲王[④]纳瓦拉的查

①指1356年10月王储查理召集的三级会议。共有四百名代表与会。当时法国南部正在黑太子爱德华的掌控之下。查理就是后来于1364年即位的国王查理五世（1337—1381）。罗贝尔·科克、艾田·马赛为首的反对派把普瓦捷的惨败归咎于贵族（参照前文“普瓦捷战役使贵族的勇敢精神变得不再可靠”之语），要求撤换一批重臣。——译者注

②政务委员会是1356年三级会议提出成立、1357年《三月大诰》（*Grande Ordonnance*）予以认可的。它包含二十八名成员，其中教士四人、贵族十二人、市民十二人。——译者注

③罗贝尔·科克（Robert le Coq，？~1373），出身奥尔良市民，1347年成为高等法院检察官，1351年出任拉昂主教。1356年三级会议上，科克代表恶人查理的利益反对王储自任监国。1358年2月巴黎市民暴动后，科克成为最有权力的枢密。5月的贡比涅三级会议上，科克被罢免。艾田·马赛死后，他试图把拉昂献给恶人查理，未成功。1360年的《布雷蒂尼条约》没有宽宥恶人查理一党，罗贝尔·科克遂被没收一切收入且被驱逐出境。详见下文关于艾田·马赛的注释。——译者注

④法国的“宗室亲王”（prince du sang）专指卡佩王族的男性成员。他们有权依照特定的顺位继承王位。传统上一般认为宗室亲王必须是路易九世的直系后裔，包括后来开创王朝的瓦卢瓦家族与波旁家族。瓦卢瓦家族始于腓力三世之子、腓力四世之弟查理（1270—1325）；波旁家族始于路易九世的幼子罗贝尔（1256—1317）。——译者注

理[①]登基为王，自己出任首相执掌大权。科克宣称，三级会议有权废黜国王或改变王位继承顺序。起初，他对冲击现政府的暴力行动袖手旁观，听凭法院的大部分成员被驱逐，审计院[②]被重组。终于，首席市政长官艾田·马赛[③]率领暴怒的群众，冲进王宫，当着代表国王监国的王储之面，杀害了被王储视作股肱的两名元帅。谁会否认城市承受的苦难[④]？然而群众残忍、丧尽天良的行径阻塞了他们奋斗的道路，还让他们的对手

---

①恶人查理或纳瓦拉国王查理二世（Charles le Mauvais，1332—1387），法国国王路易十世（兼纳瓦拉国王路易一世）的外孙、纳瓦拉女王胡安娜二世（约1311—1349）之子，同时在诺曼底占有大片领地。虽然被萨利克法排除了继承权的胡安娜放弃了继承王位的要求，得到香巴尼-布里（Brie）作为补偿，但恶人查理仍然多次觊觎约翰二世及其子查理五世的王位。英法战争期间，恶人查理多次为扩大自家领地与英格兰人结盟。普瓦捷战役前夕，他被国王约翰二世监禁。普瓦捷战役后，三级会议中多有拥护恶人查理监国甚至继承王位者。1357年，恶人查理逃出监禁，为反对王储查理，试图与巴黎市民领袖艾田·马赛接近，却没有真正帮助市民暴动；1358年，他联合王储查理血腥镇压扎克雷起义（Grande Jacquerie）。1364年，恶人查理被贝特朗·杜·盖克兰（约1320—1380）击败，丧失诺曼底的全部领地，被迫放弃对法国王位的一切继承权利。——译者注

②除了高等法院，路易九世在他的行政改革中新设的机构尚有审计院（cour des comptes）与枢密院（conseil）等。——译者注

③艾田·马赛（Étienne Marcel，1302至1310间—1358），出身巴黎呢绒商人家庭，1354年被推选为巴黎商会主席（prévôt des marchands）。1356年三级会议上，马赛以资助王储查理对英作战为条件，为第三等级索取广泛的参政权与监督权。王储查理面对恶人查理一党的挑衅，只得先倚靠第三等级的支持，却以等待父王批复为借口拖延回应第三等级的权利要求。其间，查理前往梅兹，以原属帝国的领地多菲内向本来计划与英格兰共同进攻法国的神圣罗马帝国皇帝查理四世（1316—1378）称臣，皇帝遂退兵；同时，查理命其弟安茹公爵路易一世（1339—1384）留守巴黎，推行货币贬值政策，却导致市民暴动。1357年年初，王储查理被迫赶回巴黎，2月再开三级会议，同意了马赛的政改方案，并颁布《三月大诰》加以确认。4月，囚禁中的约翰二世宣布不承认《三月大诰》，艾田·马赛与罗贝尔·勒科向查理提出抗议，查理一面虚与委蛇，一面自恃外省支持，于8月自掌大权，禁止马赛与勒科及其党人参政。11月，恶人查理重获自由，一时从者甚众，形势再变。马赛以三级会议将推举恶人查理监国为由要挟王储再次让步，迫使他于1358年年初再开三级会议，企图取消各省三级会议，进一步抽取王储的权力基础。王储查理退无可退，遂在贵族支持下与马赛决裂。随着王室官员被市民杀死，局势骤然升级。王储查理召香巴尼元帅孔弗朗的约翰（Jean de Conflans）与诺曼底元帅克莱芒的罗贝尔（Robert de Clermont）入城镇压。2月22日，三千市民在艾田·马赛的率领下冲入当时的王宫，当着王储的面斫杀两位元帅，立王储为摄政王，迫使他任命勒科为首相、马赛等人为枢密使。后来，王储以调解贵族与市民为由成功出城，在贡比涅召开忠于他的三级会议，宣布巴黎第三等级的权利要求为非法。5月起，受到巴黎市民暴动的鼓舞，各地农民纷纷揭竿而起，史称“扎克雷起义”。艾田·马赛企图利用农民暴动迫使贵族让步，然而巴黎市民大多对农民军抱有戒心。随着恶人查理对起义的残酷镇压，马赛见风使舵，把恶人查理与他的英格兰雇佣军迎入巴黎，拥他为摄政王，使其承认改革作为回报。此举一方面得罪了贵族；另一方面，巴黎市民不满马赛投靠恶人查理，形成以让·马亚尔（Jean Maillard）为首的拥戴王储的反对派。7月31日，英格兰雇佣兵与巴黎市民发生冲突，艾田·马赛被市民反对派杀死。数日后，王储查理返回巴黎，重建旧时的王权秩序。——译者注

④14世纪中期法国城市同时承受着两大疾苦：黑死病与战争时期加征的苛捐杂税。——译者注

感觉到自己所捍卫的才是正义。

由于这次暴动同时反对国王的权威与领主、贵族的特权，于是两者结成了牢固的同盟。得到贵族支持的王储取得了胜利，恢复了往日的统治方式。事件之所以没有马上发展成复仇的暴行，全赖王储一人之功。《布雷蒂尼和约》[①]把法国三分之一的领土割让给爱德华三世，各项条款都反映出战场的失利与国内局势的混乱。王储本人在签订和约后不久登基，称查理五世。他一心想夺回失地，可是攘外必先安内，他深知如何把对立的派别——无论贵族、军官还是城市都绑定在自己一方。他向许多城市颁发特许状[②]，这些城市都归顺于他，而且都没有再叛离。国王富有智慧，而且被幸运眷顾，他多个方面一起抓的大手笔进展顺利[③]，各种矛盾都在他生前得到遏制。

在其他人身体强健的年纪，法国国王查理五世却大限将近。他不再奔赴沙场，因为他已无力拿起战剑。然而，正如他的一些流传于世的哲言妙语所表明的那样，他的反思精神与才智出类拔萃，他深知如何抓住高涨的爱国意识。

可是，一旦他安抚各方的影响力消失，旧时的敌对情绪又在那个世纪普遍观念的驱动下再次激烈爆发。在最高权力与公共精神不间断地此消彼长中，14世纪最后几十年与15世纪最初几十年充满了动荡。

---

①普瓦捷大败之后，法国陷入内乱，无力再战。1360年5月，爱德华三世与约翰二世签订《布雷蒂尼和约》（*Traité de Brétigny*），百年战争第一阶段结束。根据和约，法国必须用钱赎回约翰二世，同时放弃对加斯科尼、普瓦图、佩里戈、利穆赞、蓬蒂约（Ponthieu）、加莱等地的主权。和约虽然十分苛刻，但为法国赢得了喘息与改革的时间。——译者注

②特许状指国王或诸侯签发的特权授予证书。——译者注

③除了内政方面的成就，值得一提的还有查理五世在百年战争中的新进展。1369年，查理以雇佣军为主力重新对英开战，其主要将领是1370年升任大司马（connétable）的贝特朗·杜·盖克兰（Bertrand du Guesclin）。陆上，英军节节败退，被逐出普瓦图，又丧失加斯科尼、诺曼底和布列塔尼的大部分领地；海上，法国与卡斯蒂利亚联合，于1372年在拉罗歇尔海域击败英格兰舰队。数年后，黑太子与爱德华三世陆续去世，新王理查二世（1367—1400）年幼，英军无力反击。1386年，两国事实上停火，英格兰方面仅保有加莱、瑟堡、布雷斯特、波尔多、巴约讷五个港口与吉耶讷。——译者注

重启争端的导火索不是某个无关紧要的问题，而是有可能是关乎欧洲各国基本制度的头等大事。为了批准新税的征收，三级会议是否应该定期召开？三级会议享有的大部分其他权利都与征税权息息相关。那个时代的法国人争先恐后地争夺这些权利。巴黎与其他城市抗拒征收未经三级会议批准的捐税，引发了一场骚动[①]。当时所有的不满情绪都爆发了，个人财产安全无法得到保障。

佛兰德是一切骚乱的策源地[②]。那时，一个商人夺取了伯爵的政府[③]。当摄政王[④]出兵佛兰德时，即使支持他的法国贵族一方并无运筹失当之处，这样的行动对他们而言仍然算是很大的冒险。如果法国骑士遭

---

①指巴黎的“铅锤党起义”（Révolte des Maillotins）等城市抗税暴动。1379年与1381年，朗格多克城市进行过两次抗税暴动。1382年2月，鲁昂市民进行抗税暴动。1382年3月1日起，巴黎市民冲击市政厅，洗劫富户，因使用铅锤为武器，故被称作“铅锤党人”。铅锤党起义持续数月，最后在上层市民的支持下被镇压。——译者注

②在14世纪的佛兰德，贵族与城市的矛盾非常尖锐。佛兰德城市与英格兰有密切的羊毛和呢绒贸易关系，市民脱离法国的独立倾向明显；佛兰德历代伯爵却仍受封建义务的束缚。1328年，腓力六世镇压了佛兰德沿海起义（详见前文的注释）。1337年百年战争爆发，伯爵路易一世与国王腓力六世互相支持，禁止英格兰羊毛进口与佛兰德呢绒出口，驱逐英格兰商人。佛兰德城市经济大受打击，市民反法之心愈炽。1338年，根特商人雅各·德·阿特维尔德（Jacob van Artevelde，约1290—1345）被推选为城市首长（hooftman），他同时与英、法两国谈判，争取特权。布鲁日和伊普尔支持根特。三城市要求与路易共治佛兰德，后者逃往巴黎。1340—1345年，雅各·德·阿特维尔德是佛兰德事实上的行政长官，对外依附于爱德华三世，后者给佛兰德提供贸易特权和军事支持。1345年，纺织工与毡合工的行会冲突，得不到阿特维尔德支持的一派寻求路易的支持，阿特维尔德遂寻求爱德华三世父子的支持以抗衡。佛兰德人害怕黑太子会成为另一个路易。7月，阿特维尔德在根特被杀。1346年即位的伯爵路易二世（1330—1384）在英、法两国间小心维持脆弱的平衡。1379年，根特市民拒绝缴纳路易二世为举办比武大赛而征收的特别税；商业对手布鲁日却支持路易，因为路易允诺给布鲁日开凿运河，这给根特工商业界很大压力。当时的佛兰德正饱受饥馑和瘟疫之苦。1381年，根特市民发动起义。——译者注

③根特市民怀念雅各·德·阿特维尔德治下的好时代。1381年年末，雅各的儿子腓力·德·阿特维尔德（1340—1382）被推举为领袖。1382年5月，起义军打败路易二世的骄兵，后者逃往法国。不久，布鲁日和伊普尔归降，腓力·德·阿特维尔德控制了整个佛兰德。受根特起义的鼓舞，法国一些地方也爆发了起义。——译者注

④法国国王查理六世（1368—1422）冲龄践位，由三位叔父摄政：查理五世的二弟安茹公爵路易一世、查理五世的三弟贝里公爵约翰（1340—1416）与查理五世的四弟勃艮第公爵腓力二世（1342—1404），史称“公爵政府”（gouvernement des ducs，1380—1388）。正文中的“摄政王”指勃艮第公爵腓力二世，又称“大胆腓力”。1369年，腓力娶佛兰德伯爵路易二世之女、卡佩家族末代勃艮第公爵腓力一世（Philippe de Rouvres，1346—1361）未过门的遗孀玛格丽特（1350—1405），把佛兰德伯国、阿托瓦伯国以及属神圣罗马帝国的勃艮第自由伯国等多片领地纳入勃艮第公爵的统治下。——译者注

遇莫尔加滕战役[①]时奥地利—士瓦本骑士所遭遇的情况，法国北部说不定就共和国化了——巴黎市民已在谋划平毁卢浮城堡[②]与正在建造中的巴士底城堡[③]。

胜利的天平最终倒向贵族一方。1382年11月23日[④]，贵族军队在卢瑟贝克大获全胜[⑤]，迫使佛兰德的每个领地都屈服于它的主君。战役打响的那一刻，王国的旌旗刚刚展开，乌云就突然散去，太阳升起。贵族一方相信，这是上帝直接庇佑他们的异象。他们以庄重、虔敬的姿态把旗帜带回圣德尼，然后朝巴黎进军[⑥]。巴黎人吓破了胆。国王没有接受前来迎接他的巴黎市民的敬礼，因为之前正是他们让王室蒙羞。路障被拆除了，城门的陷阱被清理干净，所有武器上缴，夜间封锁街道的铁链也

①13世纪中叶起，哈布斯堡家族利用神圣罗马帝国的衰弱争夺阿尔卑斯山区多个领地的领主权。1291年8月初，三个森林地（Waldstätt）施维茨（Schwyz）、乌里（Uri）和翁特瓦尔登（Unterwalden）缔结永久同盟（Ewiger Bund）以维护其帝国直属权，形成今天瑞士联邦的雏形。1314年，迫于人口压力的施维茨的农民非法侵占受哈布斯堡家族保护的艾因西德伦（Einsiedeln）修道院的牧场和林地。修道院长向康斯坦茨主教起诉，后者把施维茨人开除教籍。同年，哈布斯堡家族正忙于争夺德意志王位。选侯团分为卢森堡党和哈布斯堡党，前者支持巴伐利亚公爵路易，即后来的皇帝路易四世（1282—1347），后者支持奥地利和施蒂利亚公爵美男子腓特烈（1289—1330）。森林地出于自身利益考虑而支持路易。腓特烈委托其弟、奥地利共治公爵利奥波德一世（1290—1326）惩罚森林地。1315年秋，利奥波德一世聚集了两千名骑士，其中许多来自士瓦本，全军约九千人。森林地一方只有施维茨的一千三百人、乌里的三百人与翁特瓦尔登的一百人，皆为乡民。11月15日，战役打响。森林地堵住了莫尔加滕（Morgarten）隘口，奥地利军队被迫循小路前进，由于地形不利，不得不排成单人长蛇。这时，施维茨人从侧旁的林中突然袭击，先抛下滚木礌石，然后冲入敌阵短兵相接，奥地利一方惨败，大部分骑士惨遭不谙骑士精神的乡民屠杀。经此一役，奥地利被迫停战，三个森林地更加团结一致。——译者注

②14世纪卢浮城堡与后来的卢浮宫迥异。腓力二世时，卢浮城堡仅是守卫塞纳河右岸的军事据点；14世纪，随着城市扩大，巴黎新建了外城，查理五世将其改建为可居住的城堡；弗朗索瓦一世时，卢浮城堡彻底翻新，始有今日卢浮宫之面貌。——译者注

③巴士底城堡始建于查理五世时期，主体部分建于1370—1383年间。建造巴士底城堡（法文原意为“小城堡”）的初衷是完善巴黎城防体系、抵御英格兰人的攻袭，但很快发展成国家监狱，所以汉译文献里常称其为“巴士底狱”。——译者注

④此处作者应有误，确切日期应是1382年11月27日。——译者注

⑤由于腓力·德·阿特维尔德与英格兰国王理查二世结盟，法国方面决定在英格兰远征军尚未集结完毕前出兵佛兰德。路易二世的女婿、勃艮第公爵大胆腓力也支持这一行动。查理六世御驾亲征，麾下有一万两千名精锐骑士；佛兰德军队主要由弩手与装备较差的民兵组成，共两万人。两军战于卢瑟贝克（Roosebeke），法军以中军坚守、侧翼包抄的战术力克佛兰德人，腓力·德·阿特维尔德阵亡。战后，根特仍在英军支持下固守，直到1385年勃艮第公爵与佛兰德各城签订和约。——译者注

⑥1383年1月11日，国王查理六世与摄政的三位叔父返回巴黎。——译者注

被卸下，而巴士底城堡竣工了。城市享有的特权悉数被取消，尤其选举商会主席[①]及其陪审代表的权利[②]，外加一切司法权限。在军号的鼓噪之下，国王宣布恢复过去的消费税，没有人胆敢反对它的征收。一种思想开始浮现：国王有权像处置他的领地一般不受限制地处理征税事务。即使没有人敢于坚定地支持这种思想，人们也不会感到有执行新的征税审批程序的必要。三级会议在接下来的许多年里都没有再召开。

1357年，在三级会议中占据优势的城市代表着手接管政府；1382年，国王剥夺了城市自治权利。各方意见莫衷一是，正如各类事件接踵而至。当时有人宣称：没有民众的认可，政府将一事无成[③]。不久，针锋相对的理论就出现了，它强调固有的等级差异，主张把各等级的权力限制在各自的领域中。有一段时间，诛杀暴君被认为是合法的；后来，这个理念最重要的鼓吹者[④]被严厉批判[⑤]；再后来，随着党争局势的变化，它又重新受人推崇[⑥]。

---

①12世纪起，巴黎有两位行政长官——国王委派的巴黎城监（prévôt de Paris）与市民选举的商会主席。前者主管行政、司法、治安，驻塞纳河右岸的大要塞（Grand Châtelet），今巴黎夏特雷广场；后者通常为商人出身，代表巴黎全体市民的经济利益，在国王和市民之间调解捐税等问题，最初驻毗邻大要塞的市民公所，1357年移驻塞纳河右岸一幢被称为“柱厅（Maison aux Piliers）”的骑楼——后来的巴黎市政厅（Hôtel de Ville）就是在它的原址上改建的。巴黎城监与商会主席之间存在对立的权力关系，后者在局势有利时也会染指政治，比如艾田·马赛、让·马亚尔。15世纪40年代起，巴黎商会主席与大部分陪审代表改从王家公务员中遴选。——译者注

②1383年1月27日的王室谕令限制了巴黎的诸多自由权利，虽然保留商会主席的职位，但禁止市民结社、集会，新的商会主席事实上无法再由市民选举。——译者注

③“顺乎民意，王乃治。”（Reges regnant suffragio populorum.）——原注

这句话是由1380年任法兰西王国总理的米勒·德·多芒主教（Miles de Dormans，1343—1387）提出的。——译者注

④指巴黎大学神学教授让·佩蒂（Jean Petit，约1360—1411）。他后来成为勃艮第公爵无畏约翰的幕僚，并且在后者的授意下，利用演绎推理、诡辩、援引圣经等方法发展出“诛暴君论”（tyrannicide）。——译者注

⑤1413年，卡波士暴动失败后，勃艮第派的势力撤出巴黎。巴黎大学校务长让·热松（Jean Gerson，1363—1429）遂推动对让·佩蒂“诛暴君论”的批判，促使当时正在举行中的康斯坦茨大公会议（1414—1418）做出决议，否定了无条件诛杀暴君的合法性。详见后文的注释。——译者注

⑥1418年，阿马尼亚克派在巴黎全面失势，勃艮第派操纵国王为让·佩蒂恢复名誉，让·热松被迫流亡。详见后文的注释。——译者注

奥尔良支系与勃艮第支系的决裂尽管源自完全不同的背景①，但也会对这些争端产生影响。奥尔良家族与阿马尼亚克派②代表之前保持胜绩的骑士等级，兼任佛兰德伯爵的勃艮第公爵③则为城市权利代言。在勃艮第公爵的影响下，首都巴黎在1409年收回了市政特权，市民又可以自我武装、自主选举陪审代表了。一支民兵队伍负责维护勃艮第家族与当

①"公爵政府"时期，各公爵皆追逐私利，政局混乱。亲政后的查理六世亦无力掌握全局。至迟1392年起，查理六世患有间歇性精神障碍。在1393年1月28日的一场"闹婚会（charivari）"上，查理与五名友人戴上面具，浑身涂满柏油，饰以羽毛、麻絮，扮成"野人"起舞，后来不慎触碰到火把，查理侥幸捡回一命，四人却因烧伤而死。经此"焚者之宴（Bal des ardents）"，查理大受刺激，彻底精神错乱。之后，王国由贝里公爵约翰、勃艮第公爵腓力与查理六世之弟奥尔良公爵路易一世（1372—1407）联合摄政。勃艮第公爵与奥尔良公爵皆心怀异志，且都对王后巴伐利亚的伊莎波（Isabeau de Bavière，约1370—1435）有很大的影响力：前者是查理六世婚事的介绍人，后者据传是王后的情夫。二人各结党羽，彼此争竞；贝里公爵一度居中调停，后来加入奥尔良派。勃艮第派与奥尔良派之间不但存在领地扩张的冲突，两派也同时被卷入其他外部矛盾中：奥尔良派维护法国王权利益，坚持对英战争，勃艮第公爵因统治佛兰德而与英格兰保持密切的贸易关系，不愿同英格兰发生冲突；彼时正处于"西方教会大分裂"（1378—1417）时期，奥尔良派支持阿维尼翁教皇，勃艮第派则支持罗马教皇。1404年，勃艮第公爵腓力去世，即位者无畏约翰（1371—1419）无力影响王后，在争竞中处于下风。奥尔良公爵路易与王后伊莎波皆穷奢极欲之人，巴黎市民深恨之；成长在城镇经济发达的佛兰德的无畏约翰提出改革计划，借以打击利用国库中饱私囊、却对百姓横征暴敛的路易。此举得到巴黎大学、高等法院与市民的支持。1405年，两派冲突升级，无畏约翰遣军进逼巴黎，路易与王后逃遁，约翰遂控制了年幼的王储路易（1397—1415）。10月，两派议和。约翰为维持对王室政治影响力，开支巨大，其领地虽广，却难以负担。1407年11月，无畏约翰雇凶刺杀了奥尔良公爵路易。真相曝光后，无畏约翰返回佛兰德，内战爆发。同时，约翰招募让·佩蒂等法学家，指使他们以"清君侧"为自己开脱。1408年3月，无畏约翰带兵谒见国王，让·佩蒂当着众贵族与教授的面，陈述他有关"诛暴君"的辩护词。尽管在场的大多数人认为其论点荒唐，但勃艮第军队准备镇压一切异议，于是约翰轻易取得了国王签署的赦免书。1409年，查理六世、无畏约翰与奥尔良公爵查理一世（1394—1465）签订《沙特尔和约》，暂时罢兵。——译者注

②阿马尼亚克伯爵伯纳七世（约1360—1418）。他是贝里公爵约翰的女婿，又与奥尔良公爵路易通过米兰公爵维斯孔蒂家族结为姻亲。1410年，伯纳在然恩（Gien）把女儿嫁与奥尔良公爵查理一世，结成拥护王储、反对勃艮第公爵的同盟。从此，奥尔良派又称"阿马尼亚克派"（Armagnacs）。除了阿马尼亚克伯爵伯纳与奥尔良公爵查理，年老的贝里公爵约翰、安茹公爵兼普罗旺斯伯爵路易二世（1377—1417）、波旁公爵路易二世（1337—1410）与约翰一世（1381—1434）父子、布列塔尼公爵约翰五世（1389—1442）等皆是阿马尼亚克派的骨干成员。签订《沙特尔和约》一年余，两党再次兵戎相见。1410—1413年，双方屡和屡战，阿马尼亚克派在外省活跃，勃艮第派掌控巴黎与王室。——译者注

③1405年，佛兰德女伯爵玛格丽特去世，其子无畏约翰承袭佛兰德伯爵。至此，无畏约翰兼领勃艮第公国、佛兰德伯国、勃艮第自由伯国、阿托瓦伯国、内维尔伯国与夏洛莱伯国，既是法兰西王国封臣，又是神圣罗马帝国诸侯。——译者注

时在城中居支配地位的派别[①]的统治。民兵主要由家族传承的店主组成，他们同属某个庞大的手工业行会。朝廷刚做出摆脱勃艮第家族与城中派别势力的尝试，骚乱就立即爆发了，三十年前被打压的各种理念得到复兴。一份新拟定的法令[②]申明了司法机关的选举原则，限制了狩猎权，顺应市民的意愿改革各个公共部门。国王与各大王公不得不佩戴来自佛兰德起义者的标志——白帽子前往司法宫[③]，宣布这些法令具有真正的法律效力。事件的变幻更迭也体现在小人物的命运起伏之中：1382年，一个在1357年参与谋杀两位元帅的人被处决；1413年，一名年迈的医生[④]成为勃艮第党人的领袖，有人说他年少时参与过最初的那场暴动。一波未平，一波又起。不久，阿马尼亚克派重掌权柄，实施残暴的统治[⑤]。

①指卡波士党（Cabochiens）。无畏约翰暗杀奥尔良公爵路易后，许多巴黎市民额手称庆，渐渐形成支持勃艮第公爵的派别。卡波士党是其中被勃艮第公爵进一步收买的极端分子，主要由屠户等中下层市民组成，其领袖是被称为“西蒙·卡波士”（Simon Caboche）的屠户，故名。在勃艮第公爵联合巴黎大学教授推动行政、捐税、司法诸项改革期间，在市民群体中颇为孤立的卡波士党索要更多权利，遂于4月27日起暴动。他们占领巴士底城堡，抢劫王宫，绑架贵族，控制了巴黎城，扰乱了公共秩序。暴动的失控背离了政改的初衷，市民群起反抗，勃艮第公爵与新法令亦深受其累而声名扫地。8月，巴黎上层市民在高等法院法官让·茹弗内尔（Jean Jouvenel，约1360—1431）的领导下扭转了局势，勃艮第公爵与西蒙·卡波士等部分追随者出逃。——译者注

②指《卡波士法令》。1413年1月，勃艮第公爵迫使国王召开三级会议，施行政改，大体恢复了1357年《三月大诰》中的三级会议财政权；5月27日，三级会议政务委员会颁布相关法令，彼时正值“卡波士暴动”期间。阿马尼亚克派于9月5日撤销了法令，蔑称其为“卡波士法令”。——译者注

③查理五世喜爱住在圣保禄王府（Hôtel Saint-Paul），因此搬出位于西提岛的王宫，把它让给高等法院、审计院与枢密院入驻，原王宫因此渐改称“司法宫（Palais de Justice）”。——译者注

④根据译者考证，“医生”指特鲁瓦的让（Jean de Troyes）。原始文献《查理六世本纪》（*Chronicum Caroli VI Francorum regis*）记载：“特鲁瓦人名若望者，当世名医也，善言辞，多智谋，然年事已高，垂垂朽矣。”据今人迈克尔·塞泽（Michael A. Sizer）的著作*Making Revolution Medieval: Revolt and Political Culture in Late Medieval Paris*，特鲁瓦的让是外科医生、巴黎市议员，也是卡波士党的领袖之一。虽然外科医生不同于完全市井化的屠户，属于有知识的市民群体，但主要培养内科医生的大学医学院却以“君子不齿”的态度待之，因此他们反而更亲近所谓的“巫医乐师百工之人”。——译者注

⑤卡波士暴动被镇压后，阿马尼亚克伯爵伯纳及其党羽被让·茹弗内尔代表的上层市民迎入巴黎，开始施行恐怖统治，直到1418年。1415年，阿马尼亚克伯爵伯纳七世接任法国大司马，成为王储监国集团之首。可是，经过阿金库尔一役，阿马尼亚克派元气大伤，奥尔良公爵查理甚至被俘。1415年和1417年，王后伊莎波的两个儿子路易和约翰（1398—1417）相继夭亡，唯一存活的第五子查理成为王储，即后来的查理七世（1403—1461）。母子关系素来不睦，查理时常谴责王后生活放荡，最终把王后囚禁在图尔。——译者注

1418年，市民再次起义，恶狠狠地报复了他们[①]。之前俯首帖耳的民众心满意足地观赏着统治者堆积如山的尸体。

同英格兰的战争再度爆发。所有的冲突，无论起源多么不相干，此刻都交织在一起。快速冲锋的法国人在历次交战中都被英格兰人狠狠教训过，这一次也未能免于惨遭屠戮。八千贵族长眠在阿金库尔[②]。几大宗室亲王之间的党争也愈演愈烈。在蒙特罗的桥上，勃艮第公爵约翰当着王储查理的面被重殴至死[③]。他的儿子[④]因此认为自己有理由摆脱王室，转而居间促成《特鲁瓦条约》的签订[⑤]。条约承认英格兰国王亨利五世为法国摄政王，同时也是法国国王的继承人[⑥]。在勃艮第公爵的影响下，巴黎没有任何犹豫就接受了条约。高等法院的法官、大学教授与教士，尤其全体市政官员，举行了隆重的集会，欢呼和平。亨利五世入城时享受

---

①勃艮第公爵无畏约翰把王后从囚禁中解救出来，并在特鲁瓦组织了以王后为中心的对立政府。1418年5月28日至29日的夜里，巴黎手工业者与大学教授打开城门，迎入勃艮第军队。勃艮第军队在城内大肆捕杀阿马尼亚克党人；王储查理被阿马尼亚克党人塔纳基·杜·查斯泰尔（Tanneguy du Chastel，1369—1449）裹在棉被里捎出城，捡回一命；阿马尼亚克伯爵伯纳七世则在6月12日的巴黎市民暴动中被杀。逃往南方的王储查理遂为阿马尼亚克派的新领袖。——译者注

②英格兰国王亨利五世（1387—1422）趁法国内乱重启战端。1415年10月25日，英军以长弓兵为主力的英军在加莱南面的阿金库尔以少胜多，击溃法国的重装精锐部队。百年战争的局势又为之一变。借此大捷，英格兰占领了法国北部的大部分领土，勃艮第公爵乘机袭取巴黎（参见前文注释），掌控了国王查理六世。——译者注

③勃艮第公爵欲立亨利五世为法国国王继承人，王储查理不得不试图与之磋商，阻止勃艮第与英格兰进一步接近；勃艮第公爵虽然已控制大半法国领土，但财政困难，因此也想与王储谈判，达成对自己有利的协议。双方会晤多次。最后一次会晤于1419年9月10日在蒙特罗（Montereau）举行。当无畏约翰走过约讷河上的桥时，他被塔纳基·杜·查斯泰尔和同党让·卢韦（Jean Louvet，约1370—约1440）刺杀身亡。16岁的查理也在现场，他事先曾保证过约翰的人身安全。——译者注

④即无畏约翰之子腓力三世（1396—1467），又称“好人腓力”。他在父亲遇害后继承勃艮第公爵位，意欲复仇，遂挟持查理六世与伊莎波公然与英格兰结盟，而这种联盟是其父一生都小心避免的。——译者注

⑤1419年1月，乘胜进军的亨利五世攻占鲁昂，巴黎的物资供给被切断。巴黎市民被迫与亨利谈判。新即位的好人腓力为复仇也接近亨利。亨利以此自重，要求法国与英格兰联合，组成以他为国王的君合国。好人腓力代表不能理事的查理六世与亨利协商停火，筹备和会。腓力表示愿全力助亨利取得法国王位，作为回报，亨利应襄助腓力的复仇大计。双方的谈判有意把王储查理与阿马尼亚克派排除在外。1420年5月21日，好人腓力与王后伊莎波代表查理六世在特鲁瓦大教堂与亨利五世本人签订条约。查理与阿马尼亚克派拒绝承认该条约。——译者注

⑥为使亨利的继承权更加名正言顺，1420年6月，亨利迎娶查理六世的女儿卡特琳（1401—1437）。——译者注

到的礼遇是自腓力·奥古斯都以来闻所未闻的。民众热情地向他致意，山呼万岁。正在集会中的三级会议[①]批准了条约，服从亨利五世征收新税的旨意。法国人相信，唯有在同英格兰联合的情况下，等级和市政方面的正当权益才能得到保障。至于政治上是否独立，他们满不在乎。经过司法程序，王储的王位继承权被宣布作废[②]。

获悉此事后，王储声称他将用利剑更改法院的判决。他本人的确拥有一些可倚仗的资本。可是，就凭他当时的“用剑之道”[③]，他的利剑也很难搭救他。如果王储真想做法国的国王，就必须同虽然拥护他、却欠下累累血债的阿马尼亚克小集团划清界限[④]。

然后，他得到了来自多方面的支持。

支持首先来自重新与国王联合的大贵族。他们是国王的亲属安茹和普罗旺斯伯爵[⑤]、布列塔尼公爵[⑥]和他英勇的兄弟里士满[⑦]。勃艮第公爵

---

①指1420年12月在巴黎举行的三级会议。——译者注

②1421年1月，亨利五世授意巴黎高等法院确认废除王储查理的王位继承权。——译者注

③译者揣测，作者使用的这一比喻是指1427—1429年查理七世居希农城堡期间整日悲观消沉，耽于酒色，随时准备逃亡，在如此颓唐的精神状态中当然无法与英格兰对抗。1429年5月贞德（1412—1431）到访后，查理七世的精神状态才有所改观。——译者注

④查理七世于1422年即位后，塔纳基·杜·查斯泰尔和让·卢韦都属于他最重要的顾问。1425年，前来投奔查理的里士满伯爵亚瑟（Arthur de Richemont，1393—1458）被查理七世擢拔为大司马，塔纳基·杜·查斯泰尔和让·卢韦从此渐失信任。然而正是塔纳基·杜·查斯泰尔在1429年力排众议，说服查理七世接见贞德。查理七世脱离阿马尼亚克派，为日后法国国内各派的和解进一步创造了有利条件。——译者注

⑤即安茹公爵和普罗旺斯伯爵路易三世（1403—1434），其妹安茹的玛丽（1404—1463）是查理七世的王后。——译者注

⑥即布列塔尼公爵约翰五世，里士满伯爵亚瑟之兄。约翰最初是阿马尼亚克派，阿金库尔战役后在英、法两国之间骑墙，以求自保。他是《特鲁瓦条约》的签字人之一，却默许亚瑟投奔查理七世。——译者注

⑦里士满的亚瑟还是勃艮第公爵无畏约翰的女婿，但他同圣女贞德并肩作战。1457年，亚瑟继承布列塔尼公爵位，称亚瑟（阿图尔）三世（Arthur III de Bretagne）。——译者注

最终也站在国王一方[①]——他曾给英格兰谋得一个王国，而他的退出又让英格兰到手的王位化为乌有。大贵族们渐渐意识到，本土的国王比外来的国王或其代理人更符合他们的利益。

其次，在阿金库尔阵亡的骑士的儿子们都已长大成人。他们为了报父仇、复失地，也加入了国王的队伍。

最后，社会最底层的乡村劳动者中突然诞生了最令人惊异的现象——奥尔良的处女贞德。为了在一定程度上理解贞德其人，我们不妨回想一下，法国历代王族与鸢尾花王冠是怎样被传说神化的：在兰斯大主教的教区内，在这个有许多供奉圣勒弥爵的教堂的地方——贞德本人也在其中某座教堂受洗，受膏国王的权利被视为上帝直接设立的制度。贞德唤醒了大众对王国的信仰[②]。但是她也了解，仅凭信念是不够的。有人向她提出异议，既然上帝要把国家从敌人手里解放出来，那么他无须任何战士就能办到。贞德的回答得体而中肯：战斗在人，胜利在天。

巴黎人也已经厌倦了英格兰人的统治。勃艮第投诚之后，他们归顺了他们天授的国王[③]。

---

①《特鲁瓦条约》签订之后，勃艮第派对阿马尼亚克派穷追猛打，而查理七世则想方设法拆散英格兰和勃艮第的同盟。勃艮第公爵好人腓力逐渐认识到，他在旷日持久的冲突中所获甚微，而大部分好处都归了英格兰人。随着战争出现转折，法国与勃艮第开始暗中接近。1431年12月，查理七世的使节与好人腓力议定停战六年。在里士满的亚瑟等人的调解下，1435年8月5日，法国、勃艮第和英格兰三方在阿拉斯开始和谈。里士满的亚瑟、波旁公爵查理一世（1401—1456）与兰斯大主教沙特尔的雷尼奥（Regnault de Chartres，约1380—1444）代表查理七世出席和会。英格兰在法部队最高统帅、亨利六世（1421—1471）的叔父兼法国摄政王贝德福德公爵兰开斯特的约翰（John of Lancaster，1389—1435）坚持对法国王位的主张，无法达成协议，代表团于9月6日退场。9月14日，贝德福德公爵去世，英格兰痛失顶梁柱。9月21日，法国与勃艮第签订《阿拉斯条约》，结束了延续二十八年的阿马尼亚克派与勃艮第派的内战。查理七世就刺杀无畏约翰一事向好人腓力正式致歉，得到了后者的谅解。根据条约，勃艮第公爵承认查理七世为法国国王，但解除了对法国国王的封臣义务，获赠韦芒杜瓦伯国、欧塞尔伯国、马孔（Mâcon）伯国、蓬蒂约等多块领地，同时归还托内尔（Tonnerre）伯国。法国与勃艮第订立针对英格兰的防御同盟，而法国也与苏格兰早已结盟，英格兰在地缘上被孤立。——译者注

②1429年5月8日奥尔良解围后，贞德放弃顺势攻取巴黎，而坚持舍近求远，进军兰斯。1429年7月16日，贞德收复兰斯；翌日，查理七世在兰斯大教堂正式加冕，并受涂油礼。——译者注

③1436年，即《阿拉斯条约》签订后的第二年，里士满的亚瑟收复巴黎。——译者注

当查理七世重新主宰这座城市时，他表现得宽宏大量，没有加害任何一位往日的敌手[①]。一个世纪以来，各派你方唱罢我登场，一阵阵腥风血雨笼罩着首都和外省。如今的人们小心翼翼地提防朋党相争局面的出现，竭力避免动用暴力，因为暴力会把沉寂的愤怒再次唤醒。

如果说对英格兰的战事会使内部的不和变得高度危险，那么共同反对英格兰人的统治就有助于各派达成谅解。从上层到底层的所有等级一起努力重振王权，使它从没落的深渊里东山再起，包容一切、庇佑一切。

让我们在这个伟大的拯救时刻稍做停留。在这一刻，为生存而斗争的法兰西王国也为了未来而把自己组织得更加稳固。斗争中利用过的手段现在成了国家制度，这在其他伟大的时代也是司空见惯的。

《国是诏书》[②]把国王与教士阶层团结起来。它不仅仅是一部有关教士权利的法令，还最终完善了过去已发轫的规章制度。国王与拥护他的教士试图借此应对教皇的影响，后者当时正被英格兰人和勃艮第人利用。

查理七世表示："我们的经验表明，教皇马丁[③]曾把我国的高级教士职位与油水颇丰的受俸神职授予外国人或者与我们敌对的人。为此，我们召集高级教士、神甫与平信徒中的名流共同协商，明确以下规定：在我国，唯有出身本国、且与我们同心同德之人才有资格被授予受俸神职。可是，继任的教皇（尤金四世）依然一而再、再而三地把我国的受俸神职授予我们不了解的人、非本国人以及我们的敌人。"[④]单纯的三

---

①1437年12月12日，查理七世返回巴黎，大赦天下。——译者注

②指1438年7月7日颁发的《布尔日国是诏书》。当时的教皇是尤金四世（1383—1447）。参见后面的正文和注释。——译者注

③教皇马丁五世（约1368—1431），出身科隆纳家族。1417年，康斯坦茨大公会议同时罢黜比萨的对立教皇若望二十三世（1370—1419）、阿维尼翁的对立教皇本笃十三世（1328—1423）与罗马的教皇格列高利十二世（约1335—1417），选出马丁五世为教皇，结束了西方教会大分裂。马丁五世企图重振教会，但是他坚持教皇最高权威论（papal supremacy），甚至还提出，凡是属于教会的地产一律由教会管辖，各国国王不得染指。——译者注

④根据兰克的注释，这番言论引自查理七世的书函集。——译者注

令五申不能带来真正的改变。为了根除这个弊端，国王亲自出席了当时在巴塞尔举行的大公会议①。会议的决议对建立国家教会十分有利，正中他的下怀。1438年，一场大会在布尔日召开②，五名大主教、二十五名主教与众多低阶神职人员出席了会议。他们采纳了巴塞尔大公会议颁布的教令，仅做了微小的修订，然后把它颁布为一份新的法令，郑重地称之为《国是诏书》③。法国教会从此恢复了自由选举权。根据当时国家的状况，人们不必再担心它会落入国王的敌人或其仆从之手。腓力四世时代掀起的对罗马教廷金钱索求的抗议如今可以在宗教会议通谕的基础上加以贯彻。在没有教皇的情况下裁定教会事务，这简直是对罗马教廷的

---

①康斯坦茨大公会议后，教会改革的呼声渐高。1425年，教皇马丁五世开始筹划新的大公会议，预定1431年夏召开，可是本人却在1431年年初去世了。同年7月底，巴塞尔大公会议如期开幕。大会迫切希望施行改革，无视新任教皇尤金四世的愿望，自行安排了会议日程。此举意味着大公会议的权力实际上——康斯坦茨大公会议对此已完成了理论准备——可凌驾于教皇之上，后人谓之“大公会议至上主义（conciliarism）”。11月，尤金四世颁布教谕，解散大会，并在博洛尼亚另外召集新的大公会议，但巴塞尔的与会神甫并未散去，而是继续开会。1433年12月，尤金四世被迫再次颁布教谕，承认巴塞尔大公会议的合法性。直到1437年，巴塞尔大公会议虽然不受尤金四世的指挥，但也没有公开与之对抗。大会在信仰要义诠释、东西方教会和解等问题的见解上与教皇存在竞争关系，甚至发行了自己的赎罪券。当时，拜占庭帝国在奥斯曼帝国的围攻下苟延残喘。拜占庭皇帝约翰八世（1390—1448）希望通过东西方教会的合并引来西方援军，拯救他的帝国。巴塞尔大公会议想越过教皇与约翰八世协商，大部分与会神甫同意选择阿维尼翁为协商地点。1437年年末，始终力图弥合教皇和大公会议矛盾的皇帝西吉斯蒙德（1368—1437）去世，担心教廷再度受法国控制的尤金四世很快翻脸，召集不同意迁往阿维尼翁的少数派神甫，于1438年年初在费拉拉另开大公会议。巴塞尔大会上领袖群伦的大公会议至上主义者、著名的德意志人文主义学者库斯的尼古拉（Nikolaus von Kues，1401—1464）也是少数派的一员，因为他向往东西教会的和解，但同时认为没有教皇无法成事。约翰八世最终选择教皇为协商对象。1438年4月，庞大的拜占庭代表团抵达费拉拉。后来，因疫病流行，会议转移到佛罗伦萨。经过众多回合的教理论辩，1439年6月6日，尤金四世与君士坦丁堡大牧首若瑟二世（1360—1439）在佛罗伦萨签署东西教会共融的协定。可是牧首两天后去世，东方教会的大部分僧众不承认该协定，共融一事至今不了了之。留在巴塞尔的大部分神甫被尤金四世处以绝罚，他们则将他罢黜，在1439年11月另选出对立教皇费利克斯五世（1383—1451），可是真正拥护对立教皇的君主寥寥无几。1447年，巴塞尔大公会议失去了德意志国王腓特烈三世（1415—1493）的政治支持；1448年移往洛桑，不再有所作为；1449年5月最终解散。——译者注

②在尤金四世拒绝巴塞尔大公会议迁往阿维尼翁后，作为回应，查理七世在1438年6月召开全法宗教大会。——译者注

③1438年6月7日颁布的《国是诏书》包含二十三条诏令，立查理七世为法国教会的保护人，从诸多方面限制了教皇在法国的权限：法国教会承认大公会议至上；法国教会不再向教皇缴纳圣职首年收入（Annatae）；教皇谕令的执行必须经过国王的批准；法国的主教、修道院长如果出缺，将由各自所在的教区、修道院选出，国王可通过推荐候选人的方式保留对选举的发言权。《布尔日国是诏书》奠定了法兰西国家教会的基础。——译者注

莫大挑衅。然而，这场令人深陷其中的斗争所要求的正是“大事小事靠国王”。

随着一个法国国家教会意义上的教士阶层的形成，法院也开始了改革。

查理七世向来不承认勃艮第公爵重组的巴黎高等法院，因为它向英格兰国王宣誓效忠。在普瓦捷，他将那些投奔他的忠心耿耿的法官组成了自己的高等法院。胜利后，他把新的法院班子带到巴黎，视之为“正义之股肱”。新法院在多个方面革新了法国古老的司法准则，坚持自腓力四世以来就享有的对教会事务的权限，因而对罗马教廷的要求持反抗立场。庇护二世[①]表示：“罗马教皇牧养整个世界，在法国却没有司法权，除非巴黎高等法院授予他。巴黎高等法院如此自专，甚至拒绝教会的监察人员进驻法国。”

与此同时，勉力重建行政和财政体系是头等的国家大事。当时的形势较先前已大为不同，王室直属领地大半被私人占据或抵押给私人[②]，王室收入微薄，因而也无力担负宫堡的营建。为了不失广大民心，查理七世撤销了几任先王强征的临时税，这其实是照搬英格兰和勃艮第做法的无奈之举。三级会议仍忠于国王，经它批准的微薄且不稳定的税收是他仰赖的资本。由于财政混乱、资金紧缺，恣意妄为的军阀横行王国各地[③]。多少次，为国王征战的军官拒绝执行王家元帅的军令；多少次，他们躲在要塞的高墙后面干着可耻而残暴的勾当！有时甚至有必要把他们

---

①教皇庇护二世（1405—1464），年轻时曾参加巴塞尔大公会议，属大公会议至上论者的阵营，1445年起突然改变立场而拥护教廷，1458年当选教皇。之后，他展开活动，试图迫使路易十一撤销1438年的《布尔日国是诏书》。庇护二世也是著名的人文主义者，精通古典文艺，他赞助艺术、重视教育，一生著作等身。——译者注

②为弥补财政亏空，查理七世时而向商人借贷，并以王室领地为抵押。——译者注

③《阿拉斯条约》结束了法国内战，许多佣兵因此丢失了饭碗。于是他们啸聚山林，打家劫舍，流窜各地，以战养战。一支这样的流兵队伍有时可以达到数千人的规模，甚至查理七世麾下的不少军官就是他们的统帅。法国百姓深受其苦，称这些匪军为“剥皮者（Écorcheurs）”。1439年的奥尔良三级会议后，查理七世逐步把这些流兵整合到直属国王的常备军之中。——译者注

驱逐到王国之外，好让他们为求重新被接纳而踏实地为国效劳。

查理七世试图限定各地军阀的劫掠活动。他设法为他们在各自所割据的地区谋取特定的收入或实物供给，以便他们招兵买马。这些措施就像敲诈勒索，但原本难以避免的战争困境却硬生生地通过这些定期的补助得以消除。

1439年，查理七世把上述措施发展成整个王国的固定机制，此举具有极其重要的政治意义。为此，国王在奥尔良召开大会[①]。奥尔良公爵、勃艮第公爵、布列塔尼公爵、阿马尼亚克伯爵与巴黎市皆派出代表参会[②]。代表们被说服，相信旷日持久的战争需要军队，但是如果没有定期分发的军饷与统一的指挥，军队是无法驾驭的。如当时的文献所述[③]，亲王和贵族、主教和神甫、名流显贵和富裕市民共同建议颁布法令[④]，确立常备军制度。这是历史上最大的变革之一。当时几乎已完全不受控制的权贵们真的就此放弃了未经国王许可就统帅军队的权力[⑤]，并且承认国王是唯一有权任命军队统帅之人；军队统帅则为其部队所犯下的每一桩不法行为向国王负责。他们实际上不准私自向居民收取人头税，或者擅自增加国王裁定的人头税额。国王有权为供养军队向大贵族的子民征税，就像他在直隶的领地内征税一样。可以确定的是，因为国王做出了金钱

①指1439年的奥尔良三级会议。会议讨论设立常备军和永久征税权。——译者注

②当年几乎不共戴天的宿敌——奥尔良公爵查理一世、勃艮第公爵好人腓力、布列塔尼公爵约翰五世、帕迪亚克（Pardiac）伯爵阿马尼亚克的伯纳（Bernard d'Armagnac，1400—1462）等大贵族在会上和解，化干戈为玉帛。——译者注

③此处的文献是指查理七世关于消除兵匪之祸的书函。——译者注

④指经过三个等级表决通过的《奥尔良法令》。——译者注

⑤但是收回大贵族兵权的过程不是一帆风顺的。出于反对查理七世改革军制的立场，波旁公爵查理一世、阿朗松公爵“美男子”约翰二世（1409—1476）、阿马尼亚克伯爵约翰四世（1396—1450）联合一些较小的贵族谋划“清君侧”，即罢免里士满的亚瑟，同时软禁国王，扶年轻的王储路易（后来的路易十一）摄政。1440年2月，叛党在普瓦图武装起事，很快被国王的军队打败。叛军撤退到波旁家族的领地奥弗涅，但当地的贵族和城市拒绝效忠。7月，叛军投降，几位主事者得到了查理七世的宽大处理。这场叛乱在当时的人看来与1419年布拉格的胡斯起义有相似之处，史称“布拉格叛乱（Praguerie）”。——译者注

补偿的许诺，权贵们被打动了，顺服于国王——这也解释了为何人头税额相对于军队的人数高得离谱。

经此变革，王国财政焕然一新。国王认为，既然军队是常备的，那么军费也应是永久的。为此，国王设立了稳定且功能完善的行政机关。胜利之后很快召开的一次三级会议①重建了税收制度。从前，各地分派税额的工作是交给地方选举出的税吏完成的；今后，他们会被国王派遣的官吏取代，但仍保留“税吏”之名。法国的“财宝官”②——王家领地的收入最初被视作财宝——被委以搜罗散佚财富的重任，握有相当广泛的权限。

考虑到个别省份的特殊情况，为了衡量各省为国王所立下的功勋之多寡，查理七世并未一视同仁地贯彻他的新体制。朗格多克省曾给予国王最多的支持，因此国王满足于只征收税的等值物，并基于当地现行法律的差异③，特别批准在图卢兹设立法院④。对国王而言，重申各地的旧有特权就已经足够。他不再回应召开三级会议的要求⑤——有权威人物提醒他，国家现状安定，召开三级会议会徒增不必要的开销，非国之所愿。我找到了17世纪一位英国作者的评论⑥：假如法国的三级会议在战争中站在国王一方，它将发挥出更大的作用。尽管三级会议也有它的贡

---

①还是指1439年的三级会议。——译者注

②根据词根直译就是“掌管财宝之人”，通常可译为“司库官”；对应的法文为argentier，词根是表示“银”“钱”的argent。——译者注

③中世纪，法国南部的法律体系是基于罗马法的，而法国北部的法律体系大体上衍生自习惯法。——译者注

④1444年最终设立的图卢兹法院的辖境大致东起罗讷河流域、西至大西洋、南接比利牛斯山、北到中央高原。1462年波尔多法院恢复（曾于1451—1453年短暂设立）后，吉耶讷、加斯科尼、佩里戈等地划归波尔多法院管辖。——译者注

⑤1439年后，查理七世再没有召开过三级会议。法国渐从等级君主制走向专制君主制。——译者注

⑥詹姆斯·哈灵顿的《海洋国家》。——原注

詹姆斯·哈灵顿（James Harrington，1611—1677），英国哲学家，代表作《海洋国家》（*The Commonwealth of Oceana*）。——译者注

献，但国家秩序的巩固主要是通过军事征服以及与之相关的必要措施完成的。君权政体最终取得了优势，建立起一套职能全面、仅奉国王旨意的行政系统与一支定期发饷的军事力量。

在征收到一些资金之后，军队得到了一次有力的整饬。只有那些组织良好的部队得以保留，它们被划分成众多连队，由国家保证定期发饷——这是现代世界所有常备军的鼻祖。正规军①是军队的核心，尽管其建制不大：最初只有十五支连队，每支连队包含一百个矛枪班，每个班有六人。正规军之外，尚有经过整顿的贵族军队与享受免税权利的步军。布尔日富商雅克·科尔②在埃及—叙利亚贸易中发了财，他为悉心维护十五世纪开始大放异彩的新式武器——火炮赚到了额外的资金。军队、税收和贷款，这一切制度都是在密切的关联中相互促成的。战场上出现了一支新的军队，他们不会在行军途中把所占据的省份摧毁成一片废墟，其纪律之严明是自古罗马以来高卢从未有过的。此后，英格兰人无力守住诺曼底和吉耶讷。在整个世界的错愕中，人们不仅看到法国的旌旗飘扬在诺曼底③，而且目睹英格兰人从掌控了数百年的领地阿基坦撤出④，仅能保留加莱一地。

胜者固然幸运，败者亦非不幸。如果每个民族都遵循其内部固有的驱动力发展下去，不同的民族就必须彼此分离。

---

①法文compagnie d'ordonnance。——译者注

②雅克·科尔（Jacques Cœur，1395—1456），法国大商人，1438年起任查理七世的司库官。他开辟了法国与黎凡特之间的贸易渠道。——译者注

③1443年，法国收复诺曼底。——译者注

④1453年，法国占领吉耶讷（阿基坦），把它划入王室领地，百年战争落下帷幕。——译者注

第二编 十五世纪下半叶与十六世纪上半叶的政治和军事

第四章

1500年前后的政治与军事

在意大利的军械厂，搭建桅杆时用于连接其他较小木构件的主干被称为“心”；在荷兰的造船厂，这样的主干则被称为“王”。真正的王权能够凝合起民众与社会的各个等级，维持他们的势力均衡，引领他们安然度过每一场风暴。

法国王权已经崛起，尽管还存在缺陷，但是对法兰西民族具有重要的意义。

在国家快要土崩瓦解的严峻时刻，王室被拣选为承载权力观念的支柱。这一观念的形成历经了数世纪的争吵，现在终于到了实现它的时候——通过实施其基本理念中最简单的部分。由此，君主政体渗透到构成国王子民的各个部分，并且把他们团结在一起。随后，战争爆发了，法国不得不被卷入与另一个国家的非自然关系，后者虽然也经历过类似的发展，但却基于完全不同的原则。卡佩王朝的瓦卢瓦支系幸运地经受住战争的考验，疆域和政权从此皆归其所有。

来源多样的领主与相互冲突的等级都重新归顺了王权，在王权的羽翼下，他们都感受到安全和自由。

但是这不等于国内所有的争端都已得到解决或澄清。无须批准直接征税的政策尤其在最后一批脱离英格兰控制的省份中激起强烈的抗议。在当时一位史家的记载[①]中可以找到针锋相对的两种观点：一方是各省的土著居民，一方是王家派来的官吏。好在加征的税额不算苛刻，民众最后没有拒绝缴税。

无论如何，这个统一的国家既不压迫人，也不滥用暴力。

在国王的名义下，公正的行政体制通过自治机构在各地成功树立起来。这些自治机构组织有序，不会受制于一时的任性专断。教士阶层之所以亲近王权，主要是为了在王权的庇护下维持自身的独立地位；拿饷的常备军人数不多，还无力削弱贵族的军事地位。大贵族甚至要求参与一般政务协商，当他们提出这一诉求时，查理七世还不敢直截了当地回绝他们。他的儿子路易十一在做王储时就曾为了贵族的利益对抗国王[②]，现在路易的兄弟贝里公爵[③]也如法炮制。

直到此时，比起等级相埒的德意志世袭诸侯，法国的大封臣在国中

①托马斯·巴桑《阿梅嘉德著查理七世之洪业》（*Amelgardus de rebus gestis Carolis VII*），一份很值得印刷出来的文献。——原注

托马斯·巴桑（Thomas Basin，1412—1491），利雪（Lisieux）主教，著有《查理七世与路易十一本纪》（*Historiae de rebus a Carolo VII et Ludovico XI Francorum regibus*）。——译者注

②指路易曾参与1440年的“布拉格叛乱”。路易之所以会被叛党拉拢，有解释认为是因为查理七世没有授予他亲族封地（apanage）。——译者注

③贝里公爵约翰（国王查理五世的三弟）去世时无健在的男性继承人，由于亲族封地不能传给女性后代，贝里公国遂被王室收回。1461年查理七世去世后，路易十一把贝里公国授予幼弟查理（1446—1472）作为亲族封地，使其跻身王国贵族的行列，但查理对这一分封并不满足。——译者注

的地位其实不遑多让。

布列塔尼的几任公爵[①]仍然拥有不承认《国是诏书》的条件。他们自恃与教皇的亲善关系而反对他，甚至不顾国王的立场，自诩“蒙神恩典的公爵”[②]。他们还自主创办了一所大学[③]。安茹和普罗旺斯伯爵[④]还没有忘却对叙利亚和耶路撒冷的领土要求，而这些能给予了他们跻身独立大国的地位。在某些旅行者看来，安茹伯爵驻扎的昂热城堡[⑤]建有二十多座塔楼，是世界上最坚固的堡垒，它的石窟和墓穴里汇集了来自世界各地的天然或人工的奇珍异宝。奥尔良公爵设在布鲁瓦的宫廷是最重要

①虽然原文为“几任”，后面几句的主语也使用复数，但所涉之事其实主要与一位公爵有关，即布列塔尼公爵弗朗索瓦二世（1435—1488）。1458年，他继承无子的伯父亚瑟三世（里士满的亚瑟）成为布列塔尼公爵。——译者注

②君主给自己的头衔加上“蒙神恩典”的定语，表明他的合法性直接来自上帝（“君权神授”），而不是来自皇帝或国王的分封。可参照10世纪罗贝尔家族的称号“蒙神恩典的法兰克人公爵”（von Gottes Gnaden Herzog der Franken）。路易十一登基后，立即禁止弗朗索瓦二世以“蒙神恩典”自居。但1465年的公益同盟战争（参见后文的注释）议和之后，弗朗索瓦又获得冠“蒙神恩典”头衔的权利。——译者注

③1460年4月4日，教皇庇护二世颁布金玺诏书，批准布列塔尼公爵弗朗索瓦二世创办南特大学。面临法国王权的扩张和蚕食，此举也是弗朗索瓦二世维护布列塔尼公国独立性的重要手段。——译者注

④路易九世之弟安茹的查理加冕为西西里国王以来，后世称为“那不勒斯王国”的部分三传至乔万娜一世（Giovanna I di Napoli，1328—1382）。传奇女王乔万娜一生被卷入大量内外冲突，晚年遭遇教会大分裂。由于她与罗马教皇乌尔班六世有强烈的利益冲突，转而支持阿维尼翁教皇克莱芒七世。1380年，乌尔班六世宣布乔万娜为异端，并支持乔万娜的从堂弟、在匈牙利国王宫廷成长的杜拉佐的查理（Carlo di Durazzo，1345—1386）为那不勒斯王位继承人。乔万娜本人没有尚健在的子嗣，就接受克莱芒七世的提议，认查理五世之弟、安茹公爵路易一世为养子，指定他为继承人。于是，路易也自动获得了从安茹的查理传下的耶路撒冷国王头衔。“公爵政府”时期，路易被迫滞留法国摄政。1381年，杜拉佐的查理攻入那不勒斯，自立为王，乔万娜则被其囚禁。安茹公爵路易获悉此事，率军营救，第二年年初已至伦巴底。查理抢先一步杀死乔万娜。路易继续进军那不勒斯，却被查理的游击战术和瘟疫击败。1384年，路易本人也在阿普利亚的巴里（Bari）染病身亡，大军饷尽而散。他对那不勒斯王位与耶路撒冷王位的要求此后被瓦卢瓦王朝的历代安茹公爵兼普罗旺斯伯爵继承。杜拉佐的查理之女、那不勒斯女王乔万娜二世（1373—1435）无子，她在与教皇马丁五世以及阿拉贡的复杂斗争中，最终收安茹公爵路易二世（1377—1417）之子路易三世（1403—1434）为养子和继承人。路易三世去世后，其弟勒内一世（1409—1480）袭之。乔万娜二世去世后，卡佩-安茹系断绝。勒内不仅统治安茹、普罗旺斯与那不勒斯，还从其岳父洛林公爵查理二世（1364—1431）那里继承洛林公国，头衔众多，但没有实力。参见第一编的注释。——译者注

⑤13世纪30年代，在母后卡斯蒂利亚的布兰卡的支持下，路易九世在昂热兴建城堡，作为防范布列塔尼势力的重要据点。城堡最初的规模就很庞大，有塔楼十七座。1352年，国王约翰二世把昂热的城堡交给其子路易（1351年获封安茹伯爵，查理五世即位后升为公爵）。安茹公爵路易一世、路易二世与勒内一世时期，昂热城堡得到较大规模的改建，内部装饰华丽，其中以“启示录挂毯（Tenture de l'Apocalypse）”最为著名。——译者注

的骑士文化高地。在那里，最后几位奥尔良公爵中的某一位[①]用真正的才华创造出别具一格的诗韵，他的身边大腕云集。不过，要是论门庭若市、金碧辉煌的程度，勃艮第公爵的宫廷是其他所有宫廷都难以望其项背的[②]。好人腓力被众多骑士、伯爵甚至侯爵前簇后拥，场面令外人瞠目结舌。更令人惊叹的是好人腓力命人向他们展示的财富——"十万担金币，不计其数的奇珍异玩"[③]。

在前文中，我们述及了勃艮第家族分朋结党的企图。如今的勃艮第选择了一条对世界历史具有重大意义的路径，对法国国内外政策的发展都产生了决定性的影响。一如当初，这条路径是在大封臣与国家元首的关系中浮现出来的。

早先的国王把出缺的封地转封给王室的成员，因为他们相信此举将促进王室的强大[④]。国王约翰也抱有这个想法。他在1363年把勃艮第公国分封给王子之中作战最勇敢的小儿子[⑤]。也正是这个小儿子陪伴约翰度过了身为俘虏的岁月。由他奠基的支脉具有旺盛的生命力，很快就变得枝繁叶茂。数代之内，勃艮第家族已取得了城镇连绵且对法国北部影响甚大的佛兰德、富裕的邻邦布拉班特[⑥]、好战的瓦隆人领地阿托瓦、

---

①指奥尔良公爵查理一世。他在弱冠之年就开始作诗。其生平事迹参见第一编的注释。——译者注

②指四代勃艮第公爵在第戎的宫廷。今人称其宫殿为"勃艮第公爵府"。——译者注

③根据兰克原注，这句描述出自波西米亚贵族罗什米塔的雅罗斯拉夫（Jaroslav Lev z Rožmitálu a na Blatné，约1425—1480）的游记。——译者注

④指亲族封地的意义。继承王位者就授予未继承王位者亲族封地，作为补偿，从而避免封建国家因继承权问题被裂土分茅。——译者注

⑤即初代瓦卢瓦-勃艮第公爵腓力二世，其生平事迹详见第一编的注释。一说他的绰号"大胆"源于他在1356年普瓦捷战役中的英勇表现。是役，他与父王约翰二世一同被俘。——译者注

⑥瓦卢瓦-勃艮第家族出身的布拉班特公爵兼圣波尔（Saint-Pol）伯爵腓力（1404—1430）无婚生子嗣，他去世后，堂兄勃艮第公爵好人腓力继承布拉班特公爵之位。布拉班特公爵自1356年起兼领的林堡公国从此亦归勃艮第公爵所有。——译者注

埃诺[1]、那慕尔[2]与卢森堡[3]以及通过持续填海造陆形成的德意志滨海诸邦[4]——这些领地都远远超出法国国王的封建权力范围。在那个派系纷争的时代，一个王室的支脉崛起为独立的强权，这不可能给王室首脑或国家带来好处。我们曾讲到勃艮第与英格兰暗通款曲，但好人腓力中断了这一联系并且重新亲近法国国王。其实，假如好人腓力扩张领地到索姆河流域[5]并获取了极大好处的要求没有被满足，他中断与英格兰的同盟而重新拥护法国国王之事就是不可想象的。

---

①1246年，阿韦纳家族取得埃诺伯国。1299年，埃诺伯爵约翰二世（1248—1304）取得荷兰伯国。约翰二世的长子、绰号“好人”的埃诺伯爵威廉一世兼荷兰伯爵威廉三世（1287—1337）无子，埃诺伯国和荷兰伯国遂转入其女婿皇帝路易四世的名下，即转归维特尔斯巴赫家族。14世纪的巴伐利亚经历过多次分裂，1392年后，巴伐利亚分成慕尼黑（Bayern-München）、兰兹胡特（Bayern-Landshut）、因戈尔施塔特（Bayern-Ingolstadt）与施特劳宾-荷兰（Bayern-Straubing-Holland）四个公国。当时的施特劳宾-荷兰公爵是阿尔布雷希特一世（1336—1404）。1385年，他在康布雷举办双重婚礼：其子威廉，即后来的施特劳宾-荷兰公爵威廉二世（1365—1417）迎娶勃艮第公爵大胆腓力的女儿玛格丽特（1374—1441）；其女玛格丽特（1363—1423）则下嫁大胆腓力的儿子，即后来的无畏约翰。联姻政治加强了盘踞埃诺、荷兰和泽兰的维特尔斯巴赫家族与勃艮第家族的关系。威廉二世去世时无子，荷兰贵族拥戴其女雅各芭（Jacoba，1401—1436）为新主，但其弟约翰三世（1374—1425）在皇帝西吉斯蒙德支持下强行即位。在1424年的一份继承条约中，约翰三世指定勃艮第公爵好人腓力为埃诺伯国与荷兰伯国的继承人，相当于剥夺了雅各芭的继承权。1425年，约翰三世在海牙被毒杀，无嗣。雅各芭虽然即位，但好人腓力拒不退让，在1426年的布劳沃斯港战役中击败雅各芭。1428年，好人腓力与雅各芭签署《代尔夫特和解条约》。条约规定，如果雅各芭去世时无子，则腓力即位。可是腓力等不了那么久。1433年，腓力囚禁了雅各芭的第四任丈夫、荷兰和泽兰的执政官波瑟勒（Frank van Borssele，约1396—1470），逼迫雅各芭用领地换回他的自由。雅各芭只好签署《海牙条约》，把自己在荷兰伯国与埃诺伯国的一切权利转交给好人腓力，从此退隐，三年后逝世。——译者注

②1217年，当皮埃尔家族开始领有那慕尔伯国。该家族的最后一任伯爵约翰三世（？—1429）无嗣，遂在1421年把继承权出售给好人腓力。——译者注

③皇帝查理四世的孙女、卢森堡女公爵格尔利茨的伊丽莎白（1390—1451）一生结过两次婚。她先嫁给布拉班特公爵安东（1384—1415）。安东是大胆腓力与佛兰德女伯爵玛格丽特三世的儿子、无畏约翰之弟，也是布拉班特公爵兼圣波尔伯爵腓力之父。布拉班特女公爵约翰娜（1322—1406）无后代，就指定其侄女佛兰德的玛格丽特及其子安东为继承人。安东殁于阿金库尔之役，伊丽莎白改嫁施特劳宾-荷兰公爵约翰三世。约翰死后，退回卢森堡公国的伊丽莎白债台高筑，把卢森堡公国的继承权抵押给了勃艮第公爵好人腓力，却遭到她的伯父皇帝西吉斯蒙德与卢森堡各等级的反对。经过多番周折，好人腓力终于在1442年确认了自己的继承人地位。1443年，好人腓力答应给正陷于匈牙利和波希米亚王位纠纷的伊丽莎白提供一笔可观的年金，接管了卢森堡公国。——译者注

④指荷兰伯国、泽兰伯国与西弗里西亚伯国。阿韦纳家族统治荷兰之前，格鲁尔夫家族（Gerulfingen）已把荷兰、泽兰与西弗里西亚联合在一起。本卷其他注释统一以“荷兰伯国”概称三地，其成为勃艮第国家联合体一部分的过程参见前文关于埃诺伯国的注释。——译者注

⑤1435年的《阿拉斯条约》中，除了第一编的注释中所提到的约定之外，还有一条：法国国王把以亚眠为中心的索姆河流域城市抵押给勃艮第公爵。——译者注

勃艮第公爵是法国王国贵族之首，是所有企图坐大的大封臣的天然后盾。

在路易十一的兰斯加冕典礼上，勃艮第公爵的形象多么光彩夺目！他曾在自己的宫廷为路易提供容身之处[①]，如今又把路易带回。在他展示的铺张排场之中，年轻国王不起眼的外形黯然失色。后来，勃艮第公爵前往巴黎，在被招待入城时，很多人向他表达出对他本人以及他家族的好感和敬意——人们相信，巴黎城可能更情愿以国王才能享有的礼节欢迎他。

一方是像勃艮第公爵这样的大封臣，另一方是初掌权柄的国王，无论双方的私交如何亲密，他们的同盟肯定无法长久[②]。

当路易十一打算运用《阿拉斯条约》赋予的权利购回索姆河城市时，他招致了腓力的继承人、正在成长中的勃艮第公爵查理的敌意[③]。查理声称，他本人得到的承诺与国王的要求完全相反。不久，冲突爆发。这场冲突首先是勃艮第公爵与王国政府之间的争斗，然而，所有自觉尚有独立地位的势力都参与进来，一起反对国王。

1465年，所有的大封臣联合起来对付国王[④]。阿马尼亚克家族与勃

---

①路易十一自幼不受查理七世待见，父子矛盾甚深。1456年，父子再次兵戎相见，路易出亡，寄居于勃艮第公爵的热纳普（Genappe）城堡，直到1461年获悉父王的死讯。——译者注

②路易十一刚刚登基就致力于削藩，勃艮第公爵与布列塔尼公爵首当其冲。——译者注

③当时好人腓力仍在世，其子大胆查理（1433—1477）尚未即位，他准确的身份是夏洛莱伯爵。——译者注

④1465年3月，在路易十一削藩过程中利益受损与对此忧心忡忡的贵族组成史上著名的“公益同盟（Ligue du Bien public）”反抗国王。为首者就是夏洛莱伯爵查理。同盟成员还包括王弟贝里公爵查理、布列塔尼公爵弗朗索瓦二世、波旁和奥弗涅公爵约翰二世（1426—1488）、出身阿马尼亚克家族的内穆尔（Nemours）公爵雅克（1433—1477）、阿马尼亚克公爵约翰五世（1420—1473）、奥尔良公爵路易一世的私生子杜努瓦伯爵约翰（1402—1468）、达马坦（Dammartin）伯爵安东尼（1408—1488）、阿尔布雷（Albret）领主查理二世（1407—1471）、肖蒙领主兼法国驻教廷大使安布瓦斯的皮埃尔（Pierre d'Amboise，1428—1473）、前王家元帅洛埃阿克（Lohéac）领主拉瓦尔-蒙莫朗西的安德烈（André de Laval-Montmorency，约1408—1485）与乌菲（Urfé）领主皮埃尔二世（？—1508）。此外，神圣罗马帝国的一些诸侯也参与了“公益同盟”，包括那不勒斯国王兼安茹公爵勒内一世之子洛林公爵约翰二世（1425—1470）、圣波尔伯爵卢森堡的路易（1418—1475）、克莱沃公爵兼马克伯爵约翰一世（1419—1481）与普法尔茨选侯“常胜者”腓特烈一世（1425—1476）。——译者注

艮第家族并肩作战。战场失利后，路易十一被迫议和[①]。根据和约，国王不仅得放弃索姆河沿岸城市[②]，还不得不接受各种屈辱的条件[③]。一个由教士、贵族和法学家组成的三十六人委员会[④]协商即将施行的改革，并达成最终的决议。改革的重点是各等级的特权。

数年后，当路易十一冒失地进犯公爵查理的权力领域时，有人曾向查理建言：为何不与国王的兄弟贝里公爵联手，凭借他作为血统亲近的宗室亲王的权威，建立一套有利于王国大贵族的机制？这样的话，国王的权力就被牢牢地控制住，贵族统治的体制就可以建立。可是，国王很幸运，他的对头们并不重视建立一套稳定的机制。布列塔尼公爵向三十六人委员会提出抗议，认为它损害公国的权益；勃艮第公爵则感到满意，因为曾庇护列日的国王现在承诺为他攻打列日提供援军[⑤]。

如果大胆查理实现了他的企图，把他在尼德兰的势力通过洛林和阿

---

①公益同盟公开发表反对现政府的宣言后，路易十一就拉起一支王军，双方开战。1465年7月，大胆查理调度的贵族同盟军几乎从四面八方进逼巴黎，王军从奥尔良北上回救，与贵族同盟军在巴黎南面的蒙特耶利开战，史称蒙特耶利（Montlhéry）战役。是役胜负未分，但路易十一抢先进入巴黎。随后，路易十一分别与大胆查理签订《孔夫朗条约》、与布列塔尼公爵弗朗索瓦二世签订《卡昂条约》、与其他贵族签订《圣莫尔和约》，借此分化同盟阵营。——译者注

②根据《孔夫朗条约》，亚眠等索姆河流域城镇与蓬蒂约伯国从抵押地转为勃艮第公爵的领地。——译者注

③议和后，路易十一改封王弟贝里公爵查理为诺曼底公爵，把一些领地分别割让给洛林公爵约翰二世、布列塔尼公爵弗朗索瓦二世、波旁公爵约翰二世与阿马尼亚克公爵约翰五世，同时任命内穆尔公爵雅克为巴黎执政、圣波尔伯爵路易为大司马。——译者注

④杜努瓦伯爵约翰是这个三十六人委员会的主席。——译者注

⑤勃艮第与列日主教国的纠葛有多年的背景。好人腓力依次取得那慕尔伯国、布拉班特公国、林堡公国、埃诺伯国与卢森堡公国后，横亘在这些领地中的列日主教辖地就成了勃艮第公爵的禁脔。1455年，好人腓力仰仗教皇支持，罢黜了列日主教海因斯堡的约翰八世（约1396—1459），而以侄子、波旁公爵约翰二世之弟波旁的路易（1438—1482）取而代之。路易当时只有十八岁，尚在鲁汶大学攻读神学。所以列日主教国的大权实际上落入好人腓力之手。1465年，列日市民反抗勃艮第公爵与列日主教的统治，被当时已替父秉政的大胆查理镇压。1466年，迪南（Dinant）再起市民骚乱，大胆查理占领并洗劫了这个城镇。1467年，好人腓力去世，主教辖地内骚乱四起，皆被大胆查理杀退。1468年10月，路易十一与大胆查理在索姆河流域城市佩罗讷（Péronne）会晤，商讨《孔夫朗条约》未尽事宜。此时，列日再次发生骚乱，而大胆查理获悉骚乱正是路易十一煽动的。于是他拘押国王，迫使其签署《佩罗讷和约》交换自由。根据和约，佛兰德（不含帝国佛兰德）全境脱离法国高等法院司法权范围，这事实上结束了法国对佛兰德最后仅剩的主权；此外，路易十一还必须出兵协助大胆查理镇压列日的骚乱。——译者注

尔萨斯拓展到瑞士[①]，法国国王又将面临怎样的险境？在第戎的三级会议上，有人表示，勃艮第已经重现了古老的独立。即将出缺的普罗旺斯伯国，勃艮第公爵也企图纳为己有。一个新的洛林—勃艮第帝国似乎就要在法国的东部和南部形成[②]；在西面和北面，法国也备受束缚：布列塔尼也有类似的独立性，而英格兰又被勃艮第重新唤起了对法国的图谋[③]。法国差点儿就这样变成一个无足轻重的小国了。

历史学常常自夸有能力从所谓的内在必要性出发，证明业已开始的增长将不断持续下去。可是我们得承认，倘若像勃艮第这样的诸侯胆敢同王权并驾齐驱，那么各个文献中洋洋洒洒罗列出的一切有关“复归一统”的讨论，甚至有关国家权力的法律基础的讨论，都只不过具有预备的性质，而且没有重大的意义。这类诸侯就是国内一切独立倾向的天然盟友。

如果问王权本身是否有能力避开危险，这个问题没有明确的答案。大贵族在对英格兰的战争中贡献甚大，难道国王不应该因此为他们承担一些义务吗？这些大贵族通过天然的号召力引领着大部分贵族的行动。组建法国本土步军的尝试就没有成功。比较确定的是，大众的舆论通常偏向国王，一位平素好心肠的作者竟然记录下各地民众对公爵查理的抱

---

①勃艮第公爵大胆查理的领地被洛林公国与阿尔萨斯地区分隔成勃艮第本部与低地诸领地两个部分，致力于统治集权化的查理意欲连通两者。查理更大的野心在于把这些领地整合成一个真正的王国。——译者注

②1469年，哈布斯堡家族的上奥地利总督蒂罗尔的西格蒙德（Siegmund von Tirol，1427—1496）为寻求勃艮第公爵对其在瑞士的军事行动的支持，把位于上阿尔萨斯总督辖区（Landvogtei Oberelsass）与布莱斯高郡（Breisgau）的哈布斯堡家族领地抵押给大胆查理。1474年，当西格蒙德欲购回这些领地时，查理可能因为上一年与西格蒙德的堂兄、皇帝腓特烈三世谈判封王事宜未果，出于报复，拒绝以约定的价格交割，导致二人交恶。1475年，查理侵略洛林公国，占领其大部分领地，洛林公爵勒内二世（1451—1508）被迫出逃。至此，低地诸领地已经与勃艮第本部连成一片。——译者注

③1468年，大胆查理迎娶英格兰王国爱德华四世（1442—1483）之妹约克的玛格丽特（1446—1503），意在与英格兰结成反法同盟。路易十一针锋相对，谋求交好神圣罗马帝国作为奥援。1475年，英军在加莱登陆，但勃艮第公爵忙于攻占洛林，没有及时派出援军，爱德华四世很快与法国媾和，签订《皮基尼条约》。——译者注

怨。身份下属和封臣的查理同时动用自己的权力与外部的援手攻击他的国王和主君，而且企图实施暴政，这是令人反感的。1467年国王召集的三级会议①至少对国王如何处置王弟和布列塔尼公爵表示出深深的关切。可是，面对勃艮第公爵，他们究竟具备多少实施军事打击、用武力制服他的本事？整个局势很难让人做出明确的预判。抑或他们只不过是怀有做出预判的愿望罢了？

公爵查理不是独自与法国抗衡，他四处煽风点火；相应地，国王也不会忘记在他的王国之外寻找可以对抗查理的盟友。

在扩张的道路上，查理遇到的主要障碍是高地德意志地区富裕城市与乡村社区的联合体——瑞士的誓言同盟②，国王路易十一遂向后者提供支持。

法国的国王能够合法、稳定、自主地支取资产，这是当时其他所有形式的权力机关不曾享有的优势。路易十一提高了强制税的额度，而他的父亲曾在强制税的基础上建立了一个新的国家政府。路易十一这么做，既不是基于慎重的考虑，也不是出自他的需要。他不再为大贵族一再索求他们应得的那部分税款而感到忧虑。他一面厉行征税，一面慷慨

---

①指1467年在图尔召开的三级会议。此前，诺曼底公爵查理（前贝里公爵）与布列塔尼公爵弗朗索瓦二世不睦，诺曼底被路易十一趁机占领，查理投奔弗朗索瓦，与之冰释前嫌。1468年，路易十一与弗朗索瓦二世议和，查理结束流亡。——译者注

②誓言同盟（Eidgenossenschaft）就是当时的瑞士诸邦联合体，亦有译作“永久同盟”或“旧瑞士邦联”者。15世纪60年代，勃艮第公国的扩张主要损害法国与神圣罗马帝国的利益，而誓言同盟与哈布斯堡家族长期冲突，所以勃艮第与瑞士关系良好。1467年，勃艮第与瑞士缔结友好条约。两年后，大胆查理却转而接近上奥地利总督西格蒙德（参见前文注释）；瑞士遂接近路易十一，1470年，双方缔结针对大胆查理的中立条约。谋求建立独立王国的大胆查理与皇帝腓特烈三世相互接近未果，1474年，查理利用“科隆教区冲突”（Kölner Stiftsfehde，1473—1480）之机侵入科隆大主教辖地，最终兵败诺伊斯城下。哈布斯堡方担心阿尔萨斯的领地被勃艮第蚕食，于是接受路易十一的调停，与瑞士议和。同年，上莱茵地区的四个帝国城市（巴塞尔、斯特拉斯堡、科尔马、塞莱斯塔）、八个瑞士邦（伯尔尼、苏黎世、乌里、施维茨、下瓦尔登、卢塞恩、楚格、格拉鲁斯）、巴塞尔主教、斯特拉斯堡主教、前奥地利辖区（Vorderösterreich）与洛林公国结成共同对付勃艮第的“低地同盟（Niedere Vereinigung）”；西格蒙德与誓言同盟签署《永久和平条约》（*Ewige Richtung*），双方互相尊重彼此的领地，永不开战，瑞士实际上已经完全不需要勃艮第的保护。——译者注

大方、无所顾忌地把税收花费出去。

1474年秋，一份无论对誓言同盟还是对法国来说都堪称后果严重的契约[①]开始生效。根据约定，国王只需要支付一笔可观的资金，就有权随时征调瑞士军队增援战场。

国王与誓言同盟的各邦都签订了契约。既然邦联的税收和开销是由各邦分担的，国王就提取他在朗格多克和朗格多瓦[②]各省的财富，作为额定的年金分配给各邦。各邦只要保持为国王效劳，就可以一直享有这笔年金。

这是一个不寻常的同盟。其非同寻常之处在于，一个强有力的共和制共同体的各个领袖为了谋取私利，把法国最高权力的事业当成己任，而后者最重要的职权就是征税权。

况且，瑞士拥有独步整个西方世界的强大步兵。利用他们的战斗力与严明纪律讨伐国内外的敌人，这对法兰西王国而言是一项无法估量的优势。

瑞士步兵在同大胆查理的大战中发挥了决定性的作用。

查理浩荡的大军在山地之子的战阵前一败涂地[③]。他牵连到法国、德意志和意大利的一切宏图伟业皆在此役化为泡影。查理本人战死沙场。

---

①1474年10月，法国与瑞士诸邦签订雇佣兵条约，为此支付给瑞士各邦不菲的年金。——译者注

②朗格多克（Languedoc）和朗格多瓦（Languedoil）在这里借代法国南北。“朗格多克”泛指法国南部，其名源于“奥克语（langue d'oc）”，即用“oc”表示“是（同意）”的语支，它主要分布在卢瓦尔河以南的利摩日、奥弗涅、加斯科尼、朗格多克、多菲内与普罗旺斯；“朗格多瓦”泛指法国北部（布列塔尼和阿尔萨斯除外）与佛兰德，其名源于“奥依语（langue d'oïl）”，即用“oïl”（现代法语为oui）表示“是（同意）”的语支。奥克语和奥依语同属印欧语系罗曼语族，法语原为奥依语的主要方言之一。——译者注

③1474年秋，以伯尔尼为首的“低地同盟”趁大胆查理忙于围攻诺伊斯，侵入勃艮第自由伯国境内，随后攻打勃艮第的盟友萨伏依公国。1475年，大胆查理占领洛林（参见前文注释），但未能配合英格兰在法国的登陆作战（参见前文注释）。1476年，大胆查理反击，率领装备精良的军队入侵瑞士，但随后分别在格朗松（Grandson）战役与穆尔滕（Murten）战役遭遇两次惨败，损失辎重、兵力无算。大胆查理只好退回勃艮第，同年秋，出兵洛林，包围洛林公国的首府南锡。1477年1月5日，洛林公爵勒内二世率领瑞士雇佣军以及“低地同盟”的援军打败勃艮第军队，大胆查理战死沙场，史称“南锡战役”。——译者注

由于政治上的所有危机都源自查理，人们也就能了解，他的陨落给路易十一留下了多么深的印记。路易不光认为他的算计终于取得成功，甚至有种从令人窒息的紧身衣裹束下挣脱出来的感觉。

贝里公爵去世后，国王抵押给他的吉耶讷又毫无悬念地重归国王之手[①]，而国王将永久占据它。这是大胆查理向来无法容忍的。查理曾一度觊觎普罗旺斯，而法国国王则从他的母亲那里取得了正当的继承权[②]。如今普罗旺斯伯爵出缺，国王毫不费力就占有了它[③]。神圣罗马帝国对普罗旺斯的古老宗主权则无人伸张——在法国人看来，称王国是“兼并”了、而不是“重新统一”了普罗旺斯，已经算是对此有所顾及。这一结合将带来多么不可限量的权力增长！美男子腓力的意图完全实现了：西法兰克的王权把直接统治的范围扩张到整个南方海岸，马赛首次成为一座法兰西的海港。

由于宿敌已殁，勃艮第公国位于皮卡迪的争议领地也顺利落入国王之手[④]。曾几何时，占有这样的领地就是王国政治的最高目标了。这不能令现在的国王感到满足。他利用难得的契机，要求收回勃艮第的本部。尽管最初的分封中不存在继承权仅限于男性后代的限制，但国王却宣称

---

①根据1468年的《佩罗讷和约》，王弟、前贝里公爵与前诺曼底公爵查理改封于香巴尼和布里。1469年，查理把这些领地与他对诺曼底公国的继承权要求替换为吉耶讷公国。1472年他去世时无子嗣，吉耶讷公国被路易十一收回。——译者注

②路易十一的母亲是安茹公爵兼普罗旺斯伯爵路易二世之女玛丽（1404—1463），那不勒斯国王勒内一世正是她的弟弟。1434年，勒内一世袭安茹公爵与普罗旺斯伯爵位。——译者注

③1480年，身兼那不勒斯国王、安茹公爵、普罗旺斯伯爵、洛林公爵于一身的勒内去世，其庞大的帝国也随之解体。他的外孙女婿马恩伯爵兼吉斯伯爵查理五世继承安茹公国与普罗旺斯伯国，称安茹公爵查理四世（1436—1481）和普罗旺斯伯爵查理三世。查理无嗣，他去世后，普罗旺斯、安茹、马恩均被国王路易十一收回为王室直属领地，吉斯伯国转给他的外甥、内穆尔公爵雅克之子阿马尼亚克的路易（Louis d'Armagnac，1472—1503）。——译者注

④指根据1435年《阿拉斯条约》抵押给勃艮第公爵、根据1465年《孔夫朗条约》正式成为勃艮第公爵领地的索姆河流域城镇、蓬蒂约伯国、韦芒杜瓦伯国、布洛涅伯国等领地。同时被路易十一占据的还有过去勃艮第公爵名下的固有领地阿托瓦伯国。——译者注

这才是规则，于是就把勃艮第收回了[①]。

假如省份的独立性仍然在人的意识里根深蒂固，那么在取得上述成就的过程中，国王或许会遭遇到无法克服的困难。然而，法兰西民族已经发展出共同体意识，使得任何分离的企图都难以为继。既然归属于其他宗主的邦国都毫不费力地被纳为王土，那些早已承认国王为最高首脑的领地又如何能够抗拒呢？

在路易十一的关心下，各省也建立起三级会议制度。国王想借此安抚各省残余的地方割据意识。他优待地方三级会议，这使他的政府工作卓有成效。在他的治理下，香巴尼—布里、多菲内、佩里戈—凯尔西、鲁埃格低地与吉耶讷的三级会议陆续召开，诺曼底和朗格多克的三级会议甚至定期集会。尽管国王常常催促他们批准新的支出，可是他信任他们，愿意倾听他们的申诉，并且想办法减轻他们的重担。所以，王室新领地的各等级就越发亲近国王了。他许诺普罗旺斯的各等级保留他们的特权和习俗，尤其他们的成文法；他向勃艮第人明确保证，未经勃艮第三级会议的批准，绝不加征任何税收。国王推动各省制定宪法，不过这些宪法不能有损国王在大政方针上的乾纲独断。虽然国王签署过的某项条约保留了全国三级会议对条约和法令的批准权，但他如今却不再向全国三级会议征询，而是向四十七个不同省份的三级会议索取批准。相应地，国王遵照其父王的榜样和做法命人收集习惯法，为各个省份设置高等法院。1444—1501年，朗格多克、多菲内、勃艮第、吉耶讷与普罗旺斯都建立起本地的法院[②]。相比路易十一坚决贯彻国家官吏不可免职的基

①大胆查理无子，他死后，勃艮第公爵的全部领地交给其女玛丽（Marie de Bourgogne，1457—1482）继承。同年，路易十一以萨利克法为由，占领了勃艮第公国本部与勃艮第自由伯国。——译者注

②各地区法院最终稳定设立的年份与地点：朗格多克法院，1444，图卢兹（参见上编注释）；多菲内法院，1455，格勒诺布尔；吉耶讷法院，1462，波尔多（参见上编注释）；勃艮第法院，1477（收回勃艮第本部后），第戎；普罗旺斯法院，1501，埃克斯（Aix）。——译者注

本原则，各省法院的设立具有更大的意义。在那些源自他的君主专制理念之中，对城市的优待尤其突出。他确认了各个城市的特权；有些城市没有特权，他就慷慨赐予。他颁发了一堆特许状，引入自由选举市政官员的制度，并准许市政职能部门的管理者谋取贵族身份。他乐于批准市民的集会，因为他怀有对民众的朴素偏爱与对大贵族的憎恨。当国王与一众亲王交战且局势危如累卵之时，巴黎市民用热情的欢呼迎接他，也因此享受到他的恩宠。也许没有任何其他君主能像路易十一一般对巴黎的崛起起到这么大的推动作用。他赐予这座城市诸多司法优先权和商业优先权，改善了食品的输入，尤其为外地人的迁入提供了便利。这些外地人简直把巴黎视作他们的避难所。巴黎人口迅速增加。国王还教导市民如何武装自己。他深知他在巴黎的声望对于王国其他地区而言具有莫大的价值。首都的优势地位也十分有助于他收取皮卡迪城市的行动。

显然，制服大贵族与优待省份甚至民众是一体两面的做法。大贵族要求分享最高权力，各省和民众满足于在从属的地位上享有一些特权，君主政体的观念则超越两者的诉求之上：君主维护和平，强制服从，肩负国家的重大利益，通过快速响应的惩罚机制使人敬畏，几乎无所不在，不接受任何劝谏，自立而自固。面对这样一位国王统治下浮现出的君主政体，整个世界都感到惊骇。路易十一的个性包含完全对立的两面：慷慨与贪婪、轻率的献身意志与始终强烈且难以平复的雄猜心理、困境中的谨小慎微与走运时的扬扬自得。相比对整体利益的关怀，他对个别人事简直没有任何体谅。公正与残暴交织在一起，诡诈的政治手腕与冒险的奉献之举彼此碰撞，把王国视为职能部门并如此加以管理的伟大理念被狭隘的个人情绪切碎而模糊晦暗。国王有时看起来仿佛被上天的力量与大地的力量夹在中间，他一面想方设法抚慰其中一方，一面利用所有直接或间接的手段掌控另一方。为了法国的和平崛起和国际地位，路易十一居功至伟。假如他的对手们守住了阵地，法国又将成为什么？可是，没有人懂得感谢他，没有人在他的统治下感到适意，甚至他本人一生也从未感受到过足够多的幸福、权力和满足。因为，他本来就不是道貌岸然之人。国王让他的国家成为大国，却没有留下一个伟大的形象。

尽管路易十一成就斐然，但不能说他实现了所有的意图。他的如意算盘是彻底肢解对他威胁甚大的勃艮第—尼德兰联合体：承认法国宗主权的部分与国王直辖属地合并，瓦隆诸省分封给他任命的法国领主，属于神圣罗马帝国的部分则交给他的这个或那个盟友。可是，这些领地共戴勃艮第公爵的女继承人为君。她与后来登基为帝的奥地利大公①联姻，这为她的家族注入了新的血液，使其在欧洲取得了更重要的地位，收获了更大的希望——没有任何谈判能够迫使这个家族放弃它固有的诉求。此外，在西班牙边境，尽管爆发冲突的可能性很小，但各个领地的占有状况也缺乏明确的条约保障。总而言之，路易留下了一个强大的王国，以至于它有实力经受住一个尚未成年的国王向来有可能给法国带来的灾祸。

1484年，正是这个未成年人（查理八世）推动召开了图尔三级会议②。会上各种冲突的政治观念是如何展开唇枪舌剑的，很值得我们注意。正如观念的冲突可以推动所有的时代向前进，这个时代也不例外。

一位德高望重的勃艮第代表③曾是好人腓力的老友，他阐述了一套受

①1475年，勃艮第的玛丽与皇帝腓特烈三世之子马克西米连订婚。1477年8月19日，二人成婚。这一联姻对欧洲地缘格局的发展有极其深远的影响。马克西米连后来登基为德意志国王以及神圣罗马帝国皇帝，称马克西米连一世（1459—1519）。——译者注

②即1484年1月5日至同年3月14日在图尔召开的三级会议，也是第一次真正全国性的三级会议。共有两百八十五名代表与会。——译者注

③指腓力·波（Philippe Pot，1428—1493）。勃艮第公爵好人腓力是波的教父。波本人长年为勃艮第宫廷服务，曾出使英格兰，1473年被擢升为太傅（précepteur）。大胆查理死后，波投靠路易十一，被后者任命为勃艮第内务总管（grand sénéchal）。1484年2月9日，波在图尔三级会议上慷慨陈词，否认亲王的摄政权，主张国王应作为全体国民的代表，而国家应交由一个国民选出的代表大会治理。这些理念在当时显得十分超前。——译者注

人欢迎的理念。随着当时正在复苏的对古代的兴趣，这些理念找到了新的依据：正如最初从选举中诞生的王国无权包揽全部国家权力，其行动需要征得民众的同意；倘若国王年幼或者出于其他原因没有能力行使他的职权，那么权力就得回归曾把它托付给国王的民众。法国首相[①]与之辩论，坚持家族的世袭权利：该权力即使在继承人年幼的情况下也是有效的，比如现在的国王。首相认为，既然民众早已顺从国王的统治，想要摆脱它的人就是顽固分子；他所表现出的对自由的热爱是欠考虑的，这终将导致被奴役的命运。另一场在首相与诺曼底代表之间展开的争论是关于强制税额的。诺曼底代表提出，私有财产的观念应该以最严格的标准加以捍卫，未经许可任何人都无权强迫他人交出个人财物；首相则以问作答：倘若国王没有强制权力，王国又将焉存？

三级会议试图清理路易十一治下已令人反感的官吏群体，由此提出一套新的统治理念：政府的职权应更多来自三级会议的授予，而不是国王。三级会议又建议，王室领地的行政与每个省份的租税均委托给各省管理，一份计算显示出如此安排将增加多少租税收入。人们还希望不费力气地把路易十一治下翻了两番的人头税降回原来的定额。各等级都热切地谋求获取征税批准权，为此，他们希望三级会议每两年召开一次。假如他们的建议被采纳，那么政府的重心就将转移到总是容易受到群众策动的三级会议那里了。

在拉丁-日耳曼民族建立的国家里，上述这些矛盾冲突是始终存在的：从世袭君主制与国家绝对权力的观念导出的是普遍的服从；从等级制度的性质与个体的自由导出的是共和国或选举君主国。各个国家都是

①指罗什福尔的纪尧姆（Guillaume de Rochefort，约1433—1492）。他曾为勃艮第公爵好人腓力与大胆查理效命，1477年后转而投靠路易十一，1483年升任首相。图尔三级会议召开时，他是大会主席。——译者注

建立在这两种理念的彼此抗衡和相互制约的基础上。

图尔的大会似乎正好给人这种彼此抗衡、相互制约的观感。最后，对立的双方均为各自的言辞太过激进而致歉。那些受人欢迎的演讲在大会上博得了十分热烈的掌声。但是在表决的时候，演讲者却没有取得同样的成功。巴黎代表团属于支持王权的一方。

奥尔良公爵①、布列塔尼公爵②等最有权势的大贵族以及其他一些权贵不满图尔三级会议确立的秩序，再一次发动武装叛乱③。路易十一的女儿④倾尽她的全部精力和才智，终于镇压了叛党⑤。她远比她的兄弟⑥更像他们的父亲，而且她也像父亲一样动用了瑞士军队。正是这些共和主义者让法国在最偏远的角落里巩固了王权。时运也对政治和军事上的行动施以援手，不过，这些贵族世家的断绝⑦才是最关键的因素。不久，我们将看到奥尔良公爵登上王位，而布列塔尼公主则成为法国的

---

①指奥尔良公爵查理一世之子路易，他后来登基为法国国王路易十二（1462—1515）。——译者注

②指布列塔尼公爵弗朗索瓦二世。——译者注

③史称“疯狂战争”（Guerre Folle，1485—1488）。这是15世纪继布拉格叛乱与公益同盟战争（1465）之后第三次大贵族反抗法国中央集权的大规模武装叛乱。失势的奥尔良公爵路易联合布列塔尼公爵弗朗索瓦二世以及一些伯爵密谋反对摄政的安妮。——译者注

④指国王查理八世（1470—1498）的姐姐安妮（1461—1522）。她的丈夫是波旁公爵约翰二世之弟皮埃尔，即1488年年即位的波旁公爵皮埃尔二世（1438—1503）。图尔三级会议裁决奥尔良公爵路易与安妮的摄政权之争，选定安妮为摄政。安妮一直行使摄政职权直到1491年查理八世亲政为止。——译者注

⑤1484年底，奥尔良公爵路易面见国王，试图说服国王让自己摄政，安妮果断带兵闯入二人密谈的房间，并把路易软禁在然恩。1485年，路易成功逃走，王军开进奥尔良；路易又逃往布列塔尼，但弗朗索瓦二世旋即也与王军议和。1486年，形势突变，与法国长期争夺勃艮第遗产的马克西米连入侵法国北部，弗朗索瓦二世出兵呼应，使法国腹背受敌。1487年，王军一面打退马克西米连的来犯，一面攻入布列塔尼。1488年年初，巴黎高等法院判处奥尔良公爵路易与布列塔尼公爵弗朗索瓦等叛党“大不敬罪”。同年，叛党在卡斯蒂利亚、英格兰与哈布斯堡势力的支持下反扑，但在7月底的圣奥班（Saint-Aubin）战役中被彻底击败。8月，弗朗索瓦签署《萨布雷条约》，承诺国王，未经国王许可不得凭己意出嫁女儿。9月，一生维护布列塔尼独立地位的弗朗索瓦撒手人寰。路易被囚禁，直到1491年国王亲政后赦免了他。——译者注

⑥原文为单数，当时尚在世的路易十一的男性子嗣只剩下查理八世。——译者注

⑦布列塔尼公爵弗朗索瓦二世死时无子，继承公爵之位的女儿安妮（1477—1514）成了奥尔良公爵路易、德意志国王马克西米连等众多求婚者争抢的香饽饽。——译者注

王后[1]。王权其实没有镇压称雄一方的贵族世家，后者只不过在王室后继无人之前自己先断了香火。

总体而言，国王的权威得到维护。查理七世时代建立的庞大机构巩固了它，而路易十一把它塑造成真正的最高权力。一位深得路易十一信赖的大臣，即来自罗昂家族的日耶元帅[2]，在查理八世在位的整个时段以及路易十二登位后的头八年权倾朝野，影响甚广。慢慢地，人们淡忘了整个体制令人不快的印象，对互相依赖和秩序井然的感受则越发凸显。法国的君主体制在路易十二在位时成形，这令那个世纪受过教育的人士颇感欣慰。考虑到意大利人在政治方面的成熟老到，回顾他们对法国君主体制的理解是一件值得费心的工作。

对于共和主义思想的风暴，意大利人感到既熟悉又厌烦。他们评论它，相比独裁的首脑，无论是被选举出来负责共同体事务的领导人，还是人数众多的贵族阶层，都无力匡正邦内秩序的混乱。他们抱着很大的兴趣，关注王权是怎样通过战争、婚姻和继承——新登基的君主总是把王国整体纳入他原有的财产——成长为一种没有其他力量能够有效制衡的权力。他们指出，某些大贵族根本不情愿反抗，以免丧失有朝一日或可拥有的王位继承权。这样的话，世袭的君主制度看似稳如磐石。在意大利人看来，设法排除外国君主即位可能性的政体是最好的。他们还观

---

①1490年，不到十四岁的布列塔尼女公爵安妮决定嫁给已鳏居多年的马克西米连。此举也是为了保住布列塔尼的独立。由于地域阻隔，安妮接受以“代理婚姻（mariage par procuration）”的方式举办婚礼，而马克西米连将派代表参加。但这一联姻没有获得法国国王的批准，查理八世唯恐哈布斯堡势力包夹法国，遂依《萨布雷条约》宣布安妮的婚姻无效，并控制了布列塔尼所有的商路。马克西米连无力相援。1491年，法国军队侵入布列塔尼，查理八世不顾与马克西米连和勃艮第的玛丽之女玛格丽特（1480—1530）早有婚约，软硬兼施，迫使安妮改嫁自己，并于同年12月6日举行了婚礼。查理八世英年早逝，孩子全部早夭。继任的路易十二出于把布列塔尼留在法国版图内的政治目标，向教皇申请废除了与路易十一之女让娜（1464—1505）的婚姻，迎娶了布列塔尼的安妮。安妮去世后，布列塔尼成为法兰西国王的直属领地。——译者注

②三朝元老皮埃尔·德·罗昂或日耶元帅（Pierre de Rohan或Maréchal de Gyé，1451—1513），日耶领主、法国元帅。在争夺勃艮第遗产、平乱布列塔尼与出征意大利的历次战事中，日耶立下汗马功劳。日耶元帅的成就为日后罗昂家族在法国的崛起奠定了基础。——译者注

察到，人们可以依据法律提出异议，认定国王个人能力不足或者天性中含有混乱和残暴的倾向——在法国，权力的行使受到法律的制约。审计署有对国王收入非常有益的职权，即有权阻止相关的违法行为，而那些法律正是为增加国王的收入而制定的。法院的设置具有更大的价值，其职责在于检验国王的谕旨是否符合公平、合法的精神，虽然国王曾有一时兴起干预刑事案件审理之事，但这种现象也不允许再出现了。随意罢免官员也不总是可行的，倘若发生，接替出缺职位的人日后总会遭到处罚。由于法院的存在，绝对的权力得到驯服。意大利人补充道："权力越绝对，它就越不完美。"他们还认为三个等级的划分值得称赞。享有免税权利的贵族有佩带武器的特权；他们每年有一段时间住在宫里，然后返回领地料理家族事务。他们被授予朝廷官职和军职，或者被任命为代政官或内务总管。不同的门第之间存在一个国王认可的高低座次；国王有权审判最有势力的权贵的家臣。地位与贵族最接近的是上层市民，所有的贸易利润皆入其囊中，而且他们还掌控着不计其数的司法和财政机关——在法国，这些机关的数量超过在其余基督教世界的总和。许多人甚至觉得中产阶层比贵族更受优待。下层市民也有能力担任胥吏，他们愉快地享有受司法保护的个人自由。通过个人努力，下层市民也能轻易跻身中上层市民；他们假如想成为贵族，则还需要更多特权和君主的恩宠，不过这亦非难事。洛多维科·迪·卡诺沙[①]写道："我们每天都能见到数不清的人从第三等级进入第二等级，或者从第二等级进入第一等级。若非如此，下层民众很快就会造反。"这些意大利人惊讶地发现，宫廷里的权贵竟然很少表现出对教士的嫉妒，尽管后者往往凭借一些功绩就能起于微末，与贵族平起平坐，甚至凌驾于贵族之上；贵族把国家

①洛多维科·迪·卡诺沙（Lodovico di Canossa，1475—1532），意大利神甫，1511年接任特里卡里科（Tricarico）主教，1516年接任巴约（Bayeux）主教。——译者注

大事的领导权让给教士，满足于保留执行的权力。1515年，卡诺沙在弗朗索瓦一世登基之时把他的文章呈阅于国王，建议国王监护等级间的关系：维持教士的自由选举，防止致富的中产成员买空贵族的产业，保护民众不受银行家的盘剥，而三个等级的均衡将使人人都服从国王。

对路易十二的缅怀就是出于对上述状态的追忆。路易十二听任教士自由选举：座堂参事神甫选举他们的主教，修士选举他们的院长。他不容许家臣介入教会的选举事务或下级法院的司法程序。他还向各个法院做出了实实在在的让步，这让他的继承者抱怨不已。各法院为其倡议新设的官职所举荐的人选，他通常都会采纳。法院在这个时代的辉煌也许是空前绝后的。法院有时会把已驳回的谕令登记在册，在其旁添加批注，表明今后可以不用再关注这些谕令了。在法院登记一项财政方面的谕令之前，譬如关于领地的出售，法官们会事先盘问司库官，明确这么做的必要性。当时的法官会十分严肃地看待自己的职责。据说，首席大法官德·拉·瓦克里[①]从不为人情所动，即使接受邀请参加昂古莱姆公爵[②]府上的午宴也不行。昂古莱姆公爵就是国王弗朗索瓦一世的父亲，他十分欣赏德·拉·瓦克里。瓦克里不愿同这位亲王的关系过分亲密，后者指不定哪天就可能对法院的判决施加个人影响，或者混淆视听，给予完全独立做出的判决一副扭曲的表象。首席大法官表示，虽然昂古莱姆公爵眼下没有要在法院审理的案件，但是他将来也有可能被卷入一桩讼事。就此论断国王路易十二企图打压宗室亲王是不恰当的。正是他栽培了阿朗松公爵[③]、

①德·拉·瓦克里（Jean de la Vacquerie，？—1497），1481—1497年任巴黎高等法院的首席大法官。——译者注

②指昂古莱姆公爵查理（1459—1496）。他是奥尔良公爵路易一世之孙。——译者注

③阿朗松公爵查理四世（1489—1525），兼阿马尼亚克伯爵，法国军事统帅。1507年，他首次随路易十二出征意大利，参与热那亚的围城。1509年，再次随国王征战伦巴底，参加阿尼亚德洛战役，大胜威尼斯共和国，后连拔贝加莫、克雷莫纳、帕多瓦等数城。1515年，参加马里尼亚诺战役。1521年，在香巴尼阻截入侵的帝国军队。1525年，参加帕维亚战役，在国王被俘后接掌军队指挥权。面对他人对其保护国王不力的指责，查理心里难以承受，忧惧而逝。——译者注

旺多姆公爵[①]、杜努瓦伯爵[②]以及那个时代最耀眼的人物之一——英勇而有骑士风范的富瓦[③]。路易十二亲自教诲他们，指导他们如何照顾自己。在这个主张通识教育的意大利精神执牛耳的时代，法国贵族的骑士精神也焕然一新。远征意大利简直就像一时的盛宴，法国的贵族们争相在国王面前求取个人荣誉。在这个时代，妇女首次成为宫廷生活的主角。有人描绘她们如何在自己的城堡里练习艺术刺绣、阅读当时出版的骑士文学、投身于子女教育或者尽力使用优雅的语言善待下属。国王路易十二也拥有民众的信赖。人们都知道他严格核算收支，也看到贪婪的财政官员们为他们的巧取豪夺付出了代价。人头税额几乎被降低到最初的水准。国王的天性带有开放、善意、信赖他人的成分，这为他赢得了上下各阶层的拥戴。在一场舞会上，他从高座上站起，抓过瑞士卫兵的长戟，只不过是为了给舞者让出空间。他对待仆役就像伙伴。即使一时动怒，他也能很快平复心情。可是，人们不能因此就觉得可以掌控他。他有一条准则：绝不赏赐自求恩宠之人。

路易十二属于那种乐天派。这类人洞悉自身利益之所在，但也允许其他类型的人生存——他们不会流露出嫉妒的心绪而使他人感到为

①旺多姆公爵查理四世（1489—1537），出身波旁家族分支，1495年袭旺多姆伯爵，1514年晋升为旺多姆公爵，跻身王国贵族。他与阿朗松公爵（亦称查理四世）同龄，也是1507年首次随国王出征，亦参加过阿尼亚德洛战役、马里尼亚诺战役与帕维亚战役。国王被俘后，他是代行国王职权的执政理事会成员。旺多姆公爵查理也是法国波旁王朝创建者亨利四世的祖父。——译者注

②此处应该指杜努瓦伯爵、隆格维尔公爵路易一世（Louis Ier d'Orléans-Longueville，1480—1516），法国军事统帅、王国内务总管（grand chambellan）。路易是1513年根盖特（Guinegate）战役中法国一方的指挥官。这场战役可算是1511年缔结的“神圣同盟”（Lega Santa）在康布雷同盟战争（1508—1516）期间开辟的第二战场。是役，双方最终都没有实质性的斩获，而路易被俘，却得到善待。他在英格兰期间安排了路易十二与亨利七世（1457—1509）之女玛丽·都铎（1496—1533）的联姻（彼时布列塔尼的安妮已经过世），促成两国和解。——译者注

③加斯东·德·富瓦（Gaston de Foix，1489—1512），法国军队统帅、内穆尔公爵、路易十二的外甥。他于1511年从军，立即在康布雷同盟战争中大显身手：1511年秋，大败西班牙人，解博洛尼亚之围；冬，在布雷西亚附近再败威尼斯人，使法国军队于次年2月占领该城；1512年3月，富瓦控制了几乎整个北意大利；4月，富瓦与西班牙军队在拉文纳决战，惨胜，富瓦本人却战死疆场。——译者注

难。人们常常愉快地看到年事已高、身材伛偻的国王骑着他的骡子前往法院。他赋予法院声望，从不插手它的判决。一位能够时常接近他的威尼斯公使称路易十二为“赤子”，民众则给他冠以“人民之父”的美名。

今天的我们知道，法国国内令人惬意的和平局面实际上有赖于对欧洲其他地区的武力威胁。在对路易十二时代做出整体评价之前，我们必须一窥当时法国对外行动的进展。

上一代人为实现法兰西国家和政权的完善而努力，可这却不是查理八世与路易十二发动意大利战争的前提。意大利战争的目标实际上是在阿尔卑斯山另一侧伸张瓦卢瓦家族的继承权利。作为影响意大利数世纪之久的安茹和普罗旺斯伯爵的继承人，查理八世坚持他对那不勒斯王位的继承权①；作为瓦伦蒂娜·维斯孔蒂②之孙，路易十二试图在米兰重新

---

①1442年，那不勒斯国王、安茹公爵与普罗旺斯伯爵勒内迫于阿拉贡与米兰的军事压力，将那不勒斯王国转让给乔万娜二世早年认养、后来又断绝关系的阿拉贡国王阿方索五世（1396—1458），称阿方索一世。阿方索一世离世后，那不勒斯王位传给斐迪南一世（1424—1494），又称“费兰特”（Don Ferrante）。费兰特原是阿方索的私生子，但在1440年取得教皇尤金四世的承认，从而成为王位继承人。他即位后不久，勒内利用其出身私生子的“污点”，重新伸张安茹家族对那不勒斯王位的权利，支持其子洛林公爵约翰二世夺位，后者得到那不勒斯安茹党人与热那亚舰队的支持。米兰公爵弗朗切斯科一世·斯福查（Francesco I Sforza，1401—1466）与教皇庇护二世则站在费兰特一边。1465年，费兰特彻底击败了约翰二世，之后严厉迫害安茹党人。1474年，勒内把名义上的那不勒斯王位转给安茹公爵查理四世，查理去世后该王位连同其他领地又转给国王路易十一（参见前文注释）。1485—1486年，那不勒斯安茹党人发动叛乱，史称“男爵密谋（Congiura dei baroni）”，遭到残酷镇压，就转而向法王查理八世求助。同期，教皇英诺森八世（1432—1492）与费兰特也发生冲突，宣布罢黜费兰特，把那不勒斯王国授职权转给查理八世。1494年，费兰特薨，其子阿方索二世（1448—1495）即位；查理八世基于路易十一所继承的名义上的那不勒斯王位，同年8月出兵意大利，连绵半个多世纪的意大利战争从此开始。当时的奥尔良公爵即后来的国王路易十二随军出征。——译者注

②瓦伦蒂娜·维斯孔蒂（Valentina Visconti，1371—1408），米兰公爵吉安·加莱亚佐·维斯孔蒂（Gian Galeazzo Visconti，1351—1402）之女，1389年嫁给奥尔良公爵路易一世。这段婚姻关系后来被路易十二用于伸张自己对米兰公国的继承权。——译者注

扶持维斯孔蒂家族的利益[①]。两位国王没有过分地苛求国家为他们出力，征战所消耗的主要是法国过剩的力量。在战事的风云变幻中，两位国王都曾享受过一帆风顺或者呼风唤雨的时刻。路易十二甚至打算以米兰的统治者与公爵的身份袍笏登场[②]，那里的元老院就是法国三级议会的翻版。他又占领热那亚[③]，把该城曾经费尽心思争取到的皇帝特许状付之一炬。在一场大战役[④]中，路易十二战胜了威尼斯人，迫使后者退还已占据多年的位于米兰公国境内的大部分内陆属地[⑤]——他的优势是如此不可动摇，以至于威尼斯人后来也把法国国王视作坚强后盾[⑥]。佛罗伦萨的统治

①吉安·加莱亚佐·维斯孔蒂之子、米兰公爵腓力·玛利亚·维斯孔蒂（1392—1447）去世时没有合法继承人。在短暂的安布罗西亚共和国（Repubblica Ambrosiana，1447—1450）之后，娶了腓力·玛利亚私生女的雇佣兵统帅弗朗切斯科·斯福查被米兰议会任命为米兰公爵。1494年10月，弗朗切斯科之孙、米兰公爵吉安·加莱亚佐·斯福查（Gian Galeazzo Sforza，1469—1494）突然死亡，摄政的叔父路多维科（1452—1508）即位。吉安·加莱亚佐的岳父正是同年即位的那不勒斯国王阿方索二世怀疑路多维科谋杀篡位，两国关系顿时紧张。为求自保，路多维科转而投靠查理八世，为正在进军那不勒斯的法国军队借道米兰南下提供方便。随着查理八世的进军，佛罗伦萨共和国被颠覆，那不勒斯王国被洗劫，路多维科认识到查理八世的目标是掌控整个意大利，就转而加入教皇亚历山大六世（1431—1503）、罗马-德意志国王马克西米连一世、阿拉贡国王斐迪南二世与威尼斯共和国结成的"神圣同盟"，共同对付法国。1495年，在丰诺沃战役中，人数占优的联军侥幸得胜，查理八世一无所获地撤出了意大利。但是，奥尔良公爵路易没有放弃争夺米兰公国，仍然孤军奋战，结果在诺瓦拉被围，被迫停战，也撤回法国。——译者注

②路易十二践祚后，立即着手进军米兰。亚历山大六世与威尼斯共和国这次站在法国一方。1499年9月，孤立的路多维科·斯福查自知不敌，放弃米兰，次年2月又夺回米兰。4月，路易十二包围了路多维科的诺瓦拉大营，但是双方都使用的大量瑞士雇佣兵不愿自相残杀。不战而溃的路多维科被俘。他被监禁在法国，直到去世。路易十二自任米兰公爵。——译者注

③击败路多维科·斯福查的同时，路易十二旋即占领了热那亚。1464—1478年与1488—1499年间，热那亚共和国两度受米兰斯福查家族统治；1499年起，又受到法国国王的掌控。——译者注

④即1509年的阿尼亚德洛战役，威尼斯一败涂地，参见前文注释。——译者注

⑤15世纪，威尼斯共和国不仅在海上称雄，还试图在大陆上扩张，企图建立一个强大的商业帝国。在陆上，威尼斯主要在两个方向上扩张：伦巴底，米兰公国的领地；罗马涅，教皇国的禁脔。经过多次战事，威尼斯成功开疆拓土，这些新领地被统称为"内陆属地"。——译者注

⑥儒略二世即位后，为稳固和扩张教皇国的权势，采取分步行动的战略。1509年，他与路易十二、皇帝马克西米连一世与西班牙国王斐迪南二世三大君主缔结"康布雷同盟"，共同对付威尼斯。威尼斯战败后，儒略二世收复了罗马涅的"内陆属地"。他不愿过分惩罚威尼斯，把矛头转向正在意大利扩张的法国。1511年，他与威尼斯、马克西米连一世、斐迪南二世、英格兰国王亨利八世与永久同盟（瑞士）结成"神圣同盟"，旨在把法国人赶出意大利。尽管法军在拉文纳战役取胜（参见前文注释），但损失重大，又因西班牙、英格兰和德意志开始进攻法国本土，遂退回国内。儒略二世乘胜攻略米兰与佛罗伦萨：1512年9月，美第奇家族重掌佛罗伦萨，豪华者洛伦佐（1449—1492）之子朱利亚诺·德·美第奇（1479—1516）为僭主；同年12月，斯福查家族也回到米兰，路多维科之子马西米连诺·斯福查（1493—1530）任公爵；热那亚仍然在法国人的掌控之中。儒略二世几乎恢复了半岛往日的均势，失败的两方——威尼斯和法国开始接近，共同对付美第奇家族、米兰、神圣罗马帝国与西班牙。参见后文。——译者注

集团仰法国人之鼻息[①]。教皇国的各城市诸侯也乐于把鸢尾花添加到他们的徽章中去[②]。至于那不勒斯贵族中古老的安茹人，他们直到西班牙与法国签署条约[③]之后方才服从西班牙国王。我们还不应忽略，这些与意大利人文主义的碰撞机遇构成了法国精神史上的关键节点。强权的法国在意大利北部和中部建立起不可抗拒的优势。在一段时间内，路易十二享有基督教世界第一君王的权威。

但是，强势争霸的大国势必招来激烈的反抗，这就是欧洲形势的本质特征。

在这样的局势下，反对法国的奥地利-勃艮第的同盟又扩展到西班牙[④]。大胆查理之女与皇帝马克西米连共同的儿子[⑤]与卡斯蒂利亚、阿拉

①1494年，查理八世的进军推翻了美第奇家族的统治，多明我会修士萨伏那罗拉（1452—1498）成为佛罗伦萨政教合一的领袖，反对文艺复兴影响下的世俗化。1498年，萨伏那罗拉被推翻、处决。处在法国占领军、亚历山大六世父子与流亡的美第奇党人的夹缝中，佛罗伦萨共和国如履薄冰。同时，凯撒·波吉亚（参见下条注释）横行意大利中部，其领地已包围佛罗伦萨，于是他又打起染指佛罗伦萨僭主之位的主意。1502年，佛罗伦萨政治家皮耶罗·索德里尼（Pietro Soderini，1452—1522）被推举为首任终身任职的正义旗手（Gonfaloniere di Giustizia），相当于最高行政长官。在索德里尼治下，佛罗伦萨国内局势逐渐稳定，对外始终追随法国。——译者注

②1498年，路易十二封教皇亚历山大六世的私生子凯撒·波吉亚（Cesare Borgia，1475—1507）为瓦伦蒂诺公爵。凯撒·波吉亚参加了路易十二对米兰的军事行动。此后，他带领军队征战罗马涅，驱逐教皇国境内的其他领主，试图建立教皇集权统治。由于凯撒·波吉亚名义上是法兰西国王封臣，被他控制的罗马涅各城市就此把鸢尾花加入各自的徽章中。1503年，亚历山大六世去世，凯撒·波吉亚也同时病倒（被怀疑为与其父同时被投毒）。当时，他正企图连横西班牙对付法国，征服佛罗伦萨。路易十二褫夺了他的爵位，新任教皇儒略二世逮捕了他。次年，波吉亚被流放到西班牙，他在罗马涅的领地落入儒略二世之手。凯撒·波吉亚为人勇敢、果决，深谙用兵之道，为达目的不择手段，堪称一代枭雄，得到达·芬奇、马基雅维利等同时代人的赞美，却在后世史乘里背负恶名。——译者注

③1500年法国占领米兰后，阿拉贡家族的那不勒斯国王腓特烈一世（约1452—1504）企图向法国称臣纳贡，承认法国国王为宗主，但被路易十二拒绝。斐迪南二世不愿见到法国在意大利势如破竹，于是装备舰队，意图向法国示威。路易十二就与斐迪南谈判，瓜分那不勒斯。1500年11月，法国与西班牙签订《格拉纳达条约》，路易十二得到那不勒斯王国大部以及那不勒斯国王称号，斐迪南二世得到卡拉布里亚和阿普利亚以及两地的公爵称号。1501年，教皇亚历山大六世批准该条约，法国和西班牙保证教皇继续拥有那不勒斯王国的宗主权。同年，西班牙以对付土耳其的名义出兵占领那不勒斯王国南部。直到那时，腓特烈才知道自己被斐迪南出卖了，他向法国投降，受封于安茹和曼恩，郁郁而终。——译者注

④通过《格拉纳达条约》，西班牙被卷入意大利战争。由于条约对那不勒斯王国领土划分不够明确，1502年，法国与西班牙在那不勒斯重启战端。1504年年初，法国军队最终失败，全部撤出，那不勒斯成为西班牙治下的总督辖区。——译者注

⑤即美男子腓力二世（1478—1506）。——译者注

贡和西印度的女继承人[①]联姻。这段婚姻诞生了一位王子，他把所有的继承权集于一身。因为他的祖父和外祖父都在意大利有重大利益，他不得不被卷入这片土地的争端中。

这个大联合体甫一浮现在地平线上，就让权势如日中天的法国陷入了困局。

路易十二没有男性后嗣。他的王后[②]不喜欢暂定的王位继承人——年轻的昂古莱姆公爵弗朗索瓦与他的家族。她有母仪天下的抱负，主张把长女[③]嫁给勃艮第公爵世子[④]。后者将继承的不光是意大利的新占地盘，还包括他的先祖在法国的旧封地，外加布列塔尼以及奥尔良家族固有属地[⑤]。不言而喻，这会导致未来的勃艮第公爵成为国内最强大的诸侯，从而动摇法兰西王国的根基[⑥]。日耶元帅坚决反对这一图谋，不顾失宠于王后的后果，设法成功阻挠了她的计划，为国王立下大功[⑦]。

同时，路易十二在意大利还引来了一个更加危险的敌人。新教皇还

---

①即卡斯蒂利亚女王伊莎贝拉（1451—1504）与阿拉贡国王斐迪南二世的女儿疯女胡安娜（1479—1555）。她与美男子腓力的儿子就是未来的神圣罗马帝国皇帝查理五世 / 西班牙国王查理一世。——译者注

②即布列塔尼的安妮，参见前文注释。——译者注

③即法兰西的克洛德（Claude of France，1499—1524），布列塔尼的安妮与路易十二之女。——译者注

④即美男子腓力之子查理。为了保持布列塔尼公国的独立性，布列塔尼的安妮安排克洛德与曾有婚约的马克西米连一世之孙、美男子腓力之子查理订婚；路易十二也有意进一步缓和与帝国和勃艮第的关系，同意签订婚约。1501—1504年，法国和帝国达成多项协议，皇帝允诺册封路易及其子嗣为米兰公爵，法国承诺不再干涉帝国在德意志和意大利的事务，双方都不得单方面与西班牙缔约。——译者注

⑤克洛德与查理的婚约嫁妆丰厚，如果路易十二没有男性后嗣，查理继承的领地将包括勃艮第、米兰、热那亚、阿斯蒂、布列塔尼和布鲁瓦。——译者注

⑥克洛德与查理的婚约将赋予查理的继承权会对法国的安全构成重大威胁。后世的史家一般认为，从法国国家利益的角度来看，这个婚约是不合理的，因此得出结论，即路易十二从一开始就不打算践行它。——译者注

⑦路易十二后来借口布列塔尼的安妮不能生育男性子嗣，通过忠心耿耿的日耶元帅推动取消婚约，同时决定把克洛德嫁给王位继承人弗朗索瓦，这样就可以把布列塔尼公国留在法兰西王国版图之内。布列塔尼的安妮直到去世都没有同意这个决定。——译者注

没把罗马的圣座坐热，就从他所主导的统一教皇国行动[①]更进一步，企图把他口中所称的“外夷”从意大利驱逐出去，尤其是法国人。儒略二世视路易十二最倚重的大臣安布瓦斯枢机主教[②]为私敌。围绕《国是诏书》[③]的宗教纷争与世俗冲突交缠在一起。终于，战争再度爆发。法国国王动用宗教武器，在比萨召开了一次反对教皇的宗教会议[④]；教皇则呼吁天下各国讨伐“分立论者”。只是因为纳瓦拉国王[⑤]是路易十二的盟友，教皇就不反对天主教徒斐迪南乘机霸占位于比利牛斯山各隘口西班牙一侧的纳瓦拉属地[⑥]。他不仅重申勃艮第家族的权力要求，甚至怂恿英格兰重提过时的要求以反对法国[⑦]。教皇一手促成了一个跨越僧俗两界的反法大同盟[⑧]。他甚至把瑞士人争取到自己这边，这一步尤为关键[⑨]。对路易十二而言，瑞士雇佣军不仅可用于制服国内的敌人，在对外的行动中亦堪重用。瑞士人支持了法国同德意志邻邦以及皇帝的战争，与其说是出

①儒略二世即位后，把切萨雷在罗马涅的地产据为己有，同时要求威尼斯归还占领的罗马涅地区。为此，儒略二世与路易十二、马克西米连一世和斐迪南二世于1508年结成反对威尼斯共和国的“康布雷同盟”。1509年，法国军队在阿尼亚德洛战役中决定性地击败威尼斯军队。儒略二世担心法国由此过于强大，就与为求自保而积极展开外交斡旋的威尼斯谈判，不仅收回了罗马涅的失地，还获得更多威尼斯的让利。教皇与威尼斯单独媾和引起了法国和帝国的强烈不满。——译者注

②指安布瓦斯的乔治（Georges d'Amboise，1460—1510）。——译者注

③此处指1438年查理七世颁布的《布尔日国事诏书》。该诏书依据巴塞尔大公会议上确立的大公宗教会议高于罗马教廷的原则，确认了法兰西教会的自由权利与法国国王“法兰西教会守护者”的地位。教皇儒略二世企图重振教廷权威，路易十二则利用大公会议限制教皇的权力。——译者注

④1511年秋，在法国和帝国的授意下，一批枢机主教在比萨召开大公会议，后来因为受到“神圣同盟”的威胁而迁往米兰和里昂。会议的决议是罢免儒略二世。——译者注

⑤此处指约翰三世（1469—1516），原名约翰·达尔布雷（Jean d'Albret），因于1484年与纳瓦拉女王卡特琳一世（1470—1517）成婚而成为纳瓦拉国王。卡特琳是加斯东·德·富瓦的女儿。——译者注

⑥1512年拉文纳战役后，西班牙国王斐迪南二世占领了比利牛斯山以南的纳瓦拉领土，儒略二世批准了斐迪南的侵占之举，次年纳瓦拉的等级会议也予以批准，南部纳瓦拉从此成为卡斯蒂利亚的一部分。北部纳瓦拉保持为独立王国，受法国的庇护。——译者注

⑦为反击比萨会议罢黜自己的决议，儒略二世宣布把法国王位转给英格兰国王亨利八世。——译者注

⑧1511年秋，教皇与西班牙、威尼斯缔结“神圣同盟”，以反对比萨会议、捍卫教会团结的名义企图把法国“蛮夷”势力逐出意大利。1512年5月，儒略二世在拉特兰宫召开大公会议，宣布对法国国王实施制裁。——译者注

⑨1510年春，教皇利用路易十二拒绝为瑞士各邦提供年金的窗口，与瑞士十二个邦缔结为期五年的联盟条约，获取了大量随时可供调遣的雇佣兵源。参见后面的正文。——译者注

于自身利益的考虑，不如说是为了路易十二的利益。他们为法国国王立下的最大功劳是攻占米兰。路易十二意识到自己的强大，以至于不再需要瑞士雇佣军的支持。他们的派系纷争、特别是他们无止境的钱财索取都令他不胜其烦。从天性上讲，路易十二是个节俭的人，他对国家财政精打细算。于是，他中止了惯常偿付给瑞士各邦领袖的年金，取消了与他们的同盟，甚至冒犯了他们的抱负和自尊。瑞士人遂转而投靠教皇，后者的资金基于一个规模可观的教廷国家的收入与整个基督教世界的贡赋，足以替代他们过去享有的年金。教皇也不打算节约这笔钱。他们聚集在以教皇为名义的旗号下，经皇帝许可，从蒂罗尔进军，从法国人手里夺回了米兰①；1513年，他们又对阵法国军队及其四处征召来的杂牌盟军，在惨烈的野战中守住了米兰②。伴随着局势的扭转，热那亚也脱离了法国的掌控③。反法的派别在意大利的中小邦国重新占据上风④。法国不光丧失了欧洲霸权，敌方军队甚至侵入了法国本土⑤，而法国几乎只能通过非暴力的政治手段艰难招架⑥。

国内欣欣向荣，国外敌人环伺，这就是路易十二离开人世时法国的形势。

君主的权力与国家共同成长，在暴风骤雨中日益坚固，是一切政治

---

①富瓦战死后，法军失去了有力的统帅，战场形势逆转。1512年8月，神圣同盟迫使法国军队撤出米兰，路多维科·斯福查之子马西米连诺在儒略二世的支持下被宣布为米兰公爵。——译者注

②1513年年初，儒略二世去世，神圣同盟解散。朱利亚诺·德·美第奇之兄乔万尼（1475—1521）任教皇，称利奥十世。马克西米连一世、亨利八世、斐迪南二世与利奥十世另组神圣同盟。同年5月，法国再次进军并攻占米兰，但在6月被瑞士雇佣军在诺瓦拉战役中打败。——译者注

③诺瓦拉战役后，热那亚脱离了法国的保护。至此，路易十二丧失了在意大利的全部地盘。1515年，热那亚重新归顺刚即位的弗朗索瓦一世。——译者注

④比如曾支持法国并且允许路易十二在比萨召开宗教会议的佛罗伦萨共和国政府在1512年被推翻，美第奇家族重返佛罗伦萨。——译者注

⑤伴随着意大利的战事，至1513年年末，英格兰军队占领了图尔奈和泰鲁阿纳（Thérouanne），瑞士军队包围了第戎，法国陷入巨大困境。——译者注

⑥1514年年初，路易十二放弃里昂（比萨）大公会议，向利奥十世示好；同时，分别与马克西米连一世、斐迪南二世和亨利八世议和。——译者注

要素的黏合剂。在习俗和法律的制约下，君权变得温和，不至于太过压迫百姓。所有人都尊崇君权，许多人甚至热爱它。正是路易十二促进了这一局面的形成。他同时对外施展抱负，在欧洲取得了极高的威望。路易十二的名声与后世对他的纪念都是基于这些功绩。可是，满怀敌意的势力已经开始反扑，迫使他放弃眼下享有的地位。在对抗法国的行动中，迄今为止仍然享有威望的教皇与一位性格不太强势却充满活力、永不知疲倦的皇帝以及一个易怒而好斗的民族[①]结成了同盟。

法国的未来会怎样，取决于它能否同时做到一面维持国内的繁荣，一面赢回国际上的地位。

---

①指刚刚完成收复失地（Reconquista）大业与国家统一的西班牙民族。——译者注

第五章

弗朗索瓦一世

王位传给了年轻的昂古莱姆公爵弗朗索瓦。他出身于奥尔良家族的旁支。

根据时人描述，当路易十二晚年再婚时，弗朗索瓦的情绪很低落。但是没过多久，他的继承权又得到了保障，因为这段婚姻没有诞生任何男性子嗣。获悉这一消息，他呼朋引伴，举行竞技比武，为自己庆贺。结果，七名校尉夺得了最好的名次，他本人仅排第八。1515年的元旦，路易十二去世了。弗朗索瓦一世把国王的尊号视为一件美好的新年礼物，因为他把王位视作私人财产。

与其他王位继承人的惯常做法类似，弗朗索瓦首先关注迄今为止的政府运作模式中不太为人知的一面。太后萨伏伊的露易丝[①]是一个精力旺盛、知书达理而且有权力欲的女人。她主导了弗朗索瓦的青年时代。当时，她坚决站在路易十二朝廷的对立面。母子两人都深信，路易让王权做出了太多让步。他们不满路易对待法院的宽宏，尤其不满他处理宗教事务的方式。公共机构自治的精神亦有缺陷。在教士自治的过程中，各种职权都被滥用。有些法官甚至敦促体制改革，他们与昂古莱姆家族关系密切。弗朗索瓦登基后的首项举措就是任命首席大法官安东尼·杜普拉[②]为首相。杜普拉曾当着路易十二的面就体制改革的问题与当时的首相陷入争吵。

弗朗索瓦关注的第二件事是对外事务，也就是对米兰的征讨。先王已为此准备好了一切，但仍然以罕见的严厉手段保持了克制。

当时的威尼斯人巴望着弗朗索瓦兵临米兰城下[③]。弗朗索瓦一世向他们表示："我会进军，要么凯旋，要么裹尸而还。"他选取了一条过去从未有军队尝试行走过的路线，引军翻越了阿尔卑斯山。法国的王位更替在瑞士引发了政局的动荡，瑞士各派之间爆发纠纷，实际上为弗朗索瓦对付那些与教皇结盟的势力制造了很大便利。不过，敌军由一位果敢的领袖指挥[④]，战胜他们无疑需要以英雄般的气概付出巨大的努力。在登基后的首次军事行动中，年轻的国王展现出勇猛无畏的精神：马里尼亚诺战役[⑤]期间，在一个暂时停火的夜里，他全副武装地躺在炮架上休息，只卸下了头盔；与其他人一样，他也从被鲜血染红的沟渠中取水解渴；翌日一早，他精神抖擞地继续勇猛战斗，直到取得胜利。我不知道是否

---

①萨伏依的露易丝（1476—1531），萨伏依公爵腓力二世（1438—1497）之女，弗朗索瓦一世之母。——译者注

②安东尼·杜普拉（Antoine Duprat，1463—1535），法国政治家、枢机主教。——译者注

③弗朗索瓦利用威尼斯与帝国的矛盾，使威尼斯同意在军事上支持法国重返米兰。——译者注

④指马太·施纳（Matthäus Schiner，约1465—1522），他还是梵蒂冈瑞士卫队的创始人。——译者注

⑤1515年9月中旬，法国、威尼斯联军在米兰东南的村庄马里尼亚诺与瑞士军队交战。战况惨烈，法军利用野战炮摧毁了瑞士的长矛兵方阵，取得胜利。对于瑞士的战败，马太·施纳难辞其咎。——译者注

可以把突破瑞士人阵形的大功归于弗朗索瓦本人，但无论如何，瑞士人在他的面前败退了，听凭他主宰整个战场。

胜利的果实是再次占领伦巴底[①]。有人宣称，只要弗朗索瓦愿意，他就是意大利的主宰。

不过，这还不是他本次出征的意图所在。半途中，人们看到他暂停了行军。弗朗索瓦置盼望他前来推翻美第奇家族统治的佛罗伦萨人于不顾，反而直扑博洛尼亚，目的是与美第奇家族的领袖、教皇利奥十世签订一份条约，调解当下僧俗两界中的冲突[②]。弗朗索瓦还恢复了给瑞士人的年金，与他们订立了永久和平条约[③]。他没有考虑此事的成本，而竭力降低该项成本正是法国政府取得过的重大成就。这表明，弗朗索瓦根本不打算延续先王的政策意向或阵营立场，而更多的是寻求建立恒久的安全秩序。

与教皇的谈判还有更深远的影响，因为它涉及王国的一项基本法。

当时，法国国内的观点认为，作为胜利者的国王最终将迫使教皇承认《国是诏书》。这一点是否可行，其实很值得怀疑。《国是诏书》不仅遭到了历任教皇的再三谴责，而且在上届拉特兰大公会议期间，法国天主教会甚至没有安排对《国是诏书》的辩护——连一次都没有，因为它肯定会被大加鞭挞。难道利奥十世会因为陷入盟友战败造成的困境就屈服于法国国王，反对前几任教皇，听命于圣座的大公会议的立场，自损教廷的利益？国王身边的臣僚十分确定：在那样的情况下，教皇更有

①马里尼亚诺战役后，米兰公爵马西米连诺投降，法国重新占领米兰。弗朗索瓦一世给了他一笔年俸，让他闲居法国。马西米连诺后来不再从事政治活动，客逝他乡。——译者注

②1516年年初，弗朗索瓦一世与教皇利奥十世签署《博洛尼亚宗教协定》。协定进一步巩固了1438年的《布尔日国是诏书》：教皇承认，法国国王有权提名法国教会职位人选，有权获得法国教会的经济收益；教廷在法国的司法权受到严格限制。——译者注

③1515年11月，弗朗索瓦一世与瑞士十三个邦签订《弗里堡条约》，又称《永久和平条约》（*Ewiger Frieden*）。根据条约，弗朗索瓦一世恢复了被路易十二中止的年金，瑞士人重新成为法国的兵源；瑞士各邦承诺不参加反对法国的任何军事行动。从此，瑞士在政治上严守中立，仅作为雇佣兵源。——译者注

可能再次宣布法国分裂教会，号召列国征讨法国，而他的第一步策略就是阻挠法国军队撤回本国。

然而，国王本人其实不愿继续执行《国是诏书》。他故意委托新晋的首相主持谈判，而首相也打算放弃它。

于是，谈判没有如人预期那样确认这项法令，而是撤销了它。同教皇保持长久和平的政治必要性与深化内政变革的愿望一拍即合。双方达成的1516年宗教协定从理论和实际两方面都对教皇有利：一方面，巴塞尔大公会议上确立的大公宗教会议高于罗马教廷的原则被终止；另一方面，教皇收回了教会最高司法权，并且重获过去曾享有的财源，譬如圣职首年收入。事实上，该协定对树立王国权威的好处更大：当时法国有十个大主教区①、八十三个主教区与五百二十七座修道院，国王获得了对国内教士授职的权力，却只受到微不足道的约束。

《国是诏书》曾是法国政治体系的一部分。其特征是温和的君主制度、自由的选举与自由的政治协商。人们为这部法令赋予的各种特权感到骄傲，各式各样的团体特权与个人特权都借此实现了。废除它的消息只会招致反感，教士、大学和法院都抵制这一决定。国王把教士交给教皇处置，教士只要乐意，就可以随时与教皇争吵。国王又对法院声明，他不希望身边出现一个威尼斯式的元老院，法律和惯例之所以有效，是因为它们是先王们的意愿；他与先王们掌握同样的权力，而他的意愿就是否定这部《国是诏书》。当法院决定把1516年的宗教协定记录在案时，法院声称它只是为避免更大的祸事才如此便宜行事。法院屈服后，大学的反对也难以为继了。

通过这份宗教协定，王权偏离了它既定的发展轨道。协定否定了法

①当时的十个大主教区是指巴黎、兰斯、图尔、鲁昂、里昂、普瓦捷、波尔多、图卢兹、蒙彼利埃和马赛，皆始建于罗马帝国时期。——译者注

国在80年前的关键时期采取的国家教会原则；80年来，法国一直坚持执行这些准则，已经习以为常。协定使王权朝着影响力不受制约的方向上又迈进了一大步。路易十一其实已经打算这么做了，弗朗索瓦一世终于大胆付诸实践，因为与教皇和解的必要性同时给他提供了行动的动机和借口。这是外交事务对内政的一次反作用，而且可能是无法避免的。

就这样，执政未久，弗朗索瓦一世就已经在国内树立起前所未有的权威，同时还在欧洲取得了耀眼的地位。他很快被颂扬成英雄，陶醉在与其功绩极不匹配的荣誉感中。有人杜撰出赫尔维齐人①的第一个征服者恺撒与国王弗朗索瓦的对话录，而后者就是恺撒第二、瑞士的征服者和驯化者。太后萨伏伊的露易丝曾言："我徒步去朝拜枫丹的圣母，向她推荐一个我爱他胜过爱自己的人。他就是我的儿子，光荣伟大、凯旋的恺撒与赫尔维齐人的征服者。"

当1519年神圣罗马帝国的皇位出缺时，弗朗索瓦极度盼望能亲自戴上皇冠。皇帝的名号正是与对恺撒的回想联系在一起的。

此时，弗朗索瓦毕生的宿敌方才登场。他是勃艮第亲王查理，也是奥地利大公之孙、西班牙国王之外孙与大胆查理的继承人。如今，他的先辈们在德意志、法国、意大利和西班牙的全部领地都聚拢在他的名下，帝国选侯们又把皇冠交给了他。于是，一场气势宏大、影响广泛的争斗已在所难免。

凡是如新皇帝这般强有力的君主，断不可能容忍法国人无视帝国利益，继续占据作为帝国钱仓的米兰与热那亚。人们回想起，特里尔大主教身兼阿尔勒王国首相的荣誉职位②不是没有原因的。多菲内与普罗旺斯

---

①赫尔维齐人是公元前1世纪时主要分布在今瑞士及德国西南部的一支凯尔特部族。恺撒的《高卢战记》中有许多关于此部族的描述。——译者注

②在神圣罗马帝国，七大选侯都冠有一个帝国卿位（Reichserzamt），其中美因茨大主教身兼德意志王国首相，科隆大主教身兼意大利王国首相，特里尔大主教身兼勃艮第（阿尔勒）王国首相。——译者注

至今依然不被视作法兰西王权不可分割的组成部分。推动查理五世与法国斗争的主要因素是他的个人利益。查理五世企图索回勃艮第公国本部与索姆河流域地带，这些地区曾被路易十一以不正当的方式占据。四十年前，法国与勃艮第的对峙中断了；如今，这样的对峙以远超往日的规模卷土重来，迫使双方只能在决战中做个了断。

皇帝的身后有意大利各邦军队与教皇军队的支持。联军旋即夺回了米兰①。看到这份前景，与他们结盟的英格兰重申了对法国部分领土甚至法兰西王位的古老要求②。不过，在签署博洛尼亚宗教协定后，教皇感到，其实没有必要一直把自己绑在皇帝的战车上。

查理五世与亨利八世意欲联合进攻法国，他们还拉拢了当时法国最有权势的大贵族——大司马波旁公爵查理③。

法国大贵族的自治权尽管被压制，但仍未被剪除干净。意大利人注意到，继承王位的前景可以约束大贵族的独立倾向。这个观点至少在波旁公爵查理那里得到过验证。他一度确实怀有继承王位的愿景，因为弗朗索瓦一世多年没有儿子④。他甚至对一位威尼斯人谈过此事⑤。可是，弗朗索瓦一世还是生出了儿子。查理不仅被排除在所有国家大事之外，而且在他的妻子⑥去世后，他甚至受到威胁和阻挠，以致难以保有来自

---

①1521年11月，不满法国人统治的米兰市民起兵反抗，皇帝和教皇的军队开进米兰。——译者注

②帝国夺回米兰的同时，英格兰枢机主教沃尔西（Thomas Wolsey，约1473—1530）与查理五世完成了结盟的谈判。——译者注

③波旁公爵查理三世（1490—1527），法国军队统帅，后因遗产继承纠纷（参见正文后文）背叛弗朗索瓦，投奔神圣罗马帝国，任米兰总督。——译者注

④弗朗索瓦一世在1514年娶布列塔尼的克洛德，1518年第一个儿子才出生。——译者注

⑤威尼斯公使乔万尼·巴多耳（Giovanni Badoer），1516年的外交简报如是说：波旁公爵对公使表示，阿朗松公爵查理四世与国王的血缘更近（第一顺位宗室亲王），理应有更优先的继承权。但是他的祖父“美男子”约翰二世曾反叛查理七世。在法国，如果一位宗室亲王背叛了国王，那么他家族的继承权将被褫夺七代人。所以，波旁公爵查理才是实际上的第一顺位宗室亲王。——原注

⑥指波旁的苏珊（Suzanne de Bourbon，1491—1521）。——译者注

妻子的丰厚的领地嫁妆以及他自家的那一份领地[①]。波旁公爵无法忍受被贬谪为一个小角色。他毫不迟疑地把个人利益置于国家利益之上，转而投靠了皇帝。这件事就仿佛昔日各大贵族与大胆查理结成同盟之事的余音[②]。

弗朗索瓦一世突然感到自己遭到四面八方的敌人的进攻和威胁。一支帝国军队侵入普罗旺斯[③]，皇帝希望占领那一带，从而扼住大陆和海洋的要地。

亨利八世从教皇那里取得一份诏书，该诏书免除法国人向弗朗索瓦一世效忠的誓言。波旁公爵也认可亨利八世觊觎法国王位的要求。弗朗索瓦一世把帝国军队逐出法国，转而准备兴兵夺回米兰[④]。他原本可以尽情嘲弄敌人的计划，可是，就在米兰这里，他触了大霉头。尽管法国军队装备精良、作战英勇，弗朗索瓦却在帕维亚被德意志和西班牙的联军击败，甚至被敌人俘虏[⑤]。我们只消想一想约翰国王的被俘曾导致怎样的后果，就可掂量出法国将因这一事件而陷入多么危险的境地。

事态一度非常严峻，法国仿佛面临瓦解。国内的动乱与外来的暴风骤雨遥相呼应。当时的统治手段常常太过严酷，政府已经树立了无数敌

---

①1521年，苏珊去世。她的遗嘱立丈夫查理为继承人。王太后萨伏依的露易丝却依据血缘关系之亲疏认为她更有权继承，因为萨伏依的露易丝是波旁公爵查理一世的外孙女，苏珊是波旁公爵查理一世的孙女、皮埃尔二世的女儿，而查理三世是查理一世之父约翰一世（1381—1434）的曾孙。因为苏珊遗嘱的存在，萨伏依的露易丝伸张继承权其实是不合法的，但弗朗索瓦可能忌惮查理功高，不愿查理继承大量领地。此外，由于苏珊没有子嗣，查理应再婚，年逾不惑的露易丝爱慕查理多年，愿意下嫁，被查理拒绝。露易丝深感受辱。两件事加起来，在国王和王太后的压力下，巴黎高等法院在1523年做出了旨在剥夺查理全部财产的判决。绝望中的查理遂公然叛变。——译者注

②指“公益同盟”，详见第一编的注释。——译者注

③1524年7月，帝国军队从意大利侵入普罗旺斯，占领埃克斯，包围马赛。——译者注

④弗朗索瓦在普罗旺斯战场集结重兵，又得到热那亚雇佣军的增援，最终得解马赛之围，迫使帝国军队撤回意大利。法国军队尾随其后，再次进入意大利。——译者注

⑤1525年2月24日，法国与帝国军队在帕维亚大战，弗朗索瓦一世战败被俘。一同被俘的还有法国元帅蒙莫朗西的安内（Anne de Montmorency，1493—1567）。这天正好是皇帝查理五世的二十五岁生日。——译者注

人。因为王太后与首相杜普拉在实施暴政的过程中出力最多，所以他们最遭人憎恨。1525年3月某个周日，一份在各个教堂分发的传单上写着："诸君可知，一切恶事是何人所造？'虚荣的夫人'与她的首相。二人刚愎善妒，国王和王国何其不幸！倘若首相不受惩戒，国是堪忧矣。"人们认为有必要提醒布道者，他们不能仅仅认同这些言论；更应告诉民众，不幸的根源应在随处可见的恶行中找寻。这些言论也不始终讳言国王，关于他染病的消息不胫而走，国王薨逝的谣言也四处流布；一些人竟添油加醋地说，即使国王还活着，也会被阻止重掌国家，而且五十名朝臣将被斩首。

在此期间，所有未付军饷的雇佣兵团都摆脱了所隶属的编制。他们之中有意大利人和日耳曼步兵，但大多数还是法国人。在战场上，他们时而为波旁呐喊，时而为勃艮第助威。他们开战的呼喊通常是大肆掠夺的前兆。伴随着这样的呼喊，他们兵临巴黎城下。

帕维亚战役与之前百年战争中的战役颇有相似之处，即大量贵族殒命沙场。此外，市民阶层的涌动在我看来也算一个相似点。包括法院成员在内的一些名流敦请波旁家族的另一位成员旺多姆公爵查理[①]接管政府——与其听任国家政权归于王太后，不如交给最尊贵的宗室亲王。为此，旺多姆公爵还得到巴黎与其他所有强大城市的支持。他觉察到，城市正企图借此获取与其地位不相称的影响力，因而拒绝了试图加诸他的所有苛求。可是，无论多么不乐意，人人都意识到，眼前巨大的危险会导致一场叛乱。为了防范它，所有的权力机关必须团结一致。在法院的领导下，巴黎成立了一个城市保护机构，各等级最有名望的人士均参与

①即旺多姆公爵查理四世。——译者注

其运作。年高德劭的蒙莫朗西男爵威廉[①]接受征辟，统率三军。人们费心让平日里无所事事的人也都忙碌起来，并且实施严格的监管。旺多姆公爵在皮卡迪、吉斯公爵[②]在香巴尼、其他总督在普罗旺斯和多菲内也都成功稳定了局势，加强了当地的防备以便抵御入侵。摄政的王太后与巴黎高等法院之间龃龉不断。有人密告王太后，法院集会时多有贬损她的言论；几位王国重臣毛遂自荐，愿意亲自惩罚那些忤逆之徒。更令太后反感的是有人竟然弹劾、传讯首相。对她而言，首相是处理政务时不可或缺的人。当时各方感受到的危机是如此强烈，以至于冲突的爆发最终得以避免。在当前的紧张情势下，过去的法院会探讨是否应当召开三级会议，如今这个措施甚至都不会再被认真考虑。摄政的太后向法院保证，她的儿子即使在执行宗教协定[③]时也将尊重法国教会的自由权利。她试图以此缓和法院素来对垂帘听政的反感，展现出与决心同样多的精明。尽管人们从不把国内和平的维持归功于她，她却也未在青史中留下污名。凡是国中有名望的人士，要么主动支持她，要么被迫屈从于她。

相比艾田·马赛的时代，国内的动乱就这样被化于无形，堪称大幸。在国王被拘禁期间，两大敌国之间却呈现出严重的裂隙。

邻国提出的非分要求彼此矛盾，这帮了法国人的忙。既然皇帝已然十分强大，亨利八世怎会希望皇帝获取新的领地而更加强大呢？而皇帝又怎会甘心支持英格兰同法国合并而一跃成为大国呢？

实际上，皇帝逐步放弃支持所有基于英格兰、阿拉贡或阿尔勒王国利益的领土要求，仅仅坚持他的家族利益，企图迫使法国退还路易十一

---

①蒙莫朗西男爵威廉（Guillaume de Montmorency，1453—1531），法国财政大臣。其子安内在1551年受封为第一代蒙莫朗西公爵。——译者注

②洛林的克洛德（1496—1550），洛林公爵勒内二世之子，1528年受封为第一代吉斯公爵，以非王族的身份跻身法国王国贵族之列。——译者注

③指1516年的博洛尼亚宗教协定。——译者注

从其家族夺走的勃艮第公国。任何谈判都没能够把皇帝从此事上引开。

这绝对是一个强硬、无理的要求，而且与国际形势发展的大方向相悖：法国将因此失去国土的完整性，皇帝将取得法国大封臣的地位。可是，该采用怎样的办法回绝这一要求呢？

历史上身陷囹圄的国王从未有如弗朗索瓦那般渴求自由。从他一气呵成的多阕诗篇中，我们可以看出，他起初怎样通过反思获得慰藉：在追随荣誉和职责召唤的过程中，身体虽然屈服，心却是自由的，而且这是一颗除了荣誉什么都不想要的骄傲之心。可是，弗朗索瓦的情绪并非始终如此高涨。他用一艘满载疾苦和悲伤的船自况。愁苦与日俱增，迫使他违心地艰难度日；倘若死神能把他带走，消除他的痛楚，他将视此为上天降下的莫大慈爱。他亲口咏叹，自由乃人类最大的精神财富；但是他决定，宁可一辈子做俘虏，也坚决不割让勃艮第。他的性格特点令人感佩，可是就那个时代而言，我们在表达对骑士精神的赞美的同时不得不审慎一些。一份存世的文书表明，弗朗索瓦一世打算授命长子[①]立即继承王位，母后将在其成年以前垂帘听政。其实，他的退位无济于事。一方面，王太后似乎无力在其儿子缺位的状态下长久地管理政务。另一方面，亨利八世由于一无所获而与盟友决裂。虽然与亨利八世结盟为法国创造了良好的前景，可是以首都为首的各个城市却不愿意承担英格兰索求的担保金。更何况，没有国王本人的参与，势必再次爆发的战争如何打得下去？这是一个最难解决的困境。法国如果想在皇帝大军压境前保卫自己，就必须把国王迎回国内，让他统率三军。如果想让国王成功被释放，就必须预先把战争的代价交给敌人——一个偌大的公国。从谈判表面上的进展来看，法国似乎从一开始就抱有放弃勃艮第公国的

①弗朗索瓦（1518—1536），国王弗朗索瓦一世的长子，1524年受封为布列塔尼公爵。——译者注

决心。可是割让之事最终没有付诸实施，应该是取决于后来的考虑。我不认为法国在这件事情上是无辜的。摄政的王太后曾言，只要她的儿子重获自由，情愿不惜任何代价。无论是这个已转变的时代，还是当时的重要人物，两者都能够默许承诺割让勃艮第却不加兑现的事情发生。国王则如此叙述此事：被母后授以全权的谈判代表们同意接受条约；条约缔结后，他本人在西班牙人的催逼下对条约起誓；但是，他心里明白，他的誓言是不作数的。他在签署条约前已经抗议过它。虽然他发誓，如果不兑现诺言，甘愿再次被囚，但是他坚信，这种被迫立下的誓言不能约束任何人。于是他脱身了①。囚禁中的岁月有多么阴暗和痛苦，他深深呼吸到的第一口法国的空气就有多么令他惬意。重掌大权的快感与对自由的感慨交织在一起，所有的同胞都对此感同身受。不久，弗朗索瓦一世召开了一次集合教士、贵族、法院与城市各方的显贵会议②，向他们提出问题：是割让勃艮第，还是重返囹圄？这件事正好可以让大会认真考虑——因为他是国王，他承载着法国的荣誉。大会的回答很干脆：勃艮第是法兰西王国不可剥夺的一部分与第一等的封君爵领，它永远不能割让出去；国王被迫立下的誓言无法约束国王。所有参会者都表示愿意支持重新开战，并且赎回作为人质交给敌人的两位王子。来自勃艮第的显贵则重申百年战争时已发布过的声明——国王无权出让王国的省份。王国的统一和权力不以国王个人意志为转移，不受其个人决定约束，不因其个人承诺而受损。在就上述观点达成一致的基础上，人们全力支持国王，这正中他的下怀。

---

①1526年1月，身陷囹圄的弗朗索瓦一世被迫签署《马德里条约》（*Tratado de Madrid*），对帝国做出重大让步。但弗朗索瓦视此举为实现脱身的权宜之计。3月，在法西边境的比达索阿河，弗朗索瓦和亨利两位王子被作为人质送入西班牙，同时弗朗索瓦一世返回法国。——译者注

②指1527年12月在巴黎召开的显贵会议。会议一致同意宣布《马德里条约》无效，愿意为国王开战和赎回王子提供资金支持。显贵会议（assemblée des notables）制度可追溯到路易十一时期，是法国国王在非常局势下召开的咨议军国大事的会议，与会者是来自各等级的精英人士。——译者注

于是，战争重新打响[1]，各方拼尽全力相斗。最后，皇帝不得不放弃祖辈的遗产勃艮第公国，弗朗索瓦一世也不得不放弃前不久还被各方庄重承认的法国对佛兰德和阿图瓦的宗主权[2]。双方都尊重当下形势的自然状态。但凡如此强大的国家对峙，封地的从属关系就丧失了有效的约束力。法国无法承受皇帝那样的人物做封臣；皇帝摆脱法国的宗主权则大有益处，因为它有可能不断干扰到他对尼德兰政治及其同德意志的关系的种种设计。

既然弗朗索瓦一世现在也放弃了他在意大利占领的地盘，一切争端遂告解决，人们有理由期待和平的到来。国王与他的臣民唯一无法接受的就是战败。不久，国王表态宣称，他的儿子们享有自然继承权，他本人也无法剥夺。新的纷争虽然无法通过谈判消除，但是缓和了下来。当皇帝最终把米兰据为己有时，战争又爆发了。战事时有中断，却从未终止。而且，这次战争的性质与历次迥然不同。

我们暂且把战事的风云变幻按下不表，先考察弗朗索瓦一世对抗皇帝查理五世的基本形势。

丢失了米兰和热那亚的法国为了取得一份政治军事方面的补偿，至少使投靠皇帝并与其保持紧密关系的萨伏依家族[3]不至于造成威胁，弗朗

---

①1528年1月，查理五世拒绝释放两位王子，法国遂向查理宣战。——译者注

②1529年7月，萨伏依的露易丝代表法国，查理五世的姑母、尼德兰摄政勃艮第的玛格丽特（1480—1530）代表帝国在康布雷举行和谈，英国与意大利诸邦也派代表参加会谈。次月，各方签订《康布雷和约》（*Paix de Cambrai*），又称《夫人和约》（*Paix des Dames*）。和约的主要内容是：法国放弃对米兰、热那亚和那不勒斯的所有权主张，放弃佛兰德和阿图瓦的宗主权，承诺不插手德意志事务；作为交换条件，帝国放弃对勃艮第本部（也包含普罗旺斯、朗格多克等原阿尔勒王国属地）的领土要求，并且以一百万杜卡特赎金为条件释放两位王子。——译者注

③1521年与1526年，萨伏依公爵查理三世（Carlo III di Savoia，1486—1553）与查理五世先后都娶了葡萄牙公主，连襟关系加强了萨伏依公国与帝国的关系。《康布雷和约》签订后，曾依附法国数十年、为法国屡次入侵意大利提供便利的萨伏依公国转而依附帝国。——译者注

索瓦一世出兵占领了萨伏依和皮埃蒙特[①]。他没有获取这些地区的法律依据[②]。正是萨伏依公爵的对外关系引起了弗朗索瓦的敌意，而不是公爵其人。局面即使如此不利，也无法阻止弗朗索瓦尽可能地把皮埃蒙特法国化。他在都灵引进法国特有的通过法院行政的模式。法国人不无欣慰地察觉到，皮埃蒙特人正努力学习法国的语言，表现得仿佛他们没有比向法国国王效忠更值得希求的事情。通过占领萨伏依和皮埃蒙特，弗朗索瓦一世在阿尔卑斯山区站稳脚跟，能够以此为根据地对意大利施加影响，而现在的意大利至少不再是全境受皇帝操控了。这些进展对弗朗索瓦一世有不可估量的价值。不过，他拒绝从皮埃蒙特出发主动入侵伦巴底平原并且尝试通过一场会战占领后者。即使帝国军队入侵法国本土，国王也避之不战。他再也不想亲身涉险了。弗朗索瓦一世的部署完全是防御性的，值得从军事的角度观察一番。他下令挖地三尺，引进在意大利饱经考验的可抵御火炮攻击的城防技术；又大兴土木，建造两道堡垒防线，足以抵御来自帝国的任何袭击。出于防守的需要，他还尝试在法国各省建立一支地方常备军，称其为"军团"——尽管用途不同，编制却是效仿了古罗马军团——国王曾如是自述。一位威尼斯人用夸张的言辞渲染道，弗朗索瓦一世面对皇帝的感觉就仿佛雀鹰下的鸽子。这些话只是在表明，弗朗索瓦承认皇帝具有优势，担心皇帝会随时发动攻击，所以设法确保自己在面临危险时的安全。

与上述举措息息相关的政策转变又在弗朗索瓦一世与奥斯曼人的关

---

①1536年2月，法国入侵萨伏依公国，起初顺利，后来遭遇帝国的抵抗。双方苦战甚久，耗费无数。1538年，在热衷于联合基督教世界讨伐土耳其人的教皇保禄三世（1468—1549）的调停下，法国与帝国签订《尼斯停战协定》（*Paix de Nice*）。协定推翻了《康布雷和约》的部分条款，以损失萨伏依公爵的利益为代价，法国可以继续占领萨伏依和皮埃蒙特的大部分领土，还实际上恢复了对米兰公国的继承权利。——译者注

②萨伏依公爵查理三世是前公爵腓力二世二婚所生。而法国王太后萨伏依的露易丝是腓力二世与元配波旁的玛格丽特（1438—1483）之女。玛格丽特出嫁时曾与腓力二世有约，她的子女有继承公爵之位的优先权。弗朗索瓦以此为借口向查理三世索要曾属于玛格丽特嫁妆的领地。——译者注

系中体现得淋漓尽致。

过去数个世纪的收复圣地大业即使已经没有可能实现，但仍留下一些余响。自从奥斯曼帝国在东欧与地中海沿岸兴起以来，它四处扩张，把西方的基督教世界逼入一隅，昔日的宏图大业于是转变为对奥斯曼帝国的持久抵抗。从查理八世袭取那不勒斯肇始的法国对意大利的一系列军事行动常常被视为进军君士坦丁堡的跳板。这也是弗朗索瓦一世对帝国选侯阐述的愿意登基为帝的理由。查理五世要求各国承认他为基督教世界的领袖，其理由也正是基于此项使命。可是，当查理五世在西班牙、意大利和德意志的同时敦请下向奥斯曼帝国宣战后，弗朗索瓦一世却选择了针锋相对的战略。他从第一君主的地位被排挤，又在意大利被击败，法国本土还遭到入侵的威胁，于是他转身与奥斯曼人结盟。

早在马德里的监狱里，弗朗索瓦就与苏丹苏莱曼一世取得了联系[①]。当苏丹威胁德意志和意大利时，弗朗索瓦曾许诺，只要召唤他，他就会施以援手。他认为这么表态就足够了，实际上他什么也没有做。土耳其的攻势被遏制后，皇帝的威胁却越来越大了，弗朗索瓦于是毫不犹豫地公然与苏丹结盟[②]。1535年，他对一位威尼斯公使表达了他的观点："善辩之士，我没办法否认，我希望看到土耳其人称雄海上。这不是因为我真的喜欢看到土耳其人占据优势，毕竟他们是异教徒，而我们是基督徒；但是他们能使皇帝忙乱，其他统治者将因此得到更大的安全。"[③]提起奥斯曼人在地中海沿岸地区的种种暴行，法国人都感到羞耻；唯独海港对土耳其人开放的法国地中海海岸却不受侵扰。法国人不

①弗朗索瓦一世在帕维亚战役被俘后，摄政的王太后露易丝就遣使赴伊斯坦布尔请求援助。尽管苏丹以同意远征查理五世敷衍来使，但法国与奥斯曼帝国的勾结给查理带来了巨大的心理压力。——译者注

②1535年，法国首任驻伊斯坦布尔使节拉佛雷（Jean de La Forêt，？—1537）赴任。1536年，法国与奥斯曼帝国签订《协议》（*Capitulation*），正式形成针对帝国的战略同盟关系。——译者注

③这段话载于威尼斯公使马里诺·朱斯提尼亚诺（Marino Giustiniano）1535年的外交简报。——原注

愿承认这个盟友，但是法国却留在了同盟关系中。正如瑞士人代替了法国的步兵，奥斯曼人也代替了法国的舰队。阻止西班牙人成为地中海的主宰，这是国王首要关注的事情。

美男子腓力打破了把基督教世界团结起来收复圣地的制度和惯例，可谓划时代之举。如今，弗朗索瓦一世在同一条路径上迈出了第二步：与严重威胁基督教世界的敌对大国互通款曲。腓力四世的做法显然很残暴，而弗朗索瓦一世的做法则招来了强烈的仇恨。被誉为“最虔信基督”的王国如今再难坚持自己的主张。但是，对于已为之努力了数世纪之久的国家建设，眼下的做法和曾经的做法都能够带来有目共睹的益处。只要国家内部还存在为其他目标消耗国家和民众部分力量的庞大组织，国家的统一就难以想象；只要对维持民众共同体、邦国共同体的顾虑仍然制约着思考和行动，根据本国需求处理国际事务的自由就无从谈起。在对内和对外组建新型国家的过程中，脱离基督教大一统的观念是不可或缺的一个步骤。

支持德意志的新教徒，弗朗索瓦一世更加没有顾忌。可是，新教徒看到弗朗索瓦与奥斯曼人结盟，拒绝与他建立稳固的关系。

法国为国家法制的建立与欧洲文明形态的塑造做出过重要贡献，却每过数百年就几乎顺其自然地将其打破。这是法国特有的现象。

回顾法国的历史，它首先打破了加洛林王朝的王位继承制度，随后清除了簇拥在王权周围且觊觎王权的权贵政治，后来又取消了等级政治体制，这些转变几乎都是一鼓作气完成的。法国曾经集中全国之力，只为把穆斯林逐出叙利亚和埃及；现在，它正向这些地区的统治者奥斯曼土耳其人示好。

民族和国家的内部始终存在着一股强有力且自然生成的精神推动力。它与在当前形势里占主导地位的推动力有亲缘关系，却在本质上不同，有时甚至与之冲突。

在当时的局势下，法国又一次处在防守的位置上。与当年索要王位的英格兰人悍然入侵不同，这一次法国没有遭到侵略的蹂躏。查理五世坚持他祖先的立场，企图收回他应继承的领地。可是那些领地都是体量可观的省份。相比领土要求，查理五世拥有的地位所造成的影响其实更大。首先，他是法国势力与法国国王的对手，而且他很幸运地屡胜对手，在整个欧洲占据优势。法国不愿就此把优势地位拱手让给他。为了与查理五世斗争，基于国防需要和政治抱负的所有推动力都凝合在了一起。查理五世激起了法国人的民族情感，而这种情感的矛头正对着自己。

王国面临着重重的危机，斗争让它筋疲力尽。一种与路易十二时代完全不同的政体顺应情势地发展起来，而且整个过程没有遭到反对。

首先，依据1516年的宗教协定，法国的教会对王权俯首帖耳，这对王权的巩固相当有利。

枢机主教是弗朗索瓦一世朝廷的组成部分。他从教士与高级法官中遴选驻外使节；把从战场退下的老兵安置在修道院中，让修道院供养他们。不过，他最重要的举措是向教会征缴大量资金。

到那时为止，教士也为国家的需要缴纳税金。但是，教士是否向国家缴纳什一税，却必须经过教皇的批准。1532年，克莱芒七世[①]在提供什一税税款之事上有意刁难。当时，弗朗索瓦一世刚刚会晤过亨利八世[②]，热心筹划了一个针对圣座的同盟。所以，他越发感到愤愤不平。当他从会见之地返回时，就下令立即征缴什一税。教士们不敢抗命。

---

①教皇克莱芒七世（1478—1534），朱利亚诺·德·美第奇（1453—1478）之子、教皇利奥十世的堂弟，与15世纪阿维尼翁的对立教皇克莱芒七世非同一人。——译者注

②指1532年10月弗朗索瓦一世与亨利八世在布洛涅的会晤。会晤的主要目的是协调法、英两国在德意志新教诸侯对抗哈布斯堡家族问题上的立场。弗朗索瓦需要绕过《康布雷和约》的承诺，借助英格兰的力量在德意志给查理五世制造麻烦；亨利八世需要弗朗索瓦帮他疏通因为离婚问题而与教廷恶化的关系。——译者注

此后，教士向国王缴纳如此多的什一税，超过了国王要求征收的适宜额度。每一笔什一税款总计四十万法郎，在某些年份甚至上涨到五十万法郎。教士不是总能聚在一处，对什一税的征收进行表决。通常情况下，国王会给每位主教寄出一封带有他本人签名和印章的信函，信中列出国王本次需要教会支持的总额。主教理事会把这个总额的征收分配到每一笔教士薪俸中，然后完成支付并投寄给国王。国王表示，他心知无权向教士征税，可是他也没有明令禁止恳请教士自愿交税；既然所有教士的薪俸都是他的馈赠，那么从被赠物中取回一些也未尝不可。对此，教皇保持了沉默，教皇使节们也没有抗议。

在弗朗索瓦一世治下，买卖法院中的显要职位成为司空见惯之事。人们开始接受年长法官的退职，以便使不那么称职的接班人能够上位——只要他们肯付钱。后来，有人更进一步，开始创设新的职位，以便出售它们。引人注目的是，尽管杜普拉逐一列举了所有反对卖官鬻爵的理由，却同时发出指令，为官职买卖业务的运转提供方便。国家亟须财富，这使官职买卖变得必要，而战争的危险可为这一切辩护。所出售的职位既有司法部门的，也有行政部门的。马里奥·卡瓦里[①]称："通过花钱购买而获得职位的公务员不计其数。各地的税吏、司库、议员、议长与王家律师之中都有他们的身影。他们的数量非常冗余，其实半数就足够了，可是人数仍然与日俱增。"他计算出，官职出售每年可带来四十万法郎的进项。可是，所有这些额外收入还是不足以填满需求。民众必须缴纳的人头税额已经上涨到原先的四到五倍。

法国国王堪称世界上拥有最多绝对权力的君主。他要求什么，他的子民就得付出什么。皇帝马克西米利安曾以他特有的天真口吻评论道：

①马里诺·卡瓦里（Marino Cavalli，？—1572），威尼斯共和国元老院议员与驻外公使。——译者注

皇帝是国王的国王，因为没有人认为自己有义务服从皇帝；西班牙国王是人的国王，因为人们即使对他有异议，也仍然服从他；法国国王是动物的国王，因为没有人胆敢拒绝服从他。威尼斯公使在谈话中提到皇帝的妙语，弗朗索瓦听后哈哈大笑。在帝国议会上，皇帝只不过是主持大会议程的主席；在阿拉贡和卡斯蒂利亚的等级会议上，协商活动总是受到派系冲突的干扰；而在法国，三级会议仅在特殊状态下才会召开，平时国王的意志就可以决定一切。三者相较，皇帝的说法可谓恰当。皇帝对法国国王权力优越性的认可让弗朗索瓦一世很是受用，他沉浸在良好的自我感觉中。

如果他真的以为他能为所欲为，那么他就错了——他忽略了历史。

在这个曾立于拉丁-日耳曼民族之林的古老王国的历史中，最重要的问题之一是两种权威的关系——君主个人的权威与从形势和事态中发展出的君主权威，亦即自愿服从与被迫服从的关系。权力运作的奥秘就在于糅合两者。君主出身于古老的部族，他的命运与民族的命运交织在一起；民族从君主身上认识到，他是国家发展和民族未来的保障，因而把领导国家的重任托付给他。如果没有天赋的权威，万事皆不能行；但是，君主本人也必须胜任他所承担的崇高职责。

我们不妨再回想下当年承担起法国国运的那个人的一些特征。

如果端详弗朗索瓦一世，会发现，他是一个精力充沛的俊美男子。他的仪容令一切其他事物相形见绌：魁梧的身材、宽厚的肩膀和胸膛、棕色的头发与红润的面色。他的表情或许有点僵硬，但是他全身都散发出阳刚之气与对生活的热爱。他有意识地展现出他的王者气象。

当时的国王还没有固定的居所。由于他们持续巡视王国各地，身后就留下了大量金碧辉煌的行宫。贵族奉国王为特殊的首脑，只要境况合适，他们都把跟随御辇视作他们的义务和特权。来自其他等级与其他职业的人也纷纷加入扈从的行列。御辇之后通常会跟随六千骑；而在和平时期，众人齐聚，扈从规模可达一万两千骑，偶尔甚至达到一万八千骑。所有人的目光都集中在国王身上，每个人都感到自己的命运与他的善意和厚爱休戚相关，即使在私人事务上也是如此——毕竟国王有散播恩赐的权力。

国王的宫廷就是国中一切著名、辉煌、新潮之物事的联合体，尽管面貌多样，却始终是那一个。

弗朗索瓦一世设法使宫中始终佳丽如云。对他而言，没有女人的宫廷就仿佛没有鲜花的草地。这促使他精心打理自己的仪表。在她们之中，他喜欢穿绣金的紧身上衣，通过它的开口，最精美的亚麻布向前鼓起，披风上有刺绣与金色流苏。他渴望给人留下好印象。世人对他如何性感的描述并不全是真的，至少这些描述的叙述方式是不可靠的。不过，我们了解得已经够多，足以肯定他无视道德风纪，为同时代人与后世之人树立了不好的榜样。

弗朗索瓦一世勤于健身。新时代的骑士观念把操练身体提升为人的义务。他经常在暴晒和酷暑的天气里与人比武。他喜欢挑选最强的人做对手，借他衡量自己的实力。某日，他甚至打断了六十根长矛。就像弗朗索瓦想做社交圈子里最俊美的男人，他也有做骑士之中最强壮、最敏捷者的虚荣心。他在安布瓦斯让人从树丛里抓来一头四岁的野猪，把它带到城堡的内院里，让周围的人观看它徒劳地发怒，以此取乐。可是，野猪却从一扇没有堵好的门闯进城堡。众人四散奔逃，国王却迎向冲过来的野猪，巧妙而有力地在它身上划下一道深深的伤口。数分钟后，野猪就在内院里血尽而死了①。假如有其他人也能如此冷静地处理这危险的时刻，国王反而不能接受了。弗朗索瓦酷爱狩猎的乐趣，为此不止一

---

①这件逸事载于尼可·萨拉（Nicole Sala）所作的《伟大国王的无畏事迹》（*Hardiesses des grands rois*）。——原注

次陷入生命危险。一头鹿曾用角把他从马鞍上顶起，可是他还是不长记性。雨雪风霜从来都不能阻止他。在外过夜时，他不会嫌弃茅屋的简陋。当他年事已高、身体发福以后，他就骑着骡子去打猎。某次，他不顾身体欠佳，坚持冒着严寒去打猎，一位威尼斯公使[①]曾提醒他注意身体。弗朗索瓦回答道："说实话，这会让我再次恢复健康。"

大家都知道，弗朗索瓦一世还因他从事的各种其他活动而闻名在外。他对纯粹娱乐和精神活动都有敏锐的意识。早在年少时，他就展现出这个天赋。此外，这位国王身上还特别鲜明地体现出先进的意大利文化对法国天才人物的多元反作用。他追逐本世纪的各种潮流，投身于古典文学的研习，全面提升自己的世俗常识水准。一些古典语言教授或者罗马法教授、诗人和古代文化专家竟然能领取国王的内帑作为薪俸！他们纷纷追随他的宫廷。博学的意大利移民在这儿找到了他们的避难所。国王鼓励他们的事业，酬谢他们的工作。某位同样深谙文学的德意志诸侯陪臣[②]曾随他的主人陪伴弗朗索瓦一世顺塞纳河而下前往鲁昂，他记述道："法国宫廷能让人学习到更多的东西，没有任何其他地方能与之相比。"在那儿，即使法文版的修昔底德也顺手可得。国王弗朗索瓦至少能够意识到，真正的学术需要独立性。他想把学术研究同旨在培养神学家和法学家的大学分开，或者在大学之外另建纯粹的科学院——它既是学园，又是教育机关。尽管没有完全付诸实现，但这个想法具有重大的意义。另一个想法也许带来了更直接的效果。弗朗索瓦一世有无止境的求知欲，他谈论大多数事物时都富有才识和洞见，无论他的知识多么丰

---

①指马太·丹多洛（Matteo Dandolo，1498—1570），威尼斯驻教廷公使，出身威尼斯著名的显贵世家。——译者注

②指德意志学者莱奥狄乌斯（Hubert Thomas Leodius，1495/1497—1555/1556）。正文中的"德意志诸侯"是指普法尔茨选侯"智者"腓特烈二世（Friedrich II. der Weise，1482—1556）。莱奥狄乌斯著有《腓特烈二世年鉴》（*Annales de vita Friderici II Palatini*）。——译者注

富，他都渴望学习更多，尤其热衷阅读古典作品。因为他本没有受过古典教育，他就为满足自己的求知欲而赞助古典作品的翻译。于是，国王为他的国家做出了最大的贡献。大多数人与他的情况相类，就纷纷效仿他。人们有理由赞美国王，因为他由此把民众带出了旧时的蒙昧。意大利人热忱地模仿古典作品的形式；德意志人通过研习古代语言，探索关于基督信仰的原始文献，从中汲取信仰的精神；法国人则直接研究古代作家笔下的丰富内容，特别是关于历史的记叙。古代文学对当时法国文学的形态反而没有特别大的影响。法国文学的腔调源自在国王宫廷内聚首的文艺圈子的独特心智。国王本人的信件和诗作表明，他尽情享受着一个优秀的文艺团体带来的精神满足和知识进步。文艺雅集给予的快乐被他称颂为人间至福。值得一提的还有那个文艺圈子产出的一座丰碑，可以让人们了解到当时的热门话题以及它们的表达方式。这座丰碑就是纳瓦拉王后[①]的小说创作[②]。纳瓦拉王后有时离群索居，但大部分时间都是跟随其兄弟的宫廷一起行动，并在那儿发挥她的影响力。她的小说是法国最早的散文作品，法国人至今还在阅读它们。我们知道，她创作这些小说原本不是为求独树一帜，但它们展现出的思想和表达却浸透了法兰西式的意趣。

弗朗索瓦一世不仅赞助学者，更赞助艺术家。有些被赞助者甚至是全才，比如莱昂纳多·达·芬奇。国王评价道，他从未见过比达·芬奇了解和知道得更多的人。弗朗索瓦之所以把达·芬奇从意大利请来[③]，不仅因为他的艺术成就崇高，也因为他这个人卓尔不群。对于国王无

①纳瓦拉的玛格丽特（1492—1549），弗朗索瓦一世的姐姐。玛格丽特的元配是阿朗松公爵查理四世，后者去世后，她再嫁给纳瓦拉女王卡特琳一世之子亨利二世（1503—1555），所以又称纳瓦拉王后。玛格丽特为许多艺术家与文学家提供赞助，极大地促进了法国文艺复兴的发展。——译者注

②纳瓦拉王后的小说代表作有《七日谈》（*Heptaméron*），出版于1558年，是模仿薄伽丘《十日谈》（*Decamerone*）创作的故事集。——译者注

③1516年，达·芬奇接受弗朗索瓦一世邀请，移居到安布瓦斯，在那里度过了人生最后三年。——译者注

所不涉的求知欲而言，达·芬奇是恰如其分的交流对象，国王深知他的本事。他延揽其他意大利大师[①]，为他们开设艺术工坊，甚至亲自登门拜访，恩赐他们各种优渥待遇。有时，国王受不了艺术家的狂傲自负，就用婉转的言辞责备他们，同时又让他们放宽心，表示他仍然会提供条件让他们一展才华。国王还高兴地自夸，并非只有古代才能产出崇高和优美的作品，在他的庇护之下，当代人的成就也不遑多让。他肯定过高评价了那些艺术家的作品。他的时代与他的宫廷尚不具备催生真正经典作品的条件。他在枫丹白露宫命人描绘的亚历山大大帝事迹的壁画完全属当代风格！但是在另一些领域，尤其在建筑领域，国王却相当成功。只消回想一下卢浮宫，它宏伟和简洁的体量多么令人赞叹。最后需要指出的是，国王的这番努力无关功利。无论是在文学领域，还是在艺术领域，弗朗索瓦一世都促进了精神的发展，其影响远远超出了他的时代。

在法兰西的趣味从中世纪样式过渡到现代形态的过程中，没有人比这位国王起到过更大的作用。

这个时代的魅力在于两大要素的直接碰撞。人们习以为常的中世纪事物处处衰退：大学教授的经院哲学让位于自由的学术研究，王家城堡的哥特塔楼让位于通过考察古代艺术而受到启发的建筑创新，骑士战争让位于步兵和火炮，曾经高于一切的骑士承诺与个人效忠义务让位于国家认可的公共利益，基督教普世王国的观念让位于甚至允许异教徒参与的大国均势，宫廷生活的严格礼教让位于社交游冶和无拘无束的娱乐。

从这个角度上来说，那个时代最典型的人物形象和最重要的代表人物正是国王弗朗索瓦一世本人。

---

①比如本韦努托·切利尼（Benvenuto Cellini，1500—1571）、普列马提乔（Francesco Primaticcio，1504—1570）、德尔·萨尔托（Andrea del Sarto，1486—1530）、菲伦蒂诺（Rosso Fiorentino，1495—1540）等。此外，弗朗索瓦一世还托人订购米开朗基罗、拉斐尔、提香等文艺复兴大家的绘画，这些作品构成了今日卢浮宫藏品的基础。——译者注

与时俱进，为看不清努力方向的人拨云见日，为他们指明前行的道路——当时的法国执政者不正处在这样的关头吗？引领精神的前进意味着做一个真正的王。

回到国王的军国大事。作为一名富有才智的人，无论国王在短暂的自尊心发作期间暗示过什么，他都不相信人们会盲目地听从他。其实，我们知道，即使比较微末的政事，国王也从不轻视。他的儿媳美第奇的卡特琳[①]后来说道，弗朗索瓦费心打听各省知名人士的境况，无论他们是贵族还是教士，无论他们隐于市还是藏于民。他愿意为他们提供军队、法院或财政部门的职位，或者在别处庇护他们，借此试图与他们结交。这些名流的影响力足可遏制所有令人反感的运动。

国王认识国中的大多数贵族。他在立下贵族誓言时，常常强调自己也是贵族的一分子，而且待贵族如友人。每当国王收到突如其来的死讯，特别是当获悉有年轻贵族在沙场捐躯后，他一定前去拜访他的父亲，表达由衷的哀悼。

当弗朗索瓦一世亲自平息了反抗盐税上涨的拉罗歇尔骚乱[②]后，他告诉拉罗歇尔市民，他罚没他们的财产、让他们受些皮肉之苦固然有理，

---

①卡特琳·德·美第奇（1519—1589），僭主洛伦佐二世·德·美第奇（1492—1519）之女、法国国王亨利二世的王后，也是兰克《法国史》第四编和第五编的“女主角”。洛伦佐二世是豪华者洛伦佐之孙、利奥十世和朱利亚诺·德·美第奇之侄，1516至1519年为佛罗伦萨僭主并且身兼乌比诺公爵。1531年6月，克莱芒七世与弗朗索瓦一世约定，安排卡特琳·德·美第奇嫁给奥尔良公爵亨利（后来的亨利二世）。教皇此举是想改善与法国的关系，平衡帝国在意大利的势力。——译者注

②拉罗歇尔骚乱虽然局限于一城，亦可置于当时的大背景之下看待。1541年5月，弗朗索瓦一世派出两位使节分别出使威尼斯和奥斯曼帝国。两位使节途经伦巴第，在帕维亚附近被帝国军队截杀。弗朗索瓦大发雷霆，向查理五世提出严重抗议。双方仲裁未果。1542年7月，弗朗索瓦向查理宣战。为了弥补战争开销造成的财政亏空，弗朗索瓦提高了盐税。弗朗索瓦登基时，曾给予拉罗歇尔市免加征的特权，并且立誓维护。于是，拉罗歇尔的市民拒绝缴纳加征的税款，驱逐了国王的税吏。骚乱事态迅速升级，以致1543年年初国王不得不带兵前去平息。看到国王御驾亲征，拉罗歇尔市民立刻服软，大开城门，把国王迎到市政厅。市民代表恳求弗朗索瓦的宽恕，国王表现出异乎寻常的仁慈，承诺不会伤害拉罗歇尔市民的生命和自由，同时保证拉罗歇尔市继续享有过去的特权。然而，国王同时判处拉罗歇尔市二十万法郎的罚款。他把这笔钱赏给了掌玺官艾田·德·蒙泰隆（Etienne de Monthelon）。掌玺官深知国王的慷慨，又把罚款归还给拉罗歇尔的市民，仅要求他们从中支取费用建造一家医院。——译者注

但是他所求的无非是他们的臣服之心。所受的惩罚将让他们始终铭记他们的罪行。考虑到国王在他们哗变的时候正忙于保卫国家，这份罪行的情节就显得更加严重了。他向市民喊道：“敲响所有的钟声吧，因为你们被宽恕了。”他把城门的钥匙与城墙上的大炮归还给拉罗歇尔。在拉罗歇尔市民为欢迎国王举办的庆典上，人们看到国王接受民众敬献的酒水点心。他的扈从们倍感惊讶，因为当时还没有这样的惯例。国王摆出这样的姿态，多半是因为他了解他的敌人会怎么做——后者刚刚在根特处决了一批叛乱者①。两者对照，弗朗索瓦更追求一种荣誉感，在他统治下发生的市民骚动不会演变成血腥屠杀。他喜欢向人展示出仁慈和宽大，希望看到每个人都心满意足地从他那儿离开。

在弗朗索瓦一世登基后的最初几年中，曾伴随他成长的人际关系还延续了一段很长的时间。母后对他的决断有很大的影响。他对母亲无比敬畏，这让外人十分惊讶。与母亲谈话时，他总是摘下贝雷帽，几乎双膝跪地。他在每日午餐或晚餐后拜访她。人们知道，他会把外国公使向他阐述的事情一五一十地汇报给母亲听。

---

①1536至1538年的意大利战事让帝国财政再次吃紧。查理五世让尼德兰摄政、妹妹匈牙利的玛丽（1505—1558）征收军税并且招募新兵。根特援引过去的条约，以未经根特商会同意不得加征为由，拒绝缴纳军税，或者提供兵源代替税款。玛丽试图与根特商会谈判，但查理坚持无条件缴纳。与此同时，根特试图投靠弗朗索瓦一世，以换取法国的保护。弗朗索瓦打算在米兰继承权问题上与皇帝讨价还价，企图让奥尔良公爵亨利继承因1535年米兰公爵弗朗切斯科二世·斯福查（1495—1535）无嗣去世后被帝国收回的米兰公国，所以没有接受根特的投诚。根特市政当局企图恢复曾经的自治。根特的自治权在1515年被还是尼德兰摄政的查理通过“牛皮法令”（Calfvel）取消，根特的行会无法选举他们的商会主席（dean）。1539年8月，根特多个行会抓捕了与玛丽互通款曲的议员，要求选举商会主席，并且武装了城市。写有“牛皮法令”的羊皮纸在一次仪式中被撕得粉碎。叛乱者认为，远在西班牙的查理对此事鞭长莫及。的确，冬季从海路穿过英吉利海峡登陆尼德兰十分危险，从陆路取道意大利和德意志又十分遥远。然而，弗朗索瓦却邀请查理直接穿过法国去平叛，借此要挟查理放弃米兰。查理在法国一路受到盛情款待，两位君主相处得很融洽，然而弗朗索瓦却没有得到查理在米兰继承问题上的保证。1540年2月，查理抵达根特，行会领导人没有预料到皇帝行动如此迅速，只好投降。查理处死了反叛者中为首的二十五人，剩下的人被要求脖子上套着绞索亲自向查理和玛丽请罪，以彰显皇帝的宽宏大量。此外，查理对根特追加了八千盾罚款，剥夺了根特所有的自由权利与行会特权，下令拆除部分城防，市议员从此改从帝国任命的治安官中选举。根特虽然是查理的出生地，但是没有得到他的善待。——译者注

后来，一切重大事务都在国王的卧室里商议，而且直接安排在他起床后，以免其他事情占据他的心神。这渐渐成为一项制度。在此基础上形成的机构“枢密院”也在继承人在位期间得以延续。只有最重要、最亲近的重臣才有加入枢密院的资格。尽管如此，在弗朗索瓦一世的统治下，他的姐姐纳瓦拉王后具有压倒性的影响力，就像历史上某些冷静、有全局观和洞察力的女性有时能够左右大国的国政。但是，不能就此认为，国王容易被他人的意志牵引。外国公使们在他统治初期就察觉到，年轻的国王即使未经讨论就做出回答，也能切中问题的要害。他们赞扬国王在处理政务时的理智头脑。在弗朗索瓦在位的后期，公使们仍然相信，那些重大、关键的决定都是出于国王的乾纲独断。

外国公使们认为，国王缺失的品质是他们所谓的勤奋精神。他满足于做出统筹安排，却不甚操心具体事务的贯彻执行。

长久以来，首相杜普拉和波耶[①]、海军上将沙波[②]与大司马蒙莫朗西等大臣都拥有近乎自由行事的权力。因为他们的职衔总是被附加各种荣誉尊号与王国卿位，所以他们貌似全能，仿佛没有人能够凌驾其上。可是，他们行事时所享有的自由和专断也给他们带来了危险。今儿这一位重臣被罢免，明儿那一位高官被推翻，背后的动机并不总是有迹可寻的。高层官员的更替、擢升、贬谪与再起有些类似东方宫廷里反复无常的人事变动[③]。这是因为，国王会长期冷眼旁观某个有失体统的勾当，然后突然出手阻止，这时他还会一反常态地听取第三方的小报告。此外，国王嫉妒有人拥有可能令他感到不快的权力。他的好恶不太针对特定的

---

①纪尧姆·波耶（Guillaume Poyet，1473—1548），法官，1538—1545年任法国首相。——译者注

②腓力·沙波（Philippe Chabot，约1492—1543），法国海军上将、布里翁（Brion）领主，所以又称德·布里翁上将。曾指挥1536年对萨伏依公国的作战。——译者注

③比如，法国占领萨伏依之后，腓力·沙波就遭到来自政敌蒙莫朗西与纪尧姆·波耶的构陷，被控告贪污、挪用公款。他被没收了所有地产，并被处以一百五十万利弗尔的罚款。腓力·沙波在去世的前一年得到了弗朗索瓦一世的赦免；同时，纪尧姆·波耶被抓捕入狱。——译者注

人群，他可以随性地亲近一个人，但也能很快地把他抛诸脑后。

在弗朗索瓦投身其中的喧哗骚动、轻率鲁莽与浮浪追逐之后，人们仍然可以感受到一个刻意坚持自我的灵魂。

在同各个公使的交谈中，弗朗索瓦全凭直觉讲话，但他的话也不是没有经过设计。他的宿敌向来被视作城府甚深之人，尽管他不愿意自己也得到类似的风评，但是在所有高谈阔论的场合，他都知道如何严守秘密。公使们时常抱怨他们被国王冷淡相待，无法获知任何重要的情报。

弗朗索瓦个性慷慨大方，也愿意摆出那样的做派。他给许多人留下挥霍无度的印象。可是，无论他如何花销，却总是懂得从中挽救出一份盈余，使收入大于支出，从而在国库中留下一笔资金，以便应对不可预知的事件。

他的情妇埃唐普夫人[①]貌似拥有支配他的影响力。国王偶尔表现出的情绪的大起大落被人们归咎于她，而且理由可能很充分。埃唐普夫人以幼王子[②]利益的捍卫者自居，因为幼王子是最受国王宠溺的孩子，也是与国王最相像的。但是，无论夫人怎样向国王建言，无论国王对小儿子如何偏爱，这些都没能打动国王给他预备好一份有可能危害到王储地位和法兰西王权的基业。

家庭关系和公共事务方面的麻烦交织在一起，常常让国王的生活荫翳密布。国王曾对他的长子寄予厚望，可是，当查理五世的大军深入普罗旺斯时[③]，长子却突然死于非命。这是多么艰难的时刻！“我的上

---

①安娜·德·皮瑟卢·德·埃利（Anne de Pisseleu d'Heilly，1508—1580），皮卡迪骑士威廉·德·皮瑟卢（Guillaumes de Pisseleu）之女。弗朗索瓦一世从马德里归来后，安娜成为他的情妇。1534年，国王把她嫁给彭提维（Penthièvre）伯爵约翰四世·德·布罗塞（Jean IV de Brosse，1505—1564），国王专门为此创建了埃唐普公国，所以安娜又称埃唐普夫人。在弗朗索瓦一世统治晚期的激烈宫斗中，埃唐普夫人保护了腓力·沙波。弗朗索瓦去世后，埃唐普夫人被亨利二世和政敌逐出宫廷，失去了对朝政的影响力。——译者注

②指昂古莱姆的查理（Charles de Valois-Angoulême，1522—1545），弗朗索瓦一世的幼子。出生时就获封昂古莱姆公爵，1540年获封奥尔良公爵，1543年获封波旁公爵。——译者注

③1536年法国侵占萨伏依公国期间，查理五世也率军攻入普罗旺斯，后被蒙莫朗西击退。——译者注

帝！”国王大声呼喊道，他走到窗边，高举双手：“你已经通过损害我的声誉打击我，现在你又带走我的儿子；除了把我全部毁灭，你还会给我留下什么？”

弗朗索瓦一世的次子亨利随后被立为王储。亨利娶了佛罗伦萨美第奇家族的卡特琳。卡特琳长久无子，而且不是所有人都认可她是门当户对的王储妃。有人甚至开始议论，是否应该把她遣送回佛罗伦萨娘家。聪明果敢如卡特琳者，干脆亲自面见国王，向他辞行，热泪哽咽了她的声音。“我的孩子，”弗朗索瓦回答道，“既然上帝有意让你做我的儿媳，你就应该留下。”这件事其实应该得到更高的评价，因为国王向来害怕儿子绝后，担心他的家族在第二代就灭绝了。正因为如此，当卡特琳不久后产下一子时①，国王表达出的欣喜之情也更加强烈。“这是最值得期盼的一天，”弗朗索瓦一世的姐姐喊道，“也是我们所经历过的日子里最不可缺少的一天，是上帝的旨意。”国王认为，王储有后会使他的国家更加稳固。不久，他幸运地挫败了皇帝新一轮的入侵②。根据克雷皮和约③，法兰西王室对意大利部分地区的领土要求重新获得了承认④。

出人意料的是，国王把所有的成就都归功于上帝的安排与他的祷告。

他在一首诗中写道：“我，你的仆人，呼唤了你。我深信，你垂听了

---

①指亨利与卡特琳·德·美第奇的长子弗朗索瓦，后来的法国国王弗朗索瓦二世（1544—1560）。——译者注

②1543年，亨利八世与查理五世秘密结盟。在联合击退入侵尼德兰的法国军队之后，两位君主约定分别从皮卡迪和香巴尼的方向入侵法国。1544年，英格兰军队从加莱围攻布洛涅；帝国军队攻克圣迪济耶，穿过香巴尼，抵达苏瓦松，逼近巴黎。帝国军队深入法国过远，补给短缺，而且缺少英格兰军队的配合，查理五世于是接受弗朗索瓦一世的议和提议。——译者注

③1544年9月，法国与帝国缔结《克雷皮和约》（*Trêve de Crépy*）。和约规定：两国维持《尼斯停战协定》时的边界；弗朗索瓦放弃对那不勒斯、佛兰德与阿图瓦的所有权；查理放弃对勃艮第公国本部的所有权；弗朗索瓦承诺协助查理对付土耳其人。在秘密条款里，弗朗索瓦还承诺支持查理对德意志新教徒的战争。——译者注

④根据《克雷皮和约》的规定，查理五世应安排奥尔良公爵查理与女儿玛丽（1528—1603）或者其弟罗马人国王斐迪南（1503—1564）之女安娜（1528—1590）联姻，嫁妆包括米兰公国、尼德兰与佛朗什-孔泰。翌年奥尔良公爵查理去世，《克雷皮和约》成立的政治基础其实不复存在。——译者注

我的祷告，没有忘记我。征服、子嗣、守护、权力，全都拜你所赐。”

弗朗索瓦一世喜爱享受。拥有天生尊荣的耀眼光芒，享受民众投来的崇拜眼光，他原本想在辉煌和快乐中享受光阴，在生命力持续、快速而充分的运转中度尽岁月。可是，他不得不同时进行一件大事业，把他自己献给了它。他的一生就是持续的战斗，就是一场政治和军事的角逐。年轻时的愿景“最高奖励”，他终生都未能摘取，这是因为他的对手睿智、冷静、从不松懈而且胸怀韬略。但是，在同查理的对决中，他维护了王国的权力和声望——这正是他追求并实现的理想，也是他的臣民愿意服从他的秘密原因。他历其民之所历，思其民之所思，感其民之所感，他的命运起伏、他经历的危险和损失以及他的成就都属于他的国家。

1547年3月31日，弗朗索瓦一世薨逝。亨利二世继承王位。

第六章

亨利二世时期的国际局势

亨利二世同样身材高挑、体格俊美。他也像他的父亲一样醉心于打猎和比武。每周他都出门狩猎若干回，甚至连续驰骋七小时，只为追逐一头鹿，以至于把坐骑累瘫。他披坚执锐地参加宫廷内举行的所有竞技比赛，直到打断长矛为止。如果有外来的著名骑士登场，他肯定要亲自与之过招。他在沙场上表现出的勇猛也是毋庸置疑的。有人曾看见他在最危险的地方同敌人搏斗而不退缩。

可是，包裹父王的耀眼光辉却没有让他沾到光。关于亨利，没有像马里尼亚诺战役那样的战绩可供津津乐道；他对科学和艺术也一无所知；开口讲话而不冒犯他人，这已经是他能做到的极限了。但是，他对友人忠诚，并且坚持己见。他也不缺乏勤奋工作的精神，每日都花数小时主持例行的政务会议。他可以在用餐时与人谈论私事，餐后接见公使。他生性严肃，旁人很少看到他的嘴角扬起微笑。对待其他任何事物，他的表现都像一名军人。他最关注和了解的事物也只有士兵而已。

他的一生被一段异乎寻常的关系掌控，即他同一位年长他许多岁的妇人普瓦捷的狄安娜[①]的关系。这段关系源于他的少年时光，并且持续终生。始于激情，终于友爱。宫中有人宣称，维系年轻国王的荣誉意识与男性美德，激励国王原本迟钝的精神，普瓦捷的狄安娜功不可没。归功于她的另一项功绩更加出人意料：有人称，正是普瓦捷的狄安娜维持了亨利与王后的相互谅解[②]。王室的繁衍正取决于亨利与王后的关系，所以纳瓦拉的玛格丽特在一封致狄安娜的信中称，法国王室对她的感谢超过对世界上任何女人，或许就在暗示此事。狄安娜仿佛一位年长的闺友，在王后产褥和患病期间给予悉心的照料。我甚至找到一些说法，形容她如女仆一般伺候王后[③]。国王没有一天不去拜访她，与她商讨军国大事。

亨利二世还有一位男性密友——大司马蒙莫朗西。两人很早就意气相投。一次委派给还是王子的亨利的针对皮埃蒙特的军事行动之所以取得成功，是因为大司马把最精锐的部队调拨给他指挥。亨利从此获得了很高的声望以及与其出身相匹的职务，但亨利认为这些都应归功于大司马。在弗朗索瓦一世那里，蒙莫朗西不受待见，国王甚至判定他有罪，认为他不满足于国王交给他的权力，而是意欲自立为王。各种迹象表

---

①普瓦捷的狄安娜（Diane de Poitiers，约1499—1566），亨利二世的情妇，年长亨利十九岁（可比较：万贵妃比明宪宗年长十七岁）。狄安娜的丈夫路易·德·布雷泽（Louis de Brézé，？—1531）在她刚过而立之年时就去世了。亨利入主东宫后，她公开成为他的情妇；1548年被封为瓦伦蒂诺女公爵；1553年被封为埃唐普女公爵，成为新一代“埃唐普夫人”。——译者注

②马里奥·卡瓦里记述道：“人们相信这份爱是伟大的而不是淫荡的。夫人（狄安娜）仿佛孩子的母亲，塑造、纠正、劝诫、激励着王子，使他能像一个王子那样去思考、去行动。”——原注

③兰克提到的“一些说法”，根据他的原注，是基于威尼斯公使洛伦佐·康塔里尼（Lorenzo Contarini）1552年的与贾科莫·索兰佐（Giacomo Soranzo）1557年的外交简报。——译者注

明，埃唐普夫人曾参与推动蒙莫朗西的倒台[①]。她是狄安娜和亨利的对头，自然也就是大司马的对头。可是，弗朗索瓦一世去世后，蒙莫朗西就再次登场，仿佛他是上天赐予新国王的良师益友。他很快进入角色，水到渠成般地接管了国家大事。即使到了高龄，蒙莫朗西也满怀年轻人一般的干劲。他有一言九鼎的权威。即使决议是当着国王的面经过充分商议后做出的，一旦他认为存在更好的解决办法，就会理直气壮地改变决议。彼得罗·斯特罗齐[②]曾因一次这样的场合而谴责蒙莫朗西顽固自专，大司马的回答却十分简单：局势不同了。对国王来说，这样的回答已经足够，无须再赘言。他深信，大司马对各类事务的理解是最为透彻的。

后文在谈论宗教事务时，我们还会回顾上面提到的这些大人物，以及与他们相关的其他人物，比如两位吉斯公爵。在这里，我们先考察新国王与他的朝廷如何处理弗朗索瓦一世遗留下的正处于胶着状态的对外关系。

在军事和政治方面，亨利二世在很长一段时期内都远比他的父亲走运。

弗朗索瓦一世不得不听凭英格兰人占领布洛涅许多年[③]，这对法国而言如芒在背，何况英格兰人还占据着加莱。

亨利二世即位后，法国人首先对英格兰人发难。

---

①1538年，蒙莫朗西被任命为大司马。作为法国的“鸽派”，他推动了同年《尼斯停战协定》的签订。《尼斯停战协定》没有解决米兰公国的继承权问题。1540年3月，镇压根特叛乱后的查理五世向弗朗索瓦提出新的方案：通过玛丽公主与奥尔良公爵查理的联姻，以尼德兰继承权换取法国放弃米兰。弗朗索瓦拒绝了，他希望联姻的嫁妆是米兰（后来在1544年的《克雷皮和约》中实现）。1540年10月，查理五世把米兰公国赐封给儿子腓力（后来的西班牙国王腓力二世），弗朗索瓦的期待破灭，这直接导致了蒙莫朗西的失宠。1541年，蒙莫朗西退休。弗朗索瓦一世转而向埃唐普夫人和图尔农枢机主教弗朗索瓦（François de Tournon，1489—1562）咨询军政大计。根据兰克的原注，关于蒙莫朗西离职背景的记述见于威尼斯公使马太·丹多洛的外交简报。——译者注

②彼得罗·斯特罗齐（Pietro Strozzi，1510—1558），出身佛罗伦萨斯特罗齐家族的法国军队统帅。1555年获“法兰西元帅”（maréchal de France）头衔。——译者注

③1544年9月，就在《克雷皮和约》签订的同期，亨利八世的军队攻占了布洛涅。在查理五世的调停下，法国和英格兰于1546年6月签订《阿德尔条约》（*Traité d'Ardres*）。两国约定，只要法国向英格兰付清两百万埃居的补偿，英格兰应在八年后把布洛涅归还法国。亨利二世认为，把布洛涅割让给英格兰八年是不可接受的。——译者注

法国人开始抵制英格兰人向苏格兰不断推进的优势，着手与苏格兰结成牢固的盟友关系[①]。彼得罗·斯特罗齐利用新组建的海军把法国军团运至苏格兰，受到仇视英格兰的苏格兰众领主的热烈欢迎。苏格兰的领主们建议年轻的女王[②]与法国王储联姻，并且命人把女王送去法国。当时，苏格兰女王与法国王储都尚在冲龄。女王的母亲来自吉斯家族[③]，不久后就执掌了苏格兰政府，配合执行法国的对外路线，尽管也经历过一些摇摆。人们充满信心地预测，即使下一任法国国王还不能统治苏格兰，但具有苏格兰血统的再下一任想必就可以了。

法国人的行动之所以一帆风顺，主要是因为英格兰的新君年幼[④]，而当时的宗教分裂状况也加剧了英格兰国内的动荡。法国人不会错失这一良机，在与英格兰这个大国的争端中，局势对法国相当有利。蒙莫朗西尤其清楚地洞察到了这一点，他力排众议，坚决要求同英格兰开战；与此同时，英格兰却刚刚削减了海外领地的守备部队。在返回领地的强烈愿望的驱使下，从那些领地外逃的或被驱逐的法国贵族都赞成大司马的行动——这不是一个国家向另一个国家的宣战，而是一个民族对另一个民族的斗争。没费太大的力气，法国就收复了属地：布洛涅四面楚歌，英格兰政府甚至认为有必要放弃它，仅为换取上一个条约[⑤]规定的法国赎回布洛涅应付金额的五分之一；同时放弃的还有亨利八世多年前索求的款项，而支付那笔钱就相当于承认英格兰国王拥有法国王位的继承权[⑥]。

在条约的执行过程中，尤其在边界的划定方面，两国之间不乏争吵

---

①1560年，法国与苏格兰签署共同反对英格兰的《爱丁堡条约》。——译者注

②即玛丽·斯图亚特（1542—1587），她在1543年继承王位。——译者注

③玛丽女王之母是玛丽·德·吉斯（1515—1560），洛林的克洛德之女。——译者注

④即1547年还不到十岁就登基为王的爱德华六世（1537—1553）。——译者注

⑤即《阿德尔条约》。——译者注

⑥《阿德尔条约》规定，亨利八世应得到1525年《穆尔条约》（*Treaty of the More*）所承诺的分期支付的两百万埃居津贴。《穆尔条约》是在弗朗索瓦一世被羁押期间由萨伏依的露易丝与亨利八世在托马斯·沃尔西的斡旋下签订的：英格兰通过收取法国津贴，放弃对法国的领土要求。——译者注

与冲突。如前文所述，法国方面蠢蠢欲动，准备重新开战。在经历过如此多的入侵之后，法国人如今准备反过来渡海入侵不列颠了。法国的行动在爱尔兰得到理解；只要法国一声令下，苏格兰人就会跨越与英格兰的边界。法国人甚至还掌握了英格兰先王在位时在国内兴建的各处要塞的图纸，并且派人考察了泰晤士河的航道。一位曾长期供职于亨利八世朝廷而如今被驱逐的佛罗伦萨人提供的资料更坚定了他们实施入侵计划的信心[①]。

正当此际，一个能战胜法兰西死敌的前景出现了。在法国人看来，他依然是最重要、最危险的头号敌人。

查理五世在意大利实施政治压迫，在德意志则一手粗暴镇压民族意识，一手推行宗教高压。他的政策在两地都引发了不满的骚动。法国朝廷不仅接纳了一些流亡的德意志军队统帅，还寄居了许多意大利移民。后者包括那不勒斯的安茹党人，因为他们的产业被剥夺，法国国王就支付了他们一笔补助金；还有米兰人，其中有些是优秀的军人，有些是大学者；另有支持美第奇嫡系的佛罗伦萨人，他们谋划推翻科西莫公爵的统治[②]。当初迎娶卡特琳·德·美第奇时，亨利就决定为美第奇家族建立

①此处的“佛罗伦萨人”是指来自佛罗伦萨的军事工程师乔万尼·波提纳里（Giovanni Portinari，约1502—晚于1572）。他至少在1526—1547年间始终为英格兰政府效力，为亨利八世拆除各地天主教会建筑立下功劳；后失宠，转而为法国效力。兰克关于此处的原注指出，当时英格兰的公函里确实提到了为亨利八世效力的名为Portinary的佛罗伦萨人。——译者注

②《康布雷和约》之后，美第奇家族恢复了在佛罗伦萨的僭主统治。为了加强佛罗伦萨与帝国的关系，查理五世把佛罗伦萨共和国转变为公国，以美第奇家族为世袭公爵。首任佛罗伦萨公爵亚历山德罗·德·美第奇（1510—1537）是洛伦佐二世·德·美第奇之子，也是卡特琳王后之兄。有人相信他是克莱芒七世的私生子。亚历山德罗生活骄奢淫逸。1537年，他被出身美第奇家族旁支的洛伦奇诺·德·美第奇（Lorenzino de' Medici，1514—1548）以“为共和国诛暴君”的名义暗杀，但后者的支持者寥寥。亚历山德罗没有子嗣。佛罗伦萨的显贵们经过一番运作，推举出身美第奇家族旁支的年仅十八岁的科西莫·德·美第奇为公爵。科西莫的父亲是著名的教皇雇佣兵队长“黑带乔万尼”（Giovanni dalle Bande Nere，1498—1526），母亲是豪华者洛伦佐的外孙女玛利亚·萨尔维亚提（Maria Salviati，1499—1543）。选择科西莫作公爵，既有良好的名声，又便于显贵们控制。但科西莫很快令人刮目相看。1537年，在外流亡的美第奇嫡系党人以及共和党人企图在法国的支持下推翻科西莫，但被他很快挫败。查理五世很快承认科西莫的公爵名分，条件是佛罗伦萨在意大利战争中支持帝国。——译者注

一个强大的君主国。眼下，法尔内塞家族也请求他伸出援手[①]。这似乎是一个天赐的良机，国王将完成他还是王子时未竟的洪业。此外，在皇帝打击新教捍卫者的战争中，实力最强的几个诸侯由于宗教或政治的原因叛离了他们原本支持的皇帝[②]，现在他们都毫无顾虑地把法国国王引为强援[③]——这是所有可预见的前景里面最美妙的一个。

亨利二世盟友的实力比支持过其父王的任何联盟都更加强大。他兴兵进攻他的死对头，后者对他没有戒心，竟然全无应战的准备。亨利二世的进军势如破竹。貌似已经得到巩固的强大帝国被一举击溃，只好一边把独立地位归还给德意志的新教诸侯，一边把自由的政治生活归还给

---

①1545年8月，出身教皇国高门望族——法尔内塞家族的教皇保禄三世把帕尔马公国与皮亚琴察公国授予私生子皮耶·路易·法尔内塞（1503—1547，Pier Luigi Farnese）。皇帝查理五世却打算把两个公国并入米兰公国，没有批准。1547年9月，米兰总督费兰特·贡扎加（Ferrante Gonzaga，1507—1557）暗杀了皮耶·路易，占领了皮亚琴察；帕尔马公国则拥立皮耶·路易之子奥塔维奥（Ottavio Farnese，1524—1586）为公爵。皇帝与教皇关系恶化，保禄三世向法国求助。为此，他把吉斯公爵之子洛林的查理（Charles de Lorraine，1524—1574）擢升为枢机主教。但保禄三世很快去世，1550年新当选的教皇儒略三世（1487—1555）不久要求奥塔维奥交出帕尔马，后者向亨利二世求援。——译者注

②虽然信仰新教，萨克森公爵莫里茨（Moritz von Sachsen，1521—1553）却没有加入新教诸侯的联盟，反而长期与皇帝暗通款曲。这与统治萨克森诸邦的韦廷家族两个支系的内讧有很大关系。1485年，萨克森选侯恩斯特（1441—1486）与他的兄弟果敢者阿尔伯特（1443—1500）签约分割萨克森、麦森和图林根各处领地，史称"莱比锡分疆"（Leipziger Teilung）。其中，维滕堡、埃森纳赫、魏玛、哥达归恩斯特，德累斯顿、莱比锡、麦森归阿尔伯特。韦廷家族也从此分为恩斯特系（Ernestiner）和阿尔伯特系（Albertiner）两支，皆称公爵，选侯尊位归前者。莫里茨属于阿尔伯特系。在宗教改革时代，选侯智者腓特烈三世（1463—1525）曾是支持查理五世登基为帝的重要功臣，但是他也庇护马丁·路德。其后三任恩斯特系公爵，即笃定者约翰（1468—1532）、约翰·腓特烈一世（1503—1554）与约翰·腓特烈二世（1529—1595），都信奉新教。1531年，笃定者约翰与其他新教诸侯缔结施马尔卡尔登同盟（Schmalkaldischer Bund）。1546年，与弗朗索瓦一世媾和后的查理五世转头与同盟大战，史称"施马尔卡尔登战争"。为此，查理拉拢莫里茨，许以他选侯尊位。莫里茨最终站在皇帝一方出兵征战。1547年4月，施马尔卡尔登同盟在穆尔贝格战役（Schlacht bei Mühlberg）中战败，萨克森选侯约翰·腓特烈一世降。根据《维滕堡降约》（*Wittenberger Kapitulation*），恩斯特系割让大量领地给阿尔伯特系，选侯尊位也永久转给后者。莫里茨如愿以偿，但也被新教徒指责为"犹大"。之后，他走向皇帝的对立面，成为新教诸侯的领袖之一。——译者注

③1552年1月，亨利二世与四位德意志新教诸侯秘密签订《尚博条约》（*Traité de Chambord*）。亨利二世给新教诸侯提供补助金，换取他们对自己占领梅兹、都尔和凡尔登三个主教区的支撑。四位签约的新教诸侯是萨克森公爵莫里茨、梅克伦堡公爵约翰·阿尔布雷希特一世（Johann Albrecht I. von Mecklenburg，1525—1576）、勃兰登堡-库尔姆巴赫藩侯阿尔布雷希特二世·亚西比德（Albrecht II. Alcibiades von Brandenburg-Kulmbach，1522—1557）与当时尚未即位的黑森-卡塞尔的威廉（Wilhelm IV. von Hessen-Kassel，1532—1592）。——译者注

意大利诸邦。在德意志和意大利之间，法国再次崛起为大国。

尽管国王声明愿意保护德意志的自由，却在第一次进军时强占了靠近法国的三个德意志城市梅兹、都尔和凡尔登①。借口是皇帝将为其家族的好处利用它们，迫使它们接受一种几乎等同于卑躬屈膝的保护关系。深陷内部纷争的神圣罗马帝国毫无防备地把这几个地方拱手让给了最危险的邻国。后来，无论付出怎样的努力，帝国都没能再收复它们。

在国际形势的变化中，锡耶纳抓住了有利时机，成功摆脱了皇帝的控制②。支援法尔内塞家族的法国军队很快就到位了，这使他们得到了有力的保护③。可是，面对佛罗伦萨公爵科西莫的武力、诡计，还有西班牙军队，法国军队无力保卫锡耶纳④。不过他们守住了蒙塔尔奇诺，使锡耶纳共和国一息尚存⑤。在众多意大利阵地之中，他们还守住了马里马海岸。

既然热那亚不打算脱离皇帝，法国人就有了进攻当时还隶属热那亚的科西嘉岛的理由。除了零星的几处地方，法国人占领了全岛，阿雅克肖也落入他们之手⑥。

此外，法国人还占据着皮埃蒙特。在奥斯曼土耳其人，尤其阿尔及尔迪伊的协助下，法国在地中海的实力胜过了西班牙，在英吉利海峡的

①1552年2月，亨利二世以保护德意志的自由为名，悍然出师占领都尔、梅兹和凡尔登三个主教区。法军继续进攻，在斯特拉斯堡遭遇了抵抗；同时，帝国从尼德兰入侵香巴尼，迫使法军折返。——译者注

②1526年，通过干预当时的共和国党争，查理五世在锡耶纳驻扎了一支西班牙卫戍部队。1552年7月，在法国的支持下，锡耶纳市民驱逐了西班牙人。8月，法国军队驻进锡耶纳。——译者注

③1551年9月，皮埃蒙特的法国驻军突然突破帝国的防线，抵达已陷入帝国军队重围的帕尔马，搭救奥塔维奥·法尔内塞。在教皇儒略三世的调停下，法国与帝国停战，帕尔马公国仍归奥塔维奥。——译者注

④对于佛罗伦萨公爵科西莫而言，收容大量佛罗伦萨政治流亡者的锡耶纳共和国始终如芒在背。1553年1月，科西莫指挥帝国军队包围了这座城市。7月，法国和土耳其联合舰队进犯托斯卡纳海域，科西莫撤兵。1555年4月，锡耶纳在坚持抵抗十八个月后投降，人口从四万锐减到八千。锡耶纳从此由科西莫以皇帝的名义代为统治。1559年，科西莫支付了腓力二世一大笔钱，最终完成对锡耶纳的兼并。——译者注

⑤锡耶纳投降后，有七百个家庭不甘心失败。他们退守蒙塔尔奇诺，维持运作一个袖珍的影子共和国，直到1559年被佛罗伦萨公国兼并。——译者注

⑥1553年8月，科西莫从锡耶纳撤兵后，法国和土耳其联合舰队就转而进犯科西嘉。8月末，基本占领全岛。但从第二年开始，热那亚就实施了有力的反击。双方在岛上与周围海域胶着多年，直到1559年的《卡托-康布雷奇和约》规定把科西嘉交还给热那亚。——译者注

实力也胜过英格兰。此外，国王还派人到巴西建立了一块殖民地[①]。

法国王权在其最兴盛的年代所享有的优势好像都回归了，即使勃艮第-西班牙庞大、自负的联合势力也甘拜下风。此时，一名极端憎恶哈布斯堡家族的高级教士登上圣座[②]，他制订计划，企图在法国的帮助下，把哈布斯堡家族的势力逐出意大利，并且把那不勒斯归还给法国[③]。

可是，不久之后，帝国也展现出庞大的军力。一位年轻的君主费尽心机，把各支武装力量整合起来。命运不再垂青垂垂老矣的皇帝，却眷顾他的儿子腓力二世。他挽救了那不勒斯与他在意大利北部的势力[④]，又在尼德兰屡战屡胜[⑤]。法国的首席重臣兼军队总指挥、大司马蒙莫朗西本人也成了腓力二世的俘虏。

1558年，原本的大好局势被完全颠覆，人们不得不质疑法国还能否在这场战争中支撑下去。

正如我们所见，弗朗索瓦一世仅能通过加征税收维持战争能力，此举动摇了作为国本的国内秩序。但是，亨利二世的征战造成的消耗远多于往昔，何况他还不像他的父亲那样具有精打细算的头脑。有人计算

---

①1555年，在亨利二世和海军上将科利尼的支持下，一支法国小舰队在今巴西里约热内卢与卡波弗里奥（Cabo Frio）之间建立了一小块殖民地，称为“法国南极领地”（France antarctique）。但是，法国的行动打破了1493年教皇亚历山大六世为协调西班牙和葡萄牙在新世界的势力范围而划定的“教皇子午线”。经过多年缠斗，葡萄牙王国的巴西总督在1567年把法国势力全部赶出了巴西。——译者注

②指教皇保禄四世（1476—1559），出身那不勒斯的卡拉法家族，1555年当选教皇。他对西班牙在那不勒斯的统治深恶痛绝。——译者注

③1555年12月，法国与保禄四世签约，结盟对抗西班牙。教皇同意把那不勒斯王国和米兰公国分别赐封给亨利二世的两个儿子，亨利二世则支持教皇取得锡耶纳。——译者注

④1555年12月，腓力二世新任命的米兰总督阿尔巴公爵斐迪南·阿尔瓦雷斯·德·托莱多（Fernando Álvarez de Toledo，1507—1582）决定先发制人，从那不勒斯发起进攻。1556年9月，西班牙军队攻入罗马涅，震慑教皇。1557年中，阿尔巴公爵在皮埃蒙特击退吉斯公爵率领的法国军队。8月，随着法国军队调走支援北部战场，阿尔巴公爵直捣罗马，逼迫保禄四世于1557年9月签订城下之盟，承诺不再反对腓力二世。——译者注

⑤1557年2月，亨利二世向腓力二世宣战。6月，西班牙-尼德兰军队攻入法国境内。8月，双方在圣康坦激战，法军大败。大司马蒙莫朗西与圣安德烈元帅（Jacques d'Albon de Saint-André，1505—1562）被俘。——译者注

出，亨利二世一年的战争成本相当于弗朗索瓦一世的四年。至1558年，总债务已高达三千六百万利弗尔，年度结算的赤字增至二百五十万利弗尔。国王只好与三个等级的代表召开显贵会议[①]。会议决定弥补亏空，亨利需要三百万利弗尔，其中教士等级承担一百万利弗尔，第三等级承担另外两百万利弗尔。可是，即使常规的税收加派都必须依靠高压政策和暴力手段才能贯彻，更何况这次非比寻常的征缴！贵族等级不仅服役参战，还被要求支付战俘的赎金（低等贵族的赎金一万金塔勒，大贵族的赎金十万至二十万金塔勒），深感无力。所有的重压都落到农民的肩头。根据当时人的描述，农民纷纷逃离乡村，躲避无法承受的重压。

西班牙和尼德兰的状况也不见得更好。1558年，西班牙军队的使用已至极限，大批军队被投入战场，规模空前，却未能给法国人造成太大的损失。这个局面迫使双方认识到，他们都无力继续有效打击敌人了。法国不打算屈服，西班牙-勃艮第联合体也不准备解散。必然在对峙中共存的两大强国签订了合约。

恰恰是这种实力和运气的均衡使协议的达成变得困难。

西班牙要求法国退还所有的占领地，特别是那些位于萨伏依-皮埃蒙特的占领地。但是法国已经对占有它们习以为常，仅愿意从法国国内划地补偿萨伏依公爵。西班牙如何能容许一位命运休戚相关的君主仅仅获得独立地位无法保障的领地作为补偿？法国势力继续盘踞在意大利，西班牙又怎能容忍？西班牙的谈判前提是缔造持久的和平，只要法国不吐出皮埃蒙特，西班牙就认定这是法国企图在意大利重燃战火的证据[②]。西

①指1558年1月在巴黎召开的显贵会议。——译者注

②萨伏依问题是和谈的焦点。腓力二世和萨伏依公爵艾曼纽·腓力贝托（Emanuele Filiberto di Savoia，1528—1580）坚持法国恢复萨伏依公国全境。为了削弱萨伏依公爵与西班牙国王的联系，亨利二世提议其妹贝里女公爵玛格丽特（Marguerite，1523—1574）与艾曼纽·腓力贝托联姻，以此作为恢复萨伏依-皮埃蒙特公国的条件。艾曼纽·腓力贝托接受了。——译者注

班牙人主张以山脉作为真正的大国边界，虽然一方可以暂时翻越过去，却难以在其另一侧立足。他们想通过条约确认，阿尔卑斯山与比利牛斯山一样都是国与国的边界。

法国人犹豫是否要做出这么大的让步。直到1559年3月，还有人担心整个谈判可能破裂。如果法国人在阿尔卑斯山的另一侧得不到补偿，他们几乎不可能同意西班牙人提出的条件。

在战争中，英格兰再次站在西班牙一边。因为西班牙国王也是英格兰女王的丈夫，两国理应休戚与共①。这反而给法国人突然袭取加莱和吉讷提供了口实②。这两地就是英格兰大陆占领地的最后残余。英格兰人不得不从这些地区全部撤出；法国又移民过去，将其填满。现在，法国人再次成为这片完整的土地的唯一主人，并且下决心再也不让出其中的一寸。王国的所有等级都与国王同心同德。

腓力二世本不能容忍听任法国人占领其盟友们的原有领地。他要求法国退还的领地亦包括加莱。然而局势丕变，腓力二世之妻玛丽女王薨逝，而她的继任者伊丽莎白不愿谄媚西班牙，使腓力二世不能继续把英格兰的国事完全当成西班牙的国事来处理。英格兰人称，他们占据加莱其实有利于西班牙对尼德兰的统治，阿尔巴公爵完全赞成这一说法。他同时也注意到，假如把加莱再从法国人手里夺走，难免要打一场包含六到七场战役的战争，而当前几乎没有支持这场战争的资源。伊丽莎白担心西班牙单方面与法国媾和，为了避免独撑战局，她狠心把加莱让给了法国③。她原本打算允许这种状态持续一段时间，可是事件的性质已经不

---

①1554年，信奉天主教的英格兰女王玛丽（1516—1558）与腓力二世成婚。在1557年的战事中，玛丽不顾御前会议反对，派军支援腓力二世。——译者注

②1558年1月，从意大利返回并接替被俘的蒙莫朗西执掌军队的吉斯公爵攻占加莱和吉讷。——译者注

③加莱问题是1558—1559年和谈的另一个焦点，法国和英格兰皆立场强硬，西班牙支持英格兰，谈判一度濒于破裂。1558年11月，英格兰女王玛丽去世，即位的伊丽莎白一世为了更好地应对国内外的困局，最终体面地放弃了加莱。——译者注

容更改——加莱再也没有退还给英国。

就像法国和西班牙以山脉为界，在这里，国与国的边界是大海的波涛，更加不可逾越。

如何处置被法国占领的三个主教区，这对西班牙国王而言不是难题。在费心争取帝位却徒劳无功之后[①]，腓力二世就不愿再捍卫帝国的利益以及帝国正当的领土要求了。他直截了当地表示，那些事情与他无关。

不可否认，对现在的法国而言，守住三主教区和加莱比保住皮埃蒙特更加重要。加莱是海上防卫英格兰的桥头堡，梅兹是抵挡德意志的最佳要塞。

1559年4月2日签署的《卡托-康布雷齐和约》尽管提供了诸多好处，却仍然在法国激起强烈的不满和指责。因为，与法国竞争的大国没有像人们预期的那样就此解体，它依然存在，而且依然十分强大。

西班牙勉强接受的不利条款仅涉及它昔日的盟友。根据和约，法国仅允许在意大利保留萨卢佐与一些位于皮埃蒙特的要塞，而法国对皮埃蒙特要塞的支配权还需要与萨伏依公国商议。可以说，西班牙王国获得了一个更加稳定、威胁更少的地缘形势。最重要的胜利果实——在意大利半岛的优势，目前依然掌握在勃艮第家族后裔的手中。

显然，这场大规模的国际冲突没有决出最后的胜负，世界即将陷入又一场动乱。为了更好地讲述它，我们首先需要就法国国内政治和宗教信仰方面的攸关大事做一番梳理。

---

①在1550—1551年的奥格斯堡帝国会议上，查理五世试图说服诸侯推选他的儿子腓力为罗马人国王，但遭到1521年起就继承哈布斯堡家族德意志领地的斐迪南的坚决反对。选侯们也难以接受一个西班牙人成为德意志的君主。查理五世最终放弃了让儿子继承帝国的想法。——译者注

第三编

法国的宗教改革实践

新教是否应当兴起，这对熟稔历史的人而言根本不是一个问题。当代天主教的发展甚至也可以归功于新教的兴起，几个世纪内天主教与新教没有对峙，这反而不可想象了。就像最近几个世纪内新出现的王国都建立在日耳曼世界与拉丁世界的斗争之上，等级化的体制诞生于民族迁徙和形成的暴风骤雨之中，社会等级体系和城市同盟孕育于普遍的自主权和暴力带来的危险里。上帝的奇妙让世间万物皆有其时。在欧洲文明内在要素的驱动之下，新教孕育而生，恰逢其时。试图以肯定不是宗教的对立面，它面对一个已经世俗化的教士阶层，试图以更崇高、更无私的方式把握宗教，把信仰从偶然形成的等级体制还原到其原本的内核与普世事业上去。

然而，这个使命存在于新教的本性之中，而它的本性正是唤起最危险、最艰苦的斗争。

因为，问题不光出在天主教会的内部，而在于凌驾一切之上的政教联合体，所以这个问题在很大程度上是政治性的。

即使在思想深邃、受神启示的智者与团结一致的民族意识的指引下，德意志也只是部分完成了这项事业，其中的过程充满血腥的斗争；那么，王权与教权紧密结合已达数世纪之久的法国又如何能避免这一切呢？

区别也许在于，拉丁诸民族的教会虽然并未先于国家而存在，但教会历史却比现有的国家和王权更悠久；日耳曼诸民族教会的建立反而有赖于君权的支持。

这些运动深植在整个欧洲文明生命和思想的土壤里，一旦触碰到拉丁民族，尤其法兰西民族精神里的活跃的血脉，就会不可避免地爆发出来。

第七章

宗教改革的最初涌动

雅克·法布里[1]可被视为法国宗教改革的鼻祖。当国王率领骑士投身意大利战争的时候，他也去意大利游历了几次，为的是掌握那里新近觉醒的求知方法。与许多德意志学者相似，法布里通过阅读古典作家，叛离了传统的修士教导与经院哲学的方法。许多勤奋的学生云集在他的周围。法布里容貌不扬，甚至可谓鄙陋，但是他满腹经纶、举止儒雅、性情温厚，所以气质尊贵。他环顾四海，远方和眼前的世界都遮蔽在迷信的长夜里；但是，只要直接学习信仰原典，

①雅克·法布里（Jacobus Faber Stapulensis，1460—1536），其名或按法文译作雅克·勒菲弗·戴塔普勒（Jacques Lefèvre d'Étaples），法国神学家、人文主义者。他首次把圣经翻译成法文。——译者注

就有革新的希望。法布里对他最亲近的学生说，他们将亲身体验到这场革新。他谨小慎微地开始了行动：他既无法戒掉跪在圣像前祈祷的习惯，又寻找理由支持炼狱学说。他的勇气仅限于知识的领域。首先，他敢于脱离拉丁教会传统，转向希腊教会的观点，此举已经触及一个具有争议性的问题；然后，他从保罗的书信里摘出了称义和信仰的基要，这些与当时对善行客观价值的主流见解存在无法否认的矛盾；同时期奋起活跃的路德则让那些基要原理一下子具备了世界性的意义。法布里每天总是以永不枯竭的精神活力开展研究工作。他得享高寿，晚年着手翻译圣经，为圣经的法文译本翻译奠定了基础。他在撰写那些译文时已经年逾八十了。

起初只有文字上的背离，然而，没过不久，已广为人知的新信仰也在法国迅速进入日常生活，神秘主义与实践合为一体。主教的权力机关本身看上去也乐意对这种改良表示关切。掌管一个庞大教区的莫城主教纪尧姆·布里科内[①]是法布里的老朋友，也同他一样信奉因信称义，并且基于称义的原理反对行为称义。尽管布里科内天性喜好静思，但是他仍然在他的教区内以称义为旨实施宗教改革。布里科内无法忍受属下的神甫只谈论他们的权利而不关注义务。那些多嘴的神甫只宣讲能带给他们好处和利益的观点。布里科内打算解除一批教士的职务，以便与法布里及他的学生法雷尔[②]、鲁瑟尔[③]、达兰德[④]紧密合作，共同改革信仰生活与教义。随着马丁·路德的著作传入法国，这些门徒尤其热心。布里科内想

①纪尧姆·布里科内（Guillaume Briçonnet，1470—1534），同名的法国枢机主教（约1445—1514）之子，倾向教会改革。1518年，他开始接受伊拉斯谟与法布里的影响。在纳瓦拉王后玛格丽特的庇护下，布里科内把法布里与他的同工请到莫城，实践改革。——译者注

②纪尧姆·法雷尔（Guillaume Farel，1489—1565），法国著名布道家，宗教改革家，生于多菲内的加普（Gap），先后在莫城、梅兹、纳沙泰尔、日内瓦等地布道，晚年成为加尔文的同工。——译者注

③杰拉·鲁瑟尔（Gérard Roussel，约1500—1550），法国神甫、人文主义者、宗教改革家，晚年任奥尔良主教。——译者注

④米歇尔·达兰德（Michel d'Arande），生卒年份不详，法国神学家。——译者注

做一位名副其实的主教，所以他亲自布道。

正是在法国，这一切努力都势必遭到顽固的抵抗。庞大的神学院坐镇巴黎，向来是拉丁正统的守护者。自从路易九世为贫穷的经师创办索邦学院[①]以来，他们就组成神学院，逐渐发展成一股强大的势力。当13世纪的罗马教会给托马斯·阿奎那封圣时，他们就放弃了所有不符合阿奎那体系的学说，严格遵循他的教导，认为它照亮教会仿佛太阳照耀月亮。这些神学家顺服旧时的规条，恪守不渝。阅读任何非明文为学校指定的书籍的行为，都被他们视作上帝厌恶的行径。任何对惯例的背离都将遭遇他们决不妥协的抵制。他们谴责过帕多瓦的马西里奥[②]、革新教义的唯名论者、革新灵修生活的自笞派、威克里夫和胡斯。布拉格的耶柔米[③]在被他们审判前逃之夭夭。15世纪至16世纪初，索邦神学院几乎负起对整个教会的教义学说实施监督的责任，与每一次改革做斗争。在同科隆多明我会的论战中，罗伊希林[④]一度期待巴黎大学的声援，因为他在那里上过学，又通过自己的著作也为它增添过荣誉，但是他想错了。正所谓：母校撞开了她的儿子，为的是不让她的姐妹——科隆大学跌倒。像路德那样给予现行体制决定性的一击，又怎能不激起他们全力的反抗与压抑的怒火？1520年，当路德的论战文章提交到他们面前时，神学院似乎已经预见到将会发生怎样的事情，于是任命了一个专门处理信仰事务的代表团。康斯坦茨宗教会议期间也曾推举过类似的团体。代表团的报告称，马丁·路德由于蔑视康斯坦茨宗教会议上博士们的意见以及大

---

①索邦学院（Collège de Sorbonne）创建于1253年，以路易九世的王家神甫罗贝尔·德·索邦（Robert de Sorbon，1201—1274）命名，是巴黎大学的前身与神学院。——译者注

②帕多瓦的马西里奥（Marsilio da Padova，1275—1342），意大利政论家，主张政教分离。——译者注

③布拉格的耶柔米（Jeroným Pražsk，约1379—1416），波希米亚宗教改革家。曾就读牛津大学，追随约翰·威克里夫。1407年返回布拉格，宣讲威克里夫的观点。当约胡斯受召赴康斯坦茨宗教会议陈述观点时，耶柔米也随之前往。眼见胡斯受审，耶柔米逃离，后来仍被逮回康斯坦茨，被处以火刑。——译者注

④约翰内斯·罗伊希林（Johannes Reuchlin，1455—1522），文艺复兴时期德意志希伯来语、希腊语学者。他积极倡导人文主义，曾成功劝阻皇帝马克西米连一世销毁犹太书籍和抄本。——译者注

会颁布的教令而必须接受处罚，还称他为“逆犯”。报告称，他的僭越必须用锁链和桎梏、火和剑才能涤荡洗净。索邦神学院的代表团前后共存续了半个多世纪，其成员常常更换。它对新教发展构成的重大阻碍几乎不亚于罗马教皇。代表团把异端行为视为民事犯罪，这是它行使权力的基础。而对于掌握刑事司法权的各法院而言，索邦神学院对涉及异端人士和异端书籍的案件的判决有决定性的影响。一度因传播希腊化思想而显得可疑的法布里现在又被视作路德分子。他不愿以异端的身份被传唤，于是投奔莫城主教布里科内。可是，他与他的门徒在那里的所作所为又怎能被容忍？那些对主教心怀怨怼的教士得到了法院的同情。索邦神学院痛批并勒令撤回几篇已在莫城发行的倾向改革的文章。莫城的宗教改革团体无力长久抵御各个对家联合起来的势力，只好彻底解散。布里科内本人则开始考虑适时恢复他作为虔诚天主教徒的名声，然后彻底躲进他自己的神秘学荫翳里①。

维护旧式信仰的机关多多少少能够独立地行使权力。可是，当时不是有一位充满智慧、敢于行动的国王吗？他会在这些冲突中采取怎样的立场？

弗朗索瓦一世不喜欢法院，也不喜欢索邦。他签订的协定②使他与两方都陷入了争吵。最不讨他喜欢的就是教士。弗朗索瓦早有就打算把伊拉斯谟请到身边，授予他一个职位，让他领衔一家科学院。伊拉斯谟正是教会思想方法和教导方式的宿敌。当时的宗教精神也没有让国王无动于衷。他与母亲、姐姐一起阅读圣经。他们认为上帝的真理是真实存在的。有人听见他们评论道，上帝的真理不应被视为异端邪说。宫里有人赞扬路德博士及其著作。索邦神学院抱怨道，追缉异端追随者与消灭异

①莫城的宗教改革实践失败后，布里科内主教决定向天主教会屈服。——译者注

②指弗朗索瓦一世与教皇利奥十世于1516年12月签署的《博洛尼亚协定》，参见前文。——译者注

端书籍的行动在宫中重重受阻。渐渐地，神学权威与王权之间形成了明显的对立。

国王打算限制索邦神学院掌握的印刷品审查权。可是在法院的准许下，索邦神学院把这项权力更紧紧地攥在了自己的手里。

正当索邦神学院要对法布里的一本书做出判决时，国王要求进宫上奏此事。索邦神学院不顾阻拦，还是将该书列入了禁书名单。

莫城改革团体的解散非国王之意，何况他的姐姐还与莫城主教通信，探讨神秘学和宗教。如果鲁瑟尔或达兰德去宫里布道，国王也不反对。

路易·德·伯尔金[①]直接受惠于国王的恩宠。在当时在世的人中，他也许是能以最活泼的方式把伊拉斯谟和路德的理念结合起来的人。他以伊拉斯谟式的含沙射影从宗教和风俗的角度攻击修道院和独身生活制度的失序，且丝毫不加遮掩；他又同时展现出对路德式深邃的认同，赞成一切基督徒皆祭司的名言，狂热地构想恩典、信仰与真正教会共同体的概念。有一次，国王从西班牙班师回朝后不久，就把他从宗教监狱里释放出来[②]了。但是，伯尔金把不向索邦神学院这样的敌人屈服视作荣誉。他在索邦神学院的审判官、那个代表团的首领贝达[③]面前证明他的异端意见其实是正确的。他认为这么做充满男子气概。假使弗朗索瓦一世在新一轮的意大利战争[④]中保持胜利，国王又会怎么做，谁可以预见呢？伊拉斯谟曾告诫伯尔金，国王在国内的威望将因为蒙受败绩而受损。果然如

①路易·德·伯尔金（Louis de Berquin，约1490—1529），法国法学家、人文主义者、宗教改革家。在纳瓦拉的玛格丽特的举荐下，他成为弗朗索瓦一世的秘书；通过与伊拉斯谟的交往，他接触到马丁·路德与梅兰希通的著作。——译者注

②1523年，伯尔金把路德的《论修士誓愿》（*De votis monasticis*）译成法文，被索邦神学院判定为异端人士，旋即遭到逮捕。但是国王干预了审讯，使他最后被无罪释放，但是他的著述均被焚毁。——译者注

③诺埃尔·贝达（Noël Béda，约1470—1537），法国天主教神学家，1520—1534年任索邦神学院院长。他毕生都坚定地站在人文主义者和宗教改革家的对立面。——译者注

④指1525年法国与帝国-西班牙在意大利的战争，弗朗索瓦一世在帕维亚战役被俘；以及1528—1529年法国与帝国的战争。——译者注

此。国王无力再次搭救这位再次受审的被告①。1529年，伯尔金在格列夫广场②上被烧死。向来深受索邦神甫影响的民众没有给予这个不幸的人比其他可鄙的罪犯更多同情。

此事以后，索邦神学院开始有意同国王作对。当古典语言学会终于得以成立时，索邦神学院就企图限制它的活动。卢浮宫内的斋戒布道也因仪轨不够正统而受到神学院的抱怨。在一出经院哲学喜剧里，神学院学生们揶揄国王姐姐的新教倾向。国王本人也被隐晦地指责为异端。一次事件中，弗朗索瓦一世把贝达与他的同伙驱逐出城。可是，他们不久就回来了，继续他们之前的所作所为。但是到了下一次事件发生时，国王又会不由自主地被他们裹挟，共同参与了镇压行动。

虽然国王可以容忍一些对正统的偏离，那么这些偏离也必须是有限度的，既不能有损于等级秩序的原则，又不能伤及圣餐礼的秘密。在同帝国代表的谈判中，国王经常以其国中无异端而自矜。

这时，一些改革家开始公开抨击传统圣礼。无论从所受的恩宠，还是从所掌握的权力以及人数规模上来说，这个群体都不可小觑。呼吁全民皈依的再洗礼派狂飙在席卷了日耳曼大地之后，貌似也在巴黎活跃起来了。不光教士和民众，国王本人也陷入宗教狂热。他以个人身份入城，参加了一次盛大的游行，为中伤至高者的罪行赎罪。这场游行展现出天主教礼拜的全部壮丽。迫害活动死灰复燃。人们称煽动者有罪，其中的十八人必须通过火刑才能赎罪。

这些事变未能阻止国王与德意志新教徒联络。双方不仅寻求政治关

---

①弗朗索瓦一世被囚马德里期间，亚眠大主教多次告发贝尔金的异端论述，国王的一封书函再次把他从审讯中解救出来。1529年3月，巴黎高等法院再次起诉贝尔金，判处他终身监禁。当他第三次寻求国王帮助时，苦恼于意大利不利战局的弗朗索瓦没有及时伸出援手，法官们却改判他火刑。——译者注

②格列夫广场（Place de Grève），得名于法文grève，意为海岸或河岸的沙砾滩。这个广场是前往巴黎塞纳河右岸第一个码头的通道。1802年改名为市政厅广场（Place de l'Hôtel-de-Ville）。在中世纪和近代早期，格列夫广场是巴黎大部分死刑的执行地点。——译者注

系，而且多次举行谈判，以求达成宗教方面的协定。见识非凡、性情温厚的教士在国王的近旁身居高位。他们就像同时代的一所意大利学校，自以为能够约束教权的滥用，同时制造和平。他们期待与新教方面最有和平意愿的人物合作。国王召集双方的神学家，举行了一次真正意义上的自由大讨论。甚至梅兰希通也在宾客之列。只有索邦神学院阻挠双方以任何形式接近。他们恪守基要准则，坚决要求剔除教会里腐烂的肢体，与异端者一切形式的结合都是危险的。与否认信仰基要的异端者讨论，又能带来什么呢？所谓基要准则，就是教会的传统、历代教皇的谕令与宗教会议表决通过的教令。只要高等神学院仍然有权威，在法国举行像在德意志那样的宗教对话就没有可能，更何况和解。

国王身边的圈子里涌动着对新教徒的同情①，当然，其中一部分其实是空头支票。国王本人不具有贯彻教会抱负所需的那种深刻、持久的严肃态度。保卫法国疆土、维持大国地位、与皇帝斗争，这些才是他眼里的毕生使命。怎么能指望他决意反抗教皇，把后者推到敌方的阵营里？既然国王已经倾全国之力抵抗敌人，他就绝不可能再为一种足以将国家撕裂的运动提供方便。

1543年，索邦神学院为布道者颁发了一份指令，它包含一则针对那些引起争议的教条的声明，并采取全然反对新教的立场。国王被说服了，于是批准了它。他不得不避免教义的分裂，因为分裂只会造成动乱。

在弗朗索瓦一世的时代，对正统教义的偏离在很大范围内都得到了默许。可是，没人打算尝试减轻宗教律法的严酷。正是在这位热爱文化、以不流臣民之血为荣的国王治下，恐怖的死刑得以实施，整座城镇

①西班牙公使在1536年11月15日记述道：埃唐普夫人对路德的学说持十分宽容的态度。——原注

的瓦勒度派信徒都被绞死[①]。弗朗索瓦一世一度坚持长期抵制宗教屠杀。可是，就像他的继承人所宣称的那样，他被错误的报告迷惑，而最终让步了。

奇特的是，这位伟大的国王一次都未能办到的事情，他那位权力远不可同日而语的姐姐——纳瓦拉的玛格丽特王后在其有限的领地上尝试推行了，并且有所成效。

在我们的印象里，这位王后拥有把洒脱和优美熔于一炉的写作才华。她的王弟允许她参与一部分政事。威尼斯公使丹多洛认为，她是他在法国见过的最睿智的人，他赞美她对错综复杂的国家事务和宗教问题发表的犀利见解。玛格丽特同样把她的王弟视作男人的典范，她给予他的狂热赞美伴随了国王一生。她分享国王的情感，把他的幸福视为自身抱负的实现。玛格丽特常常凭借她冷静、清醒、不曾被宗教热情蒙蔽的女性智慧优势，成为国王在政事中的得力帮手。不过，她把更加独立的一份关注献给了宗教问题，并且为此著书立言。她撰写的书不探讨炼狱与圣徒代祷，只谈基督的奉献，因而别具一格。她的宗教诗篇[②]带有些许狂热，这令人联想到距离当今更近的一位人物——亲岑多夫[③]，也表达出

①指1545年的梅兰多勒大屠杀（Massacre de Mérindol）。弗朗索瓦一世下令惩罚梅兰多勒村瓦勒度派教徒的异端活动，教皇国（阿维尼翁）与普罗旺斯的佣兵就屠杀了成百上千名梅兰多勒村民。——译者注

②比如1524年发表的短诗集《夜之异象的对白》（*Dialogue en forme de vision nocturne*）、1531年发表的宗教长诗《罪心之镜》（*Le Miroir de l'âme pécheresse*）以及1547年发表的《灵歌》（*Les Chansons spirituelles*）。——译者注

③亲岑多夫伯爵（Nikolaus Ludwig von Zinzendorf und Pottendorf，1700—1760），德意志新教敬虔运动（Pietismus）的重要代表人物。敬虔主义兴起于17世纪下半叶，是德意志路德宗信徒试图改良当时已陷入僵化的正统信仰生活的一场运动。敬虔主义主张信徒追求活泼、实在的属灵生命，认为讲道的重点不应是教义而应是道德，只有在生活上做出虔诚表率的人才有资格牧养信众。亲岑多夫少年时就深受敬虔主义熏陶，渴慕真理。1722年，一支摩拉维亚弟兄会（胡斯运动及波希米亚兄弟会的残存）因遭迫害而迁居德意志，被亲岑多夫收容。他把部分领地送给弟兄会，让他们建立村庄，按照自己的信仰生活。1727年，亲岑多夫重建了弟兄会，成为他们的属灵领袖。新的弟兄会又名“弟兄合一会”（Unitas Fratrum），强调圣经为信仰和行为的唯一准则，重视信徒与基督的灵性联结，提倡友爱互助、人人平等。1732年起，弟兄会开始向欧洲以外的地区宣教。1741年，亲岑多夫亲赴北美传教。——译者注

身处世俗诱惑的、迷茫的受造物在反思与上帝的关系时的真实感受——他们正是从上帝那领受到普遍、丰富的生命的意识。玛格丽特把她对正统信仰的偏离保持在很窄的范围内，小心地避免触及圣餐的秘密。她擢拔鲁瑟尔为奥莱龙主教，后者行事完全合乎她的心意。鲁瑟尔每日布道两三次，创办学校并亲自任教。在他看来，青年才是世界希望的基石。他还把自己的收入同穷人分享。鲁瑟尔的全部信仰都建立在两个有生命力的概念之上：因信称义和无形教会。因此，莫城的事业在索邦神学院触及不到的贝阿恩地区[①]得以延续。纳瓦拉王后也为其他难民提供了收容所，法布里就在离她不远的地方与世长辞[②]。在退隐的生活中，她最大的快乐就是与志同道合的友人研讨圣经及其阐释，直到她感到死亡的来临。她相信死亡已经通过一个异象向她发出了宣告，它显现在一束花里，带有“快了”的字样。

①贝阿恩（Béarn），法国旧省份，位于法国西南的比利牛斯山脚下。——译者注

②1536年，法布里在内拉克（Nérac）去世。内拉克距离纳瓦拉不远。——译者注

第八章

日内瓦宗教改革的历程

有一些讲法语的民族生活在法国之外，在宗教上和政治上独立于法国。在他们那儿，相同的种子结出了更大的果实。

尚未被法兰西王权征服的勃艮第旧疆承认帝国的主权，实际上享有完全的自由。在这里，萨伏依公爵与瑞士邦联各城市的势力范围犬牙交错：一方秉持王权和公教的观念；另一方则是由市民主导的，而且大部分是信奉新教的——即使不是全部。在瑞士的德语区，宗教改革的理念方兴未艾。瑞士的宗教改革虽然从与帝国境内宗教改革相同的原则出发，整体认同路德的改革，但是两者在教义观念与生活模式方面却有所差别。

来自多菲内的纪尧姆·法雷尔曾在莫城效力，是法布里门徒中最有行动力的一位。如今，当莫城的小团体被强行解散之后，他来到瑞士，加入了那里改教者的行列。这些改革者正陷于斗争的中心。他们的观念拓展和坚定了法雷尔原本的信念。改革者感到，他们的教导在往拉丁民族的边界传播时遇到了一个困难——语言不通。他们不知道应该如何克服它。所以，对他们而言，新来者简直是一份难以估量的收获。既然法雷尔不准返回法国，那么他正好可以接手边境罗曼语区的宣教大任。

一次又一次的流亡经历锤炼了法雷尔的热情，他正是这项重任的不二人选。他喜欢在敌人之中突然现身，激怒他们，在狂暴的喧哗的中央口若悬河，在民众愤怒的咆哮声中经受考验。如果教堂对他关上大门，他就在光天化日下布道：在教堂墓地里、在市政广场上、在田野中。偶尔他也能挤进教堂，不顾神甫还在做弥撒，就走上讲坛布道；与此同时，他的同伴们就去打断弥撒的奉献仪式。相传，某一回他从一名神甫手里夺过圣物，投进了水里。

有人在他云游的半道上伏击他。他同暴怒的敌人厮打，鲜血从他的身体里喷射出来，染红了旁边的墙垣。即使被人殴打，法雷尔也没有对圣像进行惯常的敬拜，他认定这是偶像崇拜。即使被人殴打，他也坚持表达相左的意见。这样的人即使无法与使徒相提并论，他们的热情其实也在另一个层面上复刻了使徒之后的异教徒宣教士，就像圣玛尔定。

假如没有瑞士邦联的支持，假如没有伯尔尼市议会以及当地团契的推动和赞助，法雷尔的行动肯定不能取得成功。伯尔尼人在法雷尔的成就中看到了自己的一份贡献。在《第一次卡佩尔和约》[①]的保护下，赞

①1529年的《第一次卡佩尔和约》（*Erster Kappeler Landfrieden*）是在第一次“卡佩尔战争”（Erster Kappelerkrieg）时签订的条约。战争双方是瑞士的天主教邦和新教邦。但是战争没有真的爆发，中立邦的调解下，双方领袖在卡佩尔谈判，士兵们集体喝汤联欢，达成和解，史称“卡佩尔奶油浓汤和会”（Kappeler Milchsuppe）。根据和约，天主教邦承认宗教改革，天主教邦与新教邦和平共处。——译者注

助法雷尔的强大公社以及市民团契的自主运作使得布道家的话语处处见效。渐渐地，法雷尔在埃格勒、穆尔滕、纳沙泰尔以及瓦朗然、穆蒂耶尔实施了宗教改革。他是率先把抗议宗的教导带往日内瓦的人。

在日内瓦，抗议宗的教导遭到抵制。当地的情况与瑞士其他地方相近，但有自己的特点。

日内瓦的体制以三大权力机关的彼此交织为特色：掌握领主权的主教、享有副领主权的萨伏依公爵与日内瓦市议会。市议会成员不算众多，却默默嫉妒前两者的权利，并且富有行动力。在十六世纪，公爵企图把主教辖区纳入他的权力范围，使他的权力翻倍，从而实现真正的统治。许多其他地方已经发生过类似的事情。日内瓦市民却针锋相对，他们的后援就是已经把影响力推进到日内瓦附近的瑞士邦联。城里的共和派被称作“埃格诺”，这个字眼一望便知是借鉴了“誓言同盟”。在弗里堡和伯尔尼，是否支持“埃格诺”，已经关乎是否能取得市民权。在两城的援助下，埃格诺党人数次击退了公爵的突袭。1534年，他们却再次遭到严峻的威胁。

萨伏依和沃地的贵族切断了埃格诺党人的补给线，时而包围日内瓦城。主教的支持者被驱逐出城，但是他们在附近的一座城堡里占据了坚固的要津，给城市造成极大的压力。不幸的日内瓦人，竟落入了他们手中！新教一方的推进带来了与预期相反的结果。城里的宗教派别彼此对抗。在招待宾客的筵席上，各派之间爆发了血腥的斗殴。保护他们的瑞士各邦之间甚至也兴起了纠纷。卡佩尔战役①后，整个局势都改变了，天

①指1531年的第二次卡佩尔战争（Zweiter Kappelerkrieg）。1530年的奥格斯堡帝国会议增强了帝国和新教诸侯之间的不信任感，这也影响到了瑞士的两派。1531年，苏黎世为首的新教邦企图对天主教各邦实施粮食封锁，天主教邦突袭苏黎世，瑞士的宗教改革领袖慈运理战死。根据战后签订的《第二次卡佩尔和约》（*Zweiter Kappeler Landfrieden*），各邦信仰实施“教随国定”（cuius regio，eius religio）的原则，新教在瑞士德语区的传播告一段落。——译者注

主教重新在瑞士邦联掌握权力。

除去个别偶发事件，显而易见的是，在形势的发展中，新教倾向肯定将占据优势——这是反抗教权的市民斗争的性质必然造成的。与公爵联手的主教宣布了对日内瓦的绝罚。都主教，也就是教皇，亲自重申了这一绝罚①。按照天主教的教义，没有任何一种权力可以抗拒绝罚。如果城市想要维持自由，渡过斗争的难关，它除了声明转投新教别无选择。新教的教义从原则上反对这类咒罚。教权与世俗君权的过紧结合不仅招致了市民的反抗，也把市民推向了新教主义。

法雷尔初到日内瓦时，一个小型团契曾围绕他形成。当他不得不离去后，这个团契也懂得怎样保存自己，并在没有宗教领袖的条件下发挥出可持续的生命力。过了些时日，当法雷尔重返时，他的布道起到了难以名状的奇效：神甫在祭坛前扔掉了他的僧袍，立志加入新的教派。人们举办了一次宗教对话，不再探讨这样的布道是否应该被宽容的问题，而是讨论它是否应当成为垄断的一家之言。这次宗教对话十分成功，那些捍卫天主教信仰的人也纷纷转投新教。

旧教仪轨的所有支持者都被视为城外敌人的同伙。有人计划毒杀当时最重要的几位布道家。这个阴谋被曝光后，激起了市民极大的愤怒。日内瓦城市公社终于向主教座堂的首脑与修女院摊牌，问他们是否还要为保卫弥撒说些什么。既然他们没有接到呼召，又不打算重启争端，于是市议会认定，通过一项正式的法令直接禁止弥撒活动是合理的。谁不愿服从，就必须离开这座城市。圣嘉勒修道院的修女们也在市政官员的护送下走出城门。由于与世隔绝了太久，外面的天地她们几乎认不出了。

日内瓦人不可避免地陷入空前的困境，因为相邻的势力正蓄积起双

①1528年，日内瓦大理事会决定实施宗教改革，主教和教皇先后宣布了对日内瓦市民的绝罚。——译者注

倍的强烈敌意。为了不让日内瓦毁灭，同时也了断自己同萨伏依的斗争，伯尔尼出兵强占了沃地一带，拯救了日内瓦的独立与新教信仰，从此始终是其后盾。1536年5月21日，日内瓦市民举行全体大会。首席市政顾问询问集会者，他们之中是否有人对上帝话语的布道方式持有异议。集会者一致宣告，他们认为新教仪轨才是正确的，而他们的决议是永远拒绝罗马教会。

这是一个具有世界历史意义的事件：在欧洲的中央，在拉丁民族的范围内，一种新的教义站稳了脚跟。至今被视为信仰和敬拜核心的弥撒被禁止和革除了。而且，新教义的初立就与一个团契的志向密不可分。这个团契力图把自己从迄今为止都服从的教权中解放出来。在团契的努力下，新教义得以成功贯彻。它没有在斗争中失去方向，反而给了斗争理由与深层动力。新教理念是整个事件的推动力。如果没有新教理念的支撑，伯尔尼也不会前来支援。

持有完全不同信念的人群在事件的暴风骤雨里转向了新教。然而，坚定信仰比传播信仰困难更大。那些孜孜宣教、向天主教堡垒发起猛烈冲锋的法雷尔门徒已经不再适合这一事业，何况沃地的宣教工作已经足够他们忙的了。

这时，来自努瓦永的让·加尔文登场了。他与法布里一样，都是住在日内瓦的皮卡底人。

加尔文属于第二代宗教改革家。他不需要以一种耗费心神的、临时抱佛脚式的勤奋获取语言知识。知识世界的语言，也就是拉丁语，他只花了不长的时间就练习到了足以完美表达意见的熟练程度。他还在优秀的导师那里学习了希腊语，甚至还学了希伯来语。加尔文也几乎不需要从头开始与教会等级体制做斗争。一个朋友使他注意到了已经建立起来的教义体系，加尔文认为新的教义包含真理。但是，他没有把新教义作为某种成品加以吸取，而是尝试通过新颖的圣经研究把握它，并加以精简。

加尔文厌恶那些自诩为学者的人，他们只懂得在梅兰希通的教科书里寻章摘句。与他们不同，加尔文常常研读到深夜；当他早晨醒来时，又会在孤寂之中把所读到的再做一番思索。不受干扰的沉思令他感到快乐。他常说，除了在生命中的每一天继续这样过，他别无所求。因为，他生性胆怯，不好争论。可是，就在那个时代，一个过着安静、博学或虔敬生活的人如何能够做到同时决定自己的命运？在1534年的大迫害①中，加尔文不得不离开法国、风暴把他卷到了日内瓦。他到达的时候，日内瓦城正在决定自己的前途。加尔文原本只想向法雷尔致意，然后继续前行，以便见识更多的世面，学习更多的知识。然而，法雷尔立刻洞察出他的全部才能，决心留住他。当加尔文拒绝法雷尔的请求时，法雷尔就向他宣告了全能上帝的震怒：优哉的学习将给他带来不幸。这些人就是以这样的方式交往的。加尔文说，他仿佛看见上帝之手在高空中伸了出来，只为挽留他。于是他不敢再抗拒。

早在那个宗教改革的世纪，人们就已经把改革的不同时期做了区分：首先迎来路德这个伟大的解放者，而后来者的主要任务是把基督引入生活。

对法雷尔和加尔文而言，这是时代赋予的使命。当他们准备去完成使命时，他们就遭遇到一个暂时难以克服的障碍。

“绝罚”为重大过失而设，这是一个已被各界市民接受的信条。然而，它在执行时却不得不面对顽固的阻挠。许多人利用宗教改革，因为他们期待在个人生活中获得更大的自由。所以，他们又怎能甘心顺服新布道家定下的严格、有时近乎迂腐的规条呢？日内瓦是否也经历了再洗

①1534年10月18日，新教徒在巴黎、奥尔良、安布瓦斯到处张贴宣扬新教、抨击天主教的大字报，措辞激烈。之后，保守势力展开反扑，巴黎有80名新教徒在半年内被处以火刑。——译者注

礼派的动乱，我不十分肯定，按照当时的说法是有的。经过数年艰苦的斗争，不愿屈服的布道家被驱逐出城——没人理睬的他们不得不离开日内瓦。

加尔文远远没有为此事自怨自艾。他不得不忍受令他厌恶的事情，备受良心的折磨。他说，这比死亡还要苦涩，只要稍加回想就战栗不已。这时，他实际上重新开始了云游和学习。他通过书信往来与德意志的改革家建立联系，与他们在帝国会议上会面。可是，局面很快表明，他在日内瓦不可或缺。城市的独立受到两方面敌人的威胁。一派是倾向天主教的人，他们图谋重建旧时的制度；另一派打算听从伯尔尼的指挥，放弃用斗争换来的城市独立地位，此举甚至招来了帝国宫廷的警告。在新一轮内部的血腥斗争中，两派均被镇压。那些认定维持严格新教理念才是城市福祉的人站稳了脚跟。他们对此深信不疑，认为所承受和经历的一切都是对驱逐布道家之举的惩罚，于是决定再把那些布道家召回。无论这对加尔文来说有多难，此次他还是屈服于法雷尔誓愿般的告诫，尽管法雷尔本人去了纳沙泰尔而不返。加尔文考虑到，人的一生就是为战斗而预定的，于是他在1541年秋返回了日内瓦。

虽然不曾明言，可是不言而喻：但加尔文返回日内瓦的条件是执行他的教会管束方略。三个理事会选出十二名元老，他们与众布道家共同组成宗教法庭，负责监督团契的宗教生活与社会风纪，并有实施绝罚的权力。

在那一代已觉醒的法国人中，基督教的基本观念就是人借助恩典实现与上帝最高程度的结合，以及上帝通过教会与信仰他的人结合。加尔文把这个观念发展成一条定律，即太初时就已预定好每个人究竟是被拣选的还是被抛弃的。加尔文自己称之为可怕的定律。面对由此可能出现的后果，他毫不退缩。前一类人即使迷茫、堕落，也不会失去救恩。如果真正的教会仅由被拣选者组成，那么加尔文满足于人们无法鉴别出谁才是被拣选者，从而不得不把每个与教会联结的人视作它的成员。但是，他想更严格地隔开那些在言行上拒认教会的人。对教会管束必要性的体认在他宗教观念的深处形成了，而革除圣餐礼的必要性首当其冲。加尔文扬弃了与化体说相关的圣礼观念，他绝非想缩小圣礼的意义：他把圣礼视作为教会的喜乐，它是宗教生活的中心，甚至是全部个人生活与全体市民生活的中心。

把生活从宗教观念的统治下独立出来，这一点肯定不是加尔文偏离天主教之处。事实正好相反。加尔文废除了拉丁教会的章程，于是，理解圣经原文内容的要求就更加严格了。对于圣经的教义体系，他有解释的天赋。当他带领一个强大的团契脱离了那个笼罩全欧、等级森严的集团时，他就试图实现一种以教会理念为基石的深刻的共同体。

加尔文也参与世俗立法。在他的领导下，外部生活被加诸最严酷的管束镣铐：衣着与饮食的开销量被限制在一定范围内；禁止跳舞；一些书籍，比如《阿玛迪斯》①，被禁止阅读；玩纸牌的人将拿着他们的纸牌被拴在耻辱柱上。每过数年，各家各户都必须就对圣经的了解和遵守情况接受检查。理事会实行互相指责的制度：当一名成员察觉到另一名成员犯错，就应立即指出。逾矩的行为决不会得到宽宥：一名妇女被烧死，因为她唱了淫秽歌曲；另一位身份尊贵的市民被勒令拿一只缩短的火炬在手里，跪在大广场上公开请求原谅，因为他嘲讽了救恩的教义与伟大的布道家本人。根据市民大会提出的一项要求，通奸者将被判处死刑，而受刑之人应在垂死之际为家乡的严刑峻法赞美上帝。

人人必须消灭恶习与罪愆，绝不容忍，不然就会招致上帝的震怒与

①即《高卢阿玛迪斯》（*Amadís de Gaula*），著名的中世纪骑士小说，在文艺复兴时期的西欧流传甚广。——译者注

复仇。此乃准则。

米格尔·塞尔维特[①]对这个世界的看法是多么错误，他竟胆敢来到这个具有最严酷管束制度的新正统堡垒！他的观点虽然在后世触发了意见分歧，在当时却无立锥之地。也许，城里那些被加尔文制服却尚未完全消灭的敌人对塞尔维特抱有错误的希望。否则，该怎样理解这位智者为何如此过分，竟不惜采用一切形式同加尔文斗争，控告他为大能者西门[②]的后继者，甚至要求获得他微薄的领地作为补偿？塞尔维特的观点遭到瑞士、德意志和英格兰神学家的一致声讨。因为，改革就算已经得到贯彻，也需要给自己划定边界，使人能够辨认出它止于何处——改革本身就有这个需求。加尔文把保护世界不受试探和污染视为己任，而塞尔维特用试探和污染威胁了世界，于是加尔文主张判处他死刑。后来，同样的事情也差点发生在苏西尼主义者高贵的瓦伦丁身上，假如他没有充满悔恨地撤回主张从而救了自己一命的话。

人们不禁要问，这种近乎狂热的严酷纪律为什么可以在洋溢生活情趣的日内瓦大行其道？如果说，无拘无束与莺歌燕舞是公爵的宫廷或富裕的主教世家的特征，那么严格的风俗管教则必然是共和国的一项要素，就像不久以前萨夫纳罗拉的支持者在佛罗伦萨所主张的那样。日内瓦城市的独立与积极的新教原则严丝合缝地生长在一起，后者的严格执行看上去为前者的存续提供了保障。

这种再度出现的政教结合无法回避一个问题，即政权和教权互相依赖或者互不相干的程度。“放纵派”似乎提出了异乎寻常、完全不合基

①米格尔·塞尔维特（Michael Servetus，1511—1553），西班牙人文主义者、神学家。他广泛涉猎天文学、数学、解剖学、药物学、气象学、地理学、法学和神学，以发现肺部血液循环而垂名后世。他参与了新教改革，因为不承认三位一体论，同时被天主教和新教控以异端之名，最后被加尔文派的日内瓦大理事会处以火刑。——译者注

②大能者西门（Simon Magus，？—65），公元1世纪时持诺斯替主义的撒玛利亚人。《新约·使徒行传》描述过他的事迹。——译者注

督精神的教导，否认教权的独立性。他们要求，由教士和平信徒组成的、具有浓厚宗教色彩的宗教法庭的判言应该经过200人大会[①]的更审，因为200人大会才是主权的载体。加尔文并不想走得这么远。他宣称，就像神职人员从属于大会，大会在宗教事务上也必须遵奉基督的话语，而宗教机关则是基督话语的解释者。经过的争吵，加尔文为宗教法庭保留了执行宗教纪律与实施绝罚的权力。

加尔文的薪俸十分有限，微薄得令人难以理解，但他为自己不接受任何接济而自豪。他居住的房间甚至没有采暖设备。而且他总是亲自开门迎接来客，令客人们十分惊讶。但是，他原始、简朴的私人生活的背后是崇高的公众声望。在宗教法庭，他无须经过选举就可以坐在主席的位子上，没有人认为这是僭越。他凭借强大的个人优势掌控着他的同工与教会。但在共和国的行政机关里，他却没有职位。只有当遇到难断的事务时，才会有人征询他的意见。然而不可否认，加尔文无论如何都是城里的党派领袖，即使他不寻求这样的身份。在共和派分裂带来的震荡中，他被推来搡去，这令他难以忍受。他知道自己有能力抓住下一个机缘，从而把争端推向爆发的高潮，然后做出裁决。前段时间，他总是缺席这样的裁决。如果他的同伴仍然是少数派，那么他的地位也不会长久。在同“放纵派”及其群众追随者的冲突之中，加尔文最珍贵的资源是那些出于宗教原因而背井离乡的法国人。他们簇拥在加尔文的周围，加尔文则为他们获取了市民身份与议会席位。从此，这些法国人就是他的最佳后盾。加尔文了解平静生活的价值，深知结庐而居的隐逸与友谊的乐趣，可是人们总看到他不间断地投入战斗。他欣赏受到文学陶冶的温和言辞，也期待他人能有这样的言辞，可是他自己的论战文却是有史

①相当于日内瓦教会中的长执会。——译者注

以来言辞最激烈的。对于他随时准备投身其中的事业，他从未蹙眉，哪怕结局如他所言：被暴风卷走。那些使徒与先知的命运莫不如此，而即使基督也会发怒。尽管加尔文就生活在以柔和优美的风景著称的日内瓦，但是他的性情和作风无法使人联想到柔和优美，而是时不时就打破美景的粗暴天气：日内瓦湖汹涌的波涛如海浪般拍打堤岸；罗讷河青绿色的河水滚滚不断地涌向城市，或者就冲向峻峭的山坡，在其间夺路奔腾。

就这样，两名被祖国驱逐的法国人在某种程度上为自己征服了一个新世界，而这个新世界所推崇的正是他们为之逃亡的理念。法雷尔把日内瓦据为己有，而加尔文在最紧要、对抗敌人最前线的位置保卫了日内瓦，并把这座城市组织得井井有条。日内瓦仍然如过去一般，是一座繁忙的工商业城市。然而，工匠叮当敲打的声响不再会被城市的扰攘、天主教会的壮丽景观与无拘无束的逸乐打断。较高社会等级的日常生活中也同样充满秩序、纪律和工作。日内瓦一如既往是中欧主要的交流中心。退居到这里的人大多是出于宗教原因的流亡者。他们在教会或新设的学校里接受教育，又从那里分散到世界各地。日内瓦把一切异样的事物在内部铲除干净，又吸引相近的事物，呵护有加，再找出恰当的时机差遣之。这座城市就像一个为信仰战斗的边塞，面对充满敌意的世界，与它互有攻守。

除此之外，日内瓦之所以得以存续，应首先归功于法国国王的大战略。这是毋庸置疑的。

弗朗索瓦一世攻打、驱赶萨伏依公爵后，他相当于消灭了日内瓦城邦的最大敌人，保障了它的独立。亨利二世也曾敦促日内瓦，企图与它结成对抗皇帝的统一战线，并许诺援助它。在法国诸王与西班牙的斗争中，与瑞士连横、尤其与日内瓦连横是一项非常重要的砝码。

然而，恰恰是这个日内瓦在宗教体系上与法国主流体系存在最尖锐的敌对关系。对照日内瓦教会，不仅那些曾令莫城教会与贝阿恩的鲁瑟尔感到满意的理念已经远远落后，即使路德改革的各种趋势也被大幅超越。日内瓦教会带有共和主义风暴的深刻烙印，也在风暴中生存了下来。整个教会体系被赋予非常鲜明的特色。譬如，团契与个人都自发地介入教务，平信徒参与缔造教会权力，教义学说逻辑严密，日常生活纪律严苛。这些特色源自法兰西民族的禀赋，对法国人具有莫大的吸引力，却也令其他人感到深恶痛绝。

第九章

亨利二世的最后岁月

我们曾留意到，弗朗索瓦一世至少在心里对最初的改教趋势是抱有同情的。可是，亨利二世却完全不是这样。他固守被人灌输的宗教观念，认为已摆出战斗姿态的天主教会是全副武装的，足够在他的王国内把任何异端都掐灭。

索邦神学院一刻不停地审查可疑书籍。这些书籍要么是从境外带入的，要么是有人想办法在法国出版的。早在1544年，索邦神学院就发布了一份禁书单，之后年复一年增加单子的长度。在索邦神学院看来，禁书就仿佛人人必须远离的毒草。浏览索邦神学院录入的索引，不难发现，光是修士的异端观点就足以让他们忙得焦头烂额：一些奥古斯丁派的修士遭到谴责，因为他们否认圣徒行神迹；一名加尔默罗会的僧人也被批判，因为他在圣母节日的布道中省去了福哉马利亚的环节；还有另一些人挨批，因为他们按照路德派的仪轨领受圣餐，或者按照路德派的方式因信称义；西笃会修士、小兄弟会修士[①]，甚至多明我修士也各自被宣布了罪状。除此之外，索邦神学院还忙于对付圣经翻译活动。他们认定，这些新的译本就是对武加大译本正典的偏离，因而对其口诛笔伐。索邦神学院企图一成不变地维持拉丁教会旧时的教导，即那些由圣多玛·阿奎那提出、并在之后等级化教会存在的几个世纪内都占据统治地位的不二法门，不允许出现任何偏离，也不容许有任何遮遮掩掩。刚刚兴起的耶稣会也引起索邦神学院的怀疑。

自12世纪末、13世纪初以来，处死与籍没财产就是教会为异端指定的刑罚。教皇英诺森三世的一份诏书称，既然根据法律，这样的刑罚本是给欺君罔上者预备的，那么侮辱上帝权威之人就必须承受更多的刑罚。众所周知，神性与教会是恒等的概念。所有不按罗马教会的规矩教授七圣礼的人都犯有侮辱上帝权威之罪，而为他们辩护的人则被证明为丧德败行并且没有在任何教会岗位工作的才干。所有的世俗权力机关都有责任在其司法权范围内消灭教会认定的异端。在世俗当权者获得权力的时刻，他们就必须对此宣誓；如果他们对镇压异端之事漫不经心，就会遭遇教会审查机关的逼迫。这些意见后来都写进了法典。在法国和英格兰的教会法典里，偏离正信等同于反天理罪，而犯有反天理罪者同样是要被处以火刑或籍没财产的。

抗议宗之所以能够在德意志兴起，是因为部分诸侯与城市已经取得帝国令的授权，禁止教会律法触及世俗事务。在法国，教会律法却全然

①即方济各会。——译者注

有效。法国各地的宗教检察官关注来自异端的恶意，追踪异端学说的拥护者，量度其罪过的性质与程度，然后被告就这样被定了罪并送交基层法院。这些法院只懂得对他们判处最严酷的刑罚。这些可怜的人上诉高等法院，后者常常酌量减刑，但减完之后的刑罚仍然骇人听闻。国王有时会通过颁发谕令更详细地规定或改变审判程序，但这么做总体上仍然距离切实减轻刑罚甚远。火刑与籍没财产适用于所有在平日里违反圣礼或不敬圣徒之人；而根据贡比涅敕令[①]，甚至那些引进禁书或者仅仅传播禁书的人也会被判处死刑。

每一处冲突都遭到火焰和刀剑的严惩。教会的滥用职权不仅引发了这些冲突，甚至使它们愈演愈烈。

1516年的宗教协定把神职人员薪俸完全交给国王定夺，这带来了灾难般的后果。国王利用这个特权犒赏那些为他在家族事务、朝政与战场上做出贡献的人，或者赏赐给贵族们的幺子，使他们衣食无忧。甚至有人曾以国王孩子的名义领取过这笔薪俸。有人提到过一个意大利人，他以几个小儿子的名义提取了一万杜卡特的教会收入；他死后，这笔钱款就转入他夫人账下了。不过，不是每个享有这笔教会薪俸的人都有必要借助他人的名义。有些军曹既有自己亲率的连队，同时还是富裕修道院的所有人。一些人的确得到了他们捞取到的职位，不管他们实际上多么不适合。昨天还是士兵、廷臣或者贩夫走卒的人，今天已是众人眼中身着华丽僧袍的主教或者昂首阔步的修道院院长。个人的功勋、贤德的名声，甚至渊博的学识都无人关注了，一切都取决于与朝廷关系的远近。掌握教会薪俸分配大权的恰恰是国王的情妇瓦伦蒂诺女公爵[②]。对此，人

---

①指1557年亨利二世颁布的《贡比涅敕令》（*Édit de Compiègne*），该敕令旨在镇压法国的宗教改革运动。——译者注

②即普瓦捷的狄安娜。——译者注

们又能说什么呢？

眼下，道德感正在重新觉醒，带着新鲜而尖刻。那么，这样的猫腻肯定令人憎恨。无人愿意理睬那些自我开脱的说辞，宁可相信前人描述过的状况中最糟糕的那种。

与瓦伦蒂诺女公爵一样，大司马蒙莫朗西和枢机主教洛林的查理也被视为自私自利、贪得无厌之人。蒙莫朗西拥有多项职务和荣誉，他借此敛入一笔不菲的财富，非但不以为不义，反而引以为傲。大司马用他那些荣誉证章里的文字组成一句格言，曰“上帝与我的敬拜”。他们所有人都怀有这样的信念。我们注意到，他们之间的党争，与其说是出于可明确表达并理解的矛盾，不如说是出于个人利益的冲突。每伙朋党、每个家族都恨不得完全操纵国王。亨利二世天生精力不足，我们甚至可以认为，他缺乏真正的国王素质，以至于不能突破权贵和廷臣在他周围组成的小圈子。亨利二世听任这个小圈子的存在，默许他们巧取豪夺。世人传言，与国王私交甚笃的圣安德烈元帅支持宗教迫害，自己捞取籍没的财产自肥。因为充公的财产是内帑的一部分，即“临时收入”，而且常常被用于赏赐臣下，所以传言未必不是真的。支持宗教迫害只是权贵满足贪欲的手段，而国王竟然对此熟视无睹，这将造成多么恶劣的印象！

人们如果想了解当时法国的思想观念，就必须阅读拉伯雷的文字。他渲染描绘的大量肆无忌惮的行径都带着令人憎恶的赤裸裸，但是，这些文字背后其实隐藏着深沉的严肃。用宏大而真实的笔法勾勒出一整个时代的缺陷，拉伯雷是少数能够做到这一点的讽刺文学大师。他把所有社会等级的乱象送交到健康的人类理解力的前面接受审判：地方长官挥霍无度，国王却过分地宽宥他们；京城乱糟糟得令外人惊诧，国王通过司法手段也无法控制；司法权力本身也被滥用，司法制度埋没真相，诉讼过程中的案牍没完没了，而判决甚至通过掷骰子来做出；财政署巧取豪夺，从一切出现在其面前的事物中榨取油水①。有人读拉伯雷，主要是为了在他的书中寻觅对宫廷突发小事件的影射以及各种无关紧要的人物逸事，那些读者是多么不了解他！这位仿佛戴着丑角滑稽帽的爱国者用内涵丰富的幻想式作品彰显出一个民族的痛苦与愿望。可是，这个民族还没有前行的勇气。拉伯雷首要的讽刺对象在宗教方面。他的主人公体形庞大到荒唐的地步，他对他们成长过程的叙述描绘出时代的变迁。这些巨人有着如新教徒一般的信念：他们不愿再容忍谵妄先知的话语，而是希望宣讲真正的福音，以此作为对他们所取得的胜利的酬谢。依照当时的时代精神，伪善的修士遭到最辛辣的讽刺——他们在自己的住处宣淫，行为秽乱不堪。这位讽刺文学大师还引导我们走进教士百态的更深处。他讲述镶金的教皇谕令集具有的神奇力量，它可以使信徒幸福、非信徒堕落。他描绘让新的异端者忍饥挨饿的监狱以及他们遭受的刑罚，直到我们亲眼看到一切苦难的根源——一个怪物，它既是饥饿的狼，又是摇尾乞怜的狗，它的兽爪沾满鲜血，爪尖仿佛哈耳庇厄②锋利的爪尖，它的巢穴上方画着“不义”的形象。拉伯雷的描绘具有骇人的奇异风格，然而那里边却隐藏着某种崇高的特质。

当类似的信念出现在民族的意识里并且侵入到文学领域时，新教徒数量的持续增长也就不奇怪了。他们蒙受的迫害给予他们新的生命力。

弗朗索瓦一世统治的时期尚有可能出现整城的人都坚决倾向教改的现象，譬如在卡昂、拉罗歇尔与普瓦捷。不过，这些城市里没有出现公开的教众集会。尽管如此，市政官员却认为，调查私人的宗教倾向是不妥当的。

---

①这一段生动的描绘来自拉伯雷《巨人传》第五部。——译者注

②哈耳庇厄（Harpy），希腊神话中的鹰身女妖。——译者注

在战事连绵的时期，监管机构不得不做出更多的让步。1555年，巴黎的一个灵修团体在聚会时举行洗礼仪式。不久，其他小团体在诺曼底、卢瓦尔河谷、奥尔良、图尔、布鲁瓦、昂热纷纷涌现；也出现在普瓦捷与整个圣东日地区，甚至来自其邻近岛屿的航海者也组成了自己的团体。

常有人声称，在多非内和普罗旺斯，瓦勒度派的影响促进了变革；在朗格多克，阿尔比派的残余势力融入了新的团契。这些说法从未如历史学家所愿得到精确证实。然而第一条说法真实的可能性貌似很大：正是在那些地区，新团契繁殖得特别快。

时至约1558年，王国境内估计已有40万名决志的改革宗教徒。他们之间联系的紧密程度令人感到惊讶。这些信徒确实有所图谋，并且付诸行动——1559年9月，他们前往巴黎，在绞架与火刑草堆的前面聚会，企图订立统一的组织章程①。法国的团契现在也引入了日内瓦的宗教法庭制度。没有一个团契有权干涉其他团契的事务；至于共同的事务，则根据所涉范围的大小，分别提交代表大会、协商会议或宗教会议处理。所有团契共同尊奉同样的信条。

显然，叛教者数量的日益滋长令索邦神学院与整个教士阶层坐卧不安。他们动用一切可用的法律手段以及他们对群众的影响力，只为消灭那些被他们视为寇仇的叛教者。然而问题在于，索邦神学院与教士群体的观点是否真的已经在各个司法机关与政府占据了主流？

教会与世俗权力尽管联系紧密，两者之间却始终存在巨大的分野。政府无论如何不会准许教会有直接行动的权力。某回，鉴于改革和强化后的罗马宗教裁判在意大利显得卓有成效，教会郑重提议法国应引进宗

①1559年，胡格诺派在巴黎召开了第一届全国宗教大会。——译者注

教裁判所。高等法院拒绝了教会的提议，因为“国王的子民不应交给主教的官员随意处置”。法院仍然紧握宗教诉讼案件的判决权。

既然世俗权威的独立性得到承认，它必然发挥出某种影响，否则它的存在还有什么意义？相比索邦的神学家，法官与公共舆论的关系更紧密一些。他们并不那么把捍卫严格的天主教信条视为己任。毕竟，他们不可能完全脱离当时的宗教发展趋势的影响。虽然叛教的行动已经发展到组成新教会的地步，但他们肯定明白，迄今为止采取的镇压形式不可能达到目的。

1559年，法院显示出支持怀柔的意图。当时，有一些年轻人发表了关于弥撒的异端观点并且坚持不渝。法院里的掌管刑事法庭的塞吉埃和哈莱大胆地免除了这些年轻人的死刑，而仅仅处以绝罚。这两人都是至高无上的法学权威，却没有遵照律法办事。

此事一出，举世哗然。这既是因为当事人身份尊贵，也是出于事件本身。既然眼下已有一例反其道而行之的司法程序，所以世人认为，法院的所有法庭应举行集会，郑重地斟酌这个问题。宗教改革的敌人很可能正是这次大会幕后的主要推手，而宗教改革的战友也没有反对。后者希望温和的审判程序升格为普遍的准则。

一系列的会议就这样开始了。年迈的法官在最初的几场会议中发言。他们在大法庭上观摩过严格的审判程序，赞成保留它。接下来的会议轮到年轻法官陈述。他们所讲的内容之前闻所未闻：部分人主张给予被告半年时间改过自新，倘若被告冥顽不化，他将连同他的全部家产被驱逐出境；另有些人认为，应当静候高阶宗教会议裁决这些被激发出来的可疑事件，但是，既然没有人能在做出裁决之前断定那些新观念是否属于异端，于是就不能加以迫害。详尽的会议报告里明确显示，这个观点博得了许多人的喝彩。

当时正是庆祝王室大婚[①]的前夕。这次联姻是和平条约[②]的产物。新教徒计划在庆典期间递交请愿书，请求容忍他们教会的存续。因为他们了解，一些身份尊贵、德高望重的大人物也在他们的行列中。他们料想，只要这些人的尊号附在高等法院判决书内，就会取得决定性的效果。

看来，严酷体制的捍卫者得更加抓紧时间了，以便在这样的判决出台之前抢先行动。一旦高等法院脱离了法国历来恪守的教会章程，这意味着什么可想而知——整个信仰的沦丧。他们的积极努力还与个人动机交织在一起。有人在国王手里看到首席大法官居伊·勒·迈斯特的奏呈，其中载录了法院中有新教倾向的可疑人士的财产和俸禄。一旦他们受到判决，这些财产和俸禄就会被重新分配。已经有人在为自己和家人觊觎这些财产和俸禄了。严酷体制捍卫者强调，根据旧时的敕令，在信仰上有可疑倾向的法官不得继续在法院留任。他们的主要意图就是让国王注意到旧时的敕令遭到破坏，并且想让国王本人耳闻目睹这样的事态。要探讨的问题不是怀柔的策略是否有必要进入法律，以及它是否符合国家利益。在国王面前，那些倾向赞成怀柔的人被描绘成忤逆他所颁布的敕令的罪犯。虽然亨利二世本人远非嗜好弄权之人，但他还是被旁人的描述引导了思路。其时，那些最年轻、受到新观念影响最深的法官打算在所谓的“星期三会议”[③]上慷慨陈词。1559年3月10日，始终被视为法院首脑的国王突然意外地出现在法庭上。

于是，事件如人们所预期的那般展开了。

国王的出席非但没有令新教学说的拥护者收回成命，反而激起他们

①指亨利二世的王储弗朗索瓦与苏格兰女王玛丽·斯图亚特的婚姻。——译者注

②指《卡托-康布雷奇和约》。——译者注

③“星期三会议”（mercuriale）是指巴黎高等法院所有法庭的全体会议。该制度由查理八世开创，为的是消除职权的滥用、促进审判的公正。弗朗索瓦一世时，这个会议通常在星期三举行，因此得名。——译者注

宣讲的热情。一些人抨击罗马教廷的谬误，要求召开高阶宗教会议；另一些人激情地、绘声绘色地突出人们可以容忍的恶习和罪愆与受到严酷迫害的无辜学说之间的对比。国王原本就怀有先入为主的想法。会上的一些表达让他感到是在针对自己，这让他大受刺激。国王表示，他清楚知道这里有好人也有恶人，他愿意留下好人、剔除恶人。他下令，立即逮捕演讲最为生动的二人——杜·富尔与安内·杜·布尔格，并将之投入巴士底狱，同时勒令刑事法庭把之前怀着宽宥之心发布的判决书送至王廷修订。一份来自国王的通告旋即被送达各个法院和法庭。通告中，国王以极严厉的口吻告诫众人应抵制路德教徒——倘若他们对此心不在焉，国王将亲自担任法官进行审判。国王直截了当地指出，在同西班牙实现和平之后，剿除异端就成了他的头等大事。

为了给自己的行动提供依据，亨利二世国王时常援引王权与教会的内在关系，以及13世纪列王的先例与敕令，还有他的头衔"最虔信基督者"。国王想表达什么，是显而易见的。可是他也心知肚明，国家不等同于教会，他自身肩负着有异于教会的责任。亨利二世的行为既不同于他的大部分祖先，也不同于他总是引为标杆的父亲弗朗索瓦一世。弗朗索瓦一世不干涉法院行使职权；亨利二世却完全不同，他亲自介入法院的判决，废除法官的判词，尽管这些判词的作者是他最优秀的法官。无论一些年轻人怎么想，塞吉埃和哈莱仍然不能被视为新教徒。

倘若国王的介入并非出于自我感觉，而是受到一伙热衷追逐个人利益的朋党的灌输呢？新教徒甚至不相信他们会遭到国王的敌视，宁可相信，与他们为敌的是一个操纵国王的小团体。据说，这个小团体正与王国的宿敌暗通款曲。

常有人宣称，西班牙、法国和萨伏依在缔结和约时就镇压改教者之事正式达成一致。这是无稽之谈。不过，谈判突出强调，新教的流播是和平必要性的证据之一。西班牙方面一再放话，希望法国国王在签订和约之后能够在镇压新教徒一事上放手一搏[①]。总而言之，尽管远离政治的状态迄今为止对新教有益，却一开始就包含足以对它造成威胁的危险因子。

于是，新教的追随者中弥漫着对前景的悲观判断。有人相信，国王将周游全国，不遗余力地施行镇压；还将与萨伏依公爵一道进攻日内瓦，摧毁加尔文主义的中枢及其外地据点。此时，有消息传来：正当盛年、体魄强健的国王突然死于一场骇人听闻的意外。

在前述那场婚礼的庆典上，亨利二世如往常一样参加比武。他怡然自得地骑在小舅子萨伏依公爵的战马上，长矛上系着瓦伦蒂诺女公爵的彩带。在光荣战胜一众对手后，亨利再次出战。按照他本人的说法，这将是当日的最后一战。结果，对手的长矛在国王的脸盔旁折断，长矛的碎片插入了他的额头。失去意识的国王被人抬走，几天后与世长辞（1559年7月26日）。

在某种程度上，新教徒将此事视为上帝审判的彰显。可是，他们却没有因此时来运转。继位者弗朗索瓦二世还是一个孩童。他把全部的权力交给一个人，此人将是新教徒所见过的最强对手——来自吉斯家族的洛林枢机主教。

现在是讲一讲他的出身和性格的时候了。

①阿尔巴公爵就持此论。——原注

第十章

枢机主教洛林的查理执政时期

洛林公爵勒内[①]在他的遗嘱中称，诸子之中，长子安东尼[②]继承洛林公国和巴尔公国[③]，次子克洛德继承分散在法国境内的各块领地，即位于诺曼底、皮卡迪、佛兰德与法兰西岛等处的庄园，以及茹万维尔、马宴、埃尔伯夫的男爵领地与奥马勒和吉斯的伯爵领地。正是这位勒内公爵击败了大胆查理，还不止

①指勒内二世，有关他的事迹详见前文。——译者注

②安东二世（Antoine II de Lorraine，1489—1544），洛林-巴尔公爵。他敌视宗教改革，在德意志农民战争期间镇压了阿尔萨斯农民起义。1542年，安东与神圣罗马帝国签订《纽伦堡条约》，获取了很大的自主权，为洛林公国最终脱离帝国打下基础。——译者注

③巴尔（Bar）公国位于马斯河上游。最初为伯国，1354年擢升为公国。1301年，西部被神圣罗马帝国转让给法国，巴尔从此两属。1419年，巴尔公国被洛林公爵兼领。根据洛林公爵勒内二世的遗嘱，洛林与巴尔永不分割。1766年，洛林-巴尔公爵、前波兰-立陶宛国王斯坦尼斯瓦夫一世（Stanisław Leszczyński，1677—1766）去世后，巴尔与洛林一同被并入法国。——译者注

一次为他的家族对普罗旺斯伯爵位、那不勒斯王位与耶路撒冷王位提出要求。

骑士国王弗朗索瓦一世麾下众将之中，克洛德是大放异彩的一位。他自称吉斯的领主，而吉斯伯国已被升格为公国。克洛德曾在马里尼亚诺战役中奋勇作战，奇迹般死里逃生；在帕维亚战役后国王被囚的岁月里，他为稳定法国国内的局势做出了贡献；面对查理五世的第二次入侵，他简直就是法国的精神支柱，这使他享誉全国。那时，帝国兵锋直逼巴黎，克洛德身先士卒，与首都军民共同御敌。他迎娶了一位王族出身的公主，即波旁家族的安托瓦内特①。婚姻幸福美满，共诞生了六个生龙活虎的儿子，其中三人献身于教会，剩余三人从戎。克洛德有时会在六个儿子的陪同下现身宫廷，因为他喜欢显摆他的儿子们，仿佛借着他们重生了六次。他的女儿远嫁苏格兰国王詹姆斯五世②，所以玛丽·斯图亚特是他的外孙女。

克洛德的六个儿子中，我们在前文经常提到的是长子弗朗索瓦·吉斯，正是他收复了加莱。在亨利二世统治期间，下面将要讲到的查理·吉斯的重要性亦不遑多让。

查理·吉斯在年轻时就掌握了一名教士必需的学问。他会讲当时世界上大部分的语言。意大利人不无赞叹地点评他如何出色地运用他们的语言演讲。23岁时，他就成了亨利二世的亲信，表现出足以胜任国家大事的才干。大司马蒙莫朗西常以强硬、不妥协的姿态羞辱对手，查理却用令人愉悦的、谄媚的形式争取对手。5年后，他晋升为兰斯大主教。

---

①安托瓦内特（Antoinette de Bourbon，1494—1583），旺多姆公爵查理四世之妹。——译者注

②苏格兰国王詹姆斯五世（James V of Scotland，1512—1542）幼年即位，亲英格兰的继父、第六代安格斯（Angus）伯爵阿奇博尔德·道格拉斯（Archibald Douglas，约1489—1557）长期摄政。詹姆斯五世亲政后与法国结盟对抗英格兰，并与法国联姻。第一任王后是弗朗索瓦一世的女儿玛德琳（Madeleine of Valois，1520—1537），可惜早逝；第二任王后是吉斯公爵克洛德的女儿玛丽（Mary of Guise，1515—1560）。——译者注

凡是一名伟大的高级教士能做的事情，他都不会错过，为的是在他的驻锡之地留下不可磨灭的记忆。他命人排干孳生疾病的沼泽，将其改造为花园和绿地。在他的领地茹万维尔的森林里，他命人砍伐树木，以便在兰斯大兴土木。有人把一句古老的俗语套用在他身上：给他一座夯土城，还来一座大理石城。查理还创办了一所大学、一家神学院、一个神学讲习所与一所修女院。作为教士和主教，他从不在他的义务上有丝毫懈怠。他监督主教辖区内的神甫履行职责，偶尔亲自布道，时而召开省级宗教会议。这位法国最年轻的枢机主教自律的生活作风令他的同僚们感到汗颜。他的住处从无鹰隼和猎犬的踪影。每年复活节期间，他都隐退到修道院，全身心投入到灵修功课中。他的外表令人印象深刻，身材颀长，宽阔的高额头尤其异于常人，显得充满智慧。当他开口说话时，仿佛万事万物都预备在他的嘴边。他的语言表达优雅而清晰，从不失效的惊人记忆力更使他的表达如虎添翼①。

尽管查理·吉斯多才多能、天赋异禀，他却不具备为人的重要属性：崇高的道德感与忘我的精神。他不择手段地攫取权力。一旦权柄在握，他就不再关心世人的死活。他嫉妒、不信任他人，不情愿施加恩惠，却随时准备把羞辱强加于人；他对待朋友不可靠，对待敌人锱铢必较。

与王储联姻的苏格兰女王正是枢机主教吉斯的外甥女，于是他就成了王储的心腹。依据婚姻关系，王储也共戴苏格兰的王冠，并且有望基于妻子的权利染指完整的苏格兰王权。亨利二世尚在世时，枢机主教及其兄长、王储与王储妃就过从甚密。这个小团体用尽一切办法，引导法国的国家政策和战争机器同英格兰为敌。

国王更迭之后，枢机主教吉斯理所当然地获得了执掌这些事务的权

①这是多名威尼斯公使对他的描述，他们简直众口一词。——原注

力。许多充满那个时期的细小事件都体现出这个变化，此处不必赘述。精明干练的叔父必须替他的甥婿——年纪尚不满16岁的年轻国王打理好一切。不久前刚刚饮誉天下的蒙莫朗西与他的一干盟友再次失宠，不得不离开朝廷。蒙莫朗西反对那些与英格兰为敌的谋划，可是如今的朝议都充斥着这些。在登基的同时，弗朗索瓦二世与他的王后就接受了英格兰国王与王后的尊号和纹章。各大城市备卤簿接驾时，国王夫妇被当成高卢和不列颠联合的象征而受到欢迎。

在宗教论争中，一位天主教会的枢机主教将站在怎样的立场上？如果说选择立场这件事本身还可以商榷，那么现在的情势使得立场从一开始就决定好了。对于国王和枢机主教的小团体而言，伊丽莎白女王出身非法，从不具备继承王位的权利。这伙人与罗马教廷的诉求结成了天然的同盟，在这些问题上以最严格的天主教观念一再表明立场。

高等法院的部分成员再次提请宽缓针对新教徒的司法程序，至少应召开宗教会议，以便人们通过正当的法律程序就圣餐问题发表意见。这是当时最激荡人心的问题。枢机主教把这个问题又一次交给索邦神学院处置，对舆论几乎没有一星半点的宽宏大量。除了完全驳回，难道神学院还会做出其他的判决吗？索邦宣布的判词曰：法院的建议根本不足考量，它本身就是圣餐象征论的、异端的、全然败坏的，足以同时让国家和教会分崩离析。于是，所有倾向怀柔的动议均被驳回。

后来，那些因为在法院中发表观点而受到起诉的人无法再指望有人开恩了。杜·布尔格徒劳地寻求默许教会宪法在法国实施的各级上诉法院的协助，均遭到回绝。一位德意志诸侯——普法尔茨选侯①委任他为

①指普法尔茨选侯腓特烈三世（Friedrich III von der Pfalz，1515—1576）。他1546年皈依路德宗，1561年改信加尔文宗。他也是德意志新教诸侯勃兰登堡-库尔姆巴赫藩侯阿尔布雷希特二世·亚西比德的姐夫。——译者注

海德堡大学的法学教授，希望能借此搭救他。然而，那个可以出于政治原因采用这种解救办法的时代已经过去了。1559年12月，杜·布尔格以异端的身份在市政厅前的广场上惨遭绞刑和火刑。枢机主教通过严格执行教会法律树立起他在国中的个人权威。他知道他不会因此失去在大众中的名望。在索邦神学院众布道家的努力下，巴黎民众被维持在反对加尔文的舆论氛围中。眼见异端被纷纷处决，他们感到快意。主谋被处死之后，所有秘密的宗教集会被禁止；一切有惠于被告的尝试均被视为犯罪；谁透露被判刑者的藏身之处，后者的半数财产都将赐予他作为酬金；倘若有人胆敢在其自家地盘上或堡垒中藏匿并保护犯人，人们有权武装逼近那里，甚至拆除他的房屋或宫室。

就这样，枢机主教沿着国王制定的路线在国内事务上步步紧逼。而且，国王也正是在他的影响下制定了这条路线。枢机主教与国王的区别在于，国王威胁要做的，他都坚决执行。他批复的处决令业已牵涉到那些有头有脸的人物，而迄今为止，那些人总是免于死罪的。枢机主教定下了对抗英格兰的外交政策，首要目的是回击英格兰试图对苏格兰施加影响的企图，同时伸张斯图亚特王室与苏格兰天主教会的利益——也就是吉斯家族的利益。在这个时期，吉斯家族的利益就等同于法国的国家利益。

枢机主教的举措引起了来自教会和国家双方面的各种对抗。对此，我们无须一一列举。即使西班牙当时也无意支持他。此外，鉴于他的个人立场与国家的财政状况，其他一些困难也逐渐增长，以至于他无法克服。

早在1547年就有人计算出，每年约一千六百万法郎的国家财政收入中，有300万法郎被分配给各个债主；另有价值不菲、可能相当于一千五百万法郎的国有领地正抵押给他们。由此产生的财政收入缺口以及持续的战争费用就得通过提高税率、新增税目来补足。但是，这些税款不仅绝大部分无法收缴，而且引起了普遍的不满。当人们从各方面获悉可信的消息，即使生活在最富裕省份的农民都因为不堪加摊的税负而背井离乡，他们对此又能说什么呢？城市里也酝酿着不满，到处都有人重提15世纪的理念，即国王无权单方面加派税收。这时，政府总是深陷窘境。亨利二世身后留下了一笔数目十分可观的非固定利率的债务，光是它的利息就达到了无法负担的程度。许多俸饷被拖欠，许多已完成的劳役没有支付报酬。枢机主教企图一边给民众减负，一边节约开支。王家预算的确被他削减了一半，但是他也因此招致利益相关者的不满。功勋卓著的军队统帅被不留情面地逐出宫廷。恢复信贷机制更是无法想象。人们把眼下的状态归咎于枢机主教，虽然这不是十分公正，但人们还能作何他想？更何况他在先王在位时就执掌财政。可是，枢机主教仍然坚持扩充军备，以便介入苏格兰的事务。此举被认为是不负责任、以权谋私的行径。

正当此际，另一些造成广泛影响的事件接踵而至。有人声称，当下的国家权力其实不合法。国王弗朗索瓦二世年方十六，身体孱弱、精力不济，而且优柔寡断，事实上是未成年人。在这样的情况下，政府理应把摄政大权交给宗室亲王，同时召开三级会议。可是，纳瓦尔国王[①]和孔代亲王[②]这两位血缘最近的宗室亲王均被排除在政府之外，而且因这样或那样的借口不属于朝廷成员。大司马蒙莫朗西与他的侄子科利尼[③]也遭排挤。所有的大权都掌握在两个外人的手中——吉斯家族才是真正的外人。

---

①指波旁的安东（Antoine de Bourbon，1518—1562），旺多姆公爵查理四世之子、纳瓦拉国王亨利二世之婿，1555年继任纳瓦拉国王，所以又称“纳瓦尔的安东”。法国波旁王朝的建立者亨利四世是他的次子。——译者注

②指波旁的路易（Louis de Bourbon，1530—1569），旺多姆公爵查理四世之子、纳瓦拉国王安东之弟、第一代孔代亲王（Prince de Condé），是法国宗教战争时期胡格诺派的领袖人物，1569年在雅尔纳克（Jarnac）战役中被杀。——译者注

③加斯帕尔·德·科利尼（Gaspard de Coligny，1519—1572），1552年起任法国海军上将，1559年皈依加尔文宗，是法国宗教战争时期胡格诺派的领袖人物，1572年在“圣巴托罗缪之夜”被杀害。他是兰克《法国史》第四卷的主要人物。——译者注

他们对抗王权，甚至动摇了国王对普罗旺斯、安茹等多个省份的统治。

遥忆当年，克洛德·吉斯和旺多姆公爵查理为护佑王国携手合作。如今，他俩的儿子却分别领衔互相敌对的派别。吉斯公爵的诸子掌控国家权力，凭己意加以操纵；旺多姆公爵的诸子就是波旁家族，他们亲近一切针对枢机主教的反对派，而时代特有的氛围有利于他们的行动。

这时距离苏格兰贵族谋杀枢机主教的事件尚不远①，那位枢机主教曾试图把政教权力合而为一②；同时期的"格鲁姆巴赫争端"③事件中，德意志骑士奋起反抗，为的是从文士的笔杆与主教的权杖那里收复自家刀剑的独立性。即使在服从的传统多于苏格兰和德意志的地方，人们也同样抵触那种君主没有亲自行使、却交给教士和法学家执行的权威。数年

①指苏格兰宗教改革前夕枢机主教、圣安德鲁大主教大卫·比顿（David Beaton，约1494—1546）被杀之事。1546年，大卫·比顿下令逮捕新教布道家乔治·威舍特（George Wishart，1513—1546）并火刑处死了他。两个月后，一群信奉新教的贵族在精心密谋后突袭圣安德鲁城堡，杀死了大卫·比顿，将他的尸体穿戴好枢机主教的衣冠，挂在两个月前他观看威舍特火刑的窗前。——译者注

②苏格兰女王玛丽·斯图亚特即位时（1542）尚在襁褓之中，其母玛丽·德·吉斯与大卫·比顿秉政。早在詹姆斯五世时，这二人就是苏格兰政治的核心，坚决奉行镇压宗教改革、亲法抗英的政策。——译者注

③1567年的格鲁姆巴赫争端（Grumbachsche Händel）是韦廷家族历史上的事件。1547年的《维滕堡降约》让韦廷家族恩斯特系损失惨重。1565年，恩斯特系公爵约翰·腓特烈二世与其弟约翰·威廉（1530—1573）约定再次分疆。约翰·威廉所分得之领地从此称萨克森–魏玛公国。约翰·腓特烈二世做梦都想夺回选侯尊位。威廉·冯·格鲁姆巴赫（Wilhelm von Grumbach，1503—1567）骑士是维尔茨堡主教侯爵的封臣，战功显赫，后来却与主教侯爵梅尔基奥（Melchior Zobel von Giebelstadt，1505—1558）因金钱和领地纠纷失和。他上诉帝国议会，企图获得领地的独立权，未果。出于对弗兰肯尼亚诸侯的报复，他联合勃兰登堡–库尔姆巴赫藩侯（拜罗伊特藩侯）阿尔布雷希特·亚西比德大肆掳掠。1553年，阿尔布雷希特·亚西比德被萨克森公爵莫里茨率领的诸侯联军击败。格鲁姆巴赫失去靠山，封地被梅尔基奥许诺没收。他铤而走险，计划在从维尔茨堡城堡去大教堂的途中绑架梅尔基奥，勒索高额赎金。结果他的同伙却失手截杀了梅尔基奥。一无所获的格鲁姆巴赫开始流亡，很快与失意的约翰·腓特烈二世一拍即合。格鲁姆巴赫向公爵引荐农夫之子汉内斯·陶森德熊（Hannes Tausendschön）。陶森德熊自称能与天使对话并预知未来，使公爵相信选侯之位的失而复得是上帝旨意。1563年，在公爵协助下，格鲁姆巴赫袭取维尔茨堡，蹂躏了整个主教区。此后，他开始策划旨在打倒诸侯的骑士等级大暴动以及对阿尔伯特系公爵奥古斯特（1526—1586）的暗杀。但是，各新教诸侯认为，与其借助骑士暴动获取利益，不如接受皇帝在信仰问题上的让步。1566年，格鲁姆巴赫被实施帝国绝罚，理由是破坏"永禁复仇"（Ewiger Landfriede）；约翰·腓特烈不愿交出他，也被施以帝国绝罚。与此同时，奥古斯特进军约翰·腓特烈所在的哥达，但围而不打、攻心为上。哥达军民不愿效忠一意孤行的公爵。1567年4月，哥达守军哗变，开城门投降。几天后，格鲁姆巴赫被处死。约翰·腓特烈二世被送到维也纳软禁起来，最终客死在那里，他的萨克森领地也被交给弟弟约翰·威廉。自从皇帝马克西米连一世于1495年实施"永禁复仇"以来，各地仍有零星的复仇事件发生，"格鲁姆巴赫争端"是最后一起，也是16世纪初以来此起彼伏的骑士暴动的绝响。——译者注

后把尼德兰弄得天翻地覆的导火索也是一样。世人更希望君主是他们的领袖，而不是他们的主宰。因为命令总带有一些个人色彩，所以人们主要是出于个人献身的意愿而服从君主的。当时的人还没有对抽象国家概念的充分认识。

这样的观念在法国贵族的意识里十分强烈。只要权力是以一位尚不能自立的君主的名义强加给他们的，他们就认为自己可以抗拒这种权力，唯有出身法兰西王室的君主才能使他们履行效忠的义务。法国贵族声称，伟大的国王弗朗索瓦一世坚持外来亲王与宗室亲王的区分，可是现在却有人试图模糊两者的差别，但是法国只愿意接受血统纯正的亲王的统治。

出于内政外交、政教两界的各种动因，也出于普遍的观点与当前的困境，反对吉斯家族权力的派别开始蠢蠢欲动。久而久之，法国已无法避免冲突的爆发。

法国的新教徒起初被称为“基督的听众”[①]。他们隐忍不发，在秘密的聚会中敬拜上帝，也因此被押送法庭、惨遭虐待。现在他们了解到，那个压迫他们的权力其实不合法，于是他们奋起反抗，一下子就引来普遍的关注。有时，远程押送途中的囚犯在半道上被劫，逃离了差役的掌控；有时，甚至已押上法场的死囚也被突然劫走。那些已逃往瑞士的人酝酿起另一个具有重大政治和宗教影响的计划，即通过一次兵变推翻吉斯家族掌控的政府。他们认为此事既可行又合法，因为吉斯的政府已经让国家不堪重负。

有人对加尔文谈起了这个计划，不料他坚决反对。如果想让加尔文同意对非法行使权力的吉斯家族展开攻击，那么他必须事先看到一份各

①Christaudin一词来自新教徒的祷告用语“Chrsite audi nos”（求主垂听）。当时还没有“胡格诺”一词。——译者注

位王族勋贵要求行动的晓谕，甚至高等法院反对吉斯家族的声明。

这次兵变密谋最重要的策划者是一名佩里戈贵族——拉·雷诺迪耶领主。他之前为了躲避审判而逃出勃艮第。现在他被准许返回法国，出席其未决案件的复审。他的姻亲死于吉斯家族的处决，所以他企图向吉斯家族复仇。拉·雷诺迪耶本人既不可靠，也非品行端正，却在组织行动和发表演说方面独具天赋。在布列塔尼的南特，他成功争取到不少法国贵族对其计划的支持。这些贵族因政治上和宗教上的失意而聚集在一起，都坚信吉斯家族的权力来自非法篡夺，理应推翻，从而恢复法律的公正。拉·雷诺迪耶毫无顾忌地对其中一些人声称孔代亲王才是这次行动的真正领袖，但是其本人不便暴露；他又向另一些人保证，根据德意志神学家和法学家的鉴定，他所策划之事是完全合法的。这份鉴定从未真正地被谁看到过。它不可能出于加尔文或其同工之手，也不存在确凿的历史证据表明拉·雷诺迪耶与孔代亲王就此事有过任何约定。当时的历史学家更接近这一事件，根据他们的叙述，孔代亲王始终矢口否认，高等法院后来也宣告他无罪。整个事件的真相仍然笼罩在看不真切的晦暗之中。拉·雷诺迪耶是否真的与英格兰女王暗中勾结过？女王视吉斯家族为私敌，把法国人在苏格兰的活动归咎于他们，巴不得法国国内出现反对他们的运动。诸如后来出任首相的洛皮塔尔[①]等人也参与了此事？当时的谣传对此言之凿凿。有人推测，按照原计划，密谋者将在布鲁瓦动手。可是行在突然从布鲁瓦移往安布瓦斯，迎向密谋者所来的方位，对行动不利。据英格兰公使所述，早在1月28日，移驾之事就已经决定。而南特的聚会发生在2月中旬。

我们不妨放弃彻查密谋者行动的秘密，仅跟踪事态在安布瓦斯的进

①米歇尔·洛皮塔尔（Michel de l'Hôspital，约1505—1573），法国政治家、人文主义者，1560年起出任首相。洛皮塔尔主张宗教宽容，竭力调解天主教保守势力与胡格诺派的冲突。——译者注

展。这方面，我们有每一天的详细档案。

朝廷行在在旺多姆和沙多雷诺兜了一个大圈子，无所事事地向安布瓦斯进发。可是就在安布瓦斯近旁，朝廷察觉到周围蠢蠢欲动的敌意。吉斯家族之所以没有认真干预苏格兰的内讧，是因为他们担心已经开始的战争会引起一次普遍的暴动。3月7日，有人谈起一个阴谋的曝光，而参与阴谋的嫌疑人已被圈定。吉斯兄弟让人武装保护自己，并召集新的军队。当日，图尔附近的地区有携带手枪和弹药的骑兵被截获，图尔本地甚至爆发了被召来此地的贵族与国王军队的流血斗殴。“胡格诺”之名就在那里诞生了，它最初指代一群突然出现的暴民，而且可能与当地流传的国王于格·卡佩的狂猎故事有关。而且，“国家的胡格诺教徒”与“教会的胡格诺教徒”还有所不同。英格兰公使的语言难以足够生动地描绘出朝廷在面临动乱时表现出的混乱与一筹莫展：没有人知道谁可信、谁不可信，昨日被批准离开的人今日又被召回，今日可信赖之人明日也许完全指望不上。主要出身较低等级的叛党被逮捕，但旋即又被释放，甚至收到一份小礼物。另有一群贵族聚集在附近的一座城堡里。按照他们的说法，他们在那里是为了起草一份请愿书。可是他们却投降，在保证得到善待的前提下，被带回安布瓦斯。整个事变中最重要的事件发生在3月17日，尽管这件事也没有什么意义。这天清晨，约150名骑兵向安布瓦斯城堡进发。他们抵达城门，朝附近的一座教堂放了数枪。此刻，城堡内院里鼓声大噪，人们朝向坐骑和兵器高声呼喊。骑兵队察觉到自己是弱势的一方，正急忙撤退时，国王军队冲了出来。骑兵队被击溃，部分被杀，剩下的被俘。迄今为止都保持住的容忍克制转变成了最残酷的暴行：一些人被绞死，另一些人被扔进河里淹死；18个有名号的头目被用剑斩首，首级悬挂在木桩上，其中就有最重要的领袖拉·雷诺迪耶的头颅。他是在英勇的战斗中丧生的。吉斯兄弟对能否抵御敌人新一轮的进攻完全没有把握，他们着手加固安布瓦斯的城防。

加尔文把这一事变与疯狂骑士的冒险相提并论。就像他曾谴责他们的计划一样，他现在直斥这个计划在付诸实施时表现出来的幼稚和逡巡，同时因自己从一开始就反对这么做而自鸣得意。

我们不应弄错，造成重大影响的其实是整个运动，而不是作为其核心和表征的这次行动本身。

面临风暴的到来，枢机主教缓和了他的政策。不晚于3月8日，即还在第一次骚乱发生之后、安布瓦斯被冲击之前，他就颁发了一份公告，宣布释放被监禁的新教徒。他还声明，所有按照日内瓦仪轨领受圣餐和洗礼的人以及出席日内瓦牧师布道会的人都将得到宽恕并免于惩处，只要他们继续做良善的天主教徒与教会忠诚的儿子。只有布道家本人、公开参与暴行者与涉嫌密谋反叛国王和国家者才得不到特赦。之后，随着心中忧虑的增长，枢机主教又承诺宽恕每一个曾有心向安布瓦斯进军的人，只要他们启程返家。这么做的效果难以估计。政府头一回放宽了至今恪守的严酷律法，而且亲自宣称，实施这些律法是不可能的——毕竟，国王登基的元年就充斥大量近乎血腥屠杀的处决甚是不妥。各地的监狱都开放了。可是，怎能期待这些被释放的人回归天主教的礼拜呢？在审判之中，他们尚且宣称自己有理，如今只会更加笃定他们为之献身的事业的美善。

一条1560年5月在罗莫朗坦颁布的敕令以严厉的措辞禁止新教徒聚会，而且低等法院有权自由查封这些聚会。在敕令中，政府没有完全回归过去司法程序的严厉。它放弃了对信仰声明的讯问。正如首相所言，教会田地上长出的野草已经太过茂盛，以至于不得不放弃把它们刈除。

可是，一方面不再惩罚观念里的宗教信仰，另一方面却禁止宗教聚会，两者其实无法调和。只有在敬拜聚会之中，信仰才能够得到充分的表达。新教徒的礼拜集会被视同于乱党聚会，这伤害了他们的感情。在所有的省份，人们纷纷要求撤销新的敕令。

尚在1560年夏，一个机会出现了，它使得撤销新敕令的诉求以最强有力的方式表达出来。

随着宗教、财政和政治局势日蹙，朝廷打算召集众位枢密大臣议政。法国的各大元帅、骑士团成员与政府各理事会的顾问在枫丹白露济济一堂。大司马蒙莫朗西和海军上将科利尼也出席了。

海军上将早已皈依新的信仰，但是尚未公开决志过。前不久，他平定了诺曼底的骚乱，建立了新的功勋。现在，他打算在会上了结这个让一切围之而转的大问题。枫丹白露显贵会议在1560年8月23日举行第一次座谈。在国王宣布会议开始后，科利尼就直接起身向国王递交了两封请愿书。这两封请愿书来自分散在全国各地的自称“信徒”的教会改革追随者，其内容非同小可。

在第一封请愿书中，他们正式撇清自己与安布瓦斯事变的关系，声称只有放纵派与无神论者才会赞同这种行径。在第二封请愿书中，他们论证放弃宗教聚会其实不可能，而为了不必再暗中聚会，他们请求国王批准他们建立可以布道并举行圣餐礼的教会。

这是完全站在个人信仰立场上的诉求，不仅对教会，也对政治造成了深远的影响。它力图反对王国政体与天主教教义无条件联系的观念，而当下的一切仍旧建立在这个观念的基础上。政教不可分离的观念曾给中世纪的数百年打下过深刻的烙印，而近代历史始于它受到质疑和反对。法国新教徒通过再一次拥戴世俗王权，敦促国王做出让步。没有这一让步，他们就无法生存。他们的诉求包含着重塑普遍观念的因子。

在“最虔信基督”的国王的枢密会议上，王国最杰出的人物之一阐述和力推这一理念，算得上是件大事。可是单凭此举，科利尼还是不能达到目的。枢机主教此前就能够把监狱打开，条件是每人重拾旧的信仰；但是，允许新教徒自建教会之事还远在他的眼界之外。枢机主教表示，如果国王应允了新教徒，就相当于认可了他们的偶像崇拜，他将因此失去天国的极乐。

会上还提出了一些别的建议。面对这些建议，枢机主教无法做到坚决反对。

维埃纳大主教查理·德·马里亚克[①]曾长期担任法国驻皇帝查理五世宫廷的使节，亲历了当时发生在宗教和政治方面的种种差错，积攒了相当丰富的经验。他深信，法国政府的立场十分孤立，面对普遍的运动难以为继。同时他认为，在别处卓有成效的等级制度也是法国不可或缺的。他还讲道，据说在一些省份，如果没有三级会议的批准，民众就不再支付加派的税款。于是他提议，同时召开三级会议与全国宗教会议：前者针对财政问题；后者其实在德意志颇为常见，用于协调宗教形势。在做陈述的时候，德·马里亚克的口吻坚定有力，却同时带有几分与众不同的圆滑腔调。在提出建议时，他懂得着重渲染浅白明了并容易博得支持的方面，年轻的国王也从中获得了直观的印象。枢机主教无意反对召开三级会议，因为他希望可以借助三级会议在财政问题上安抚国民，并再次借款；但是他极力反对召开宗教会议，既然教会早已对所有问题做出裁决，所以宗教会议的召开至少缺乏必要性。最终，他在两件事情上都做出了让步。根据决议，宗教会议将于1561年1月召开，此前的一个月，即1560年12月，将召开三级会议。会议的召集令随即发出。

罗马和西班牙方面都对枢机主教查理的妥协感到惊诧。威尼斯人索

---

①夏尔·德·马里亚克（Charles de Marillac，约1510—1560），法国外交家、高级教士。他年轻时就是巴黎高等法院的法官，因为同情宗教改革而主动离开巴黎，先后长期担任驻伊斯坦布尔、伦敦和帝国宫廷的使节。1557年，升任维埃纳大主教。1560年，出席枫丹白露显贵会议，因提议大胆而不容于吉斯兄弟，被迫挂冠而去，不久去世。——译者注

里亚诺[1]一口咬定，枢机主教绝对不是认真的，他只不过是想忽悠那些改革成瘾的人，先稳住他们，再控制住他们的首领；因为他相信，只要惩罚了为首的人，一切就自然被扼杀了。

每当读到意大利人谈论那些为未来打算的深沉心机，我总是半信半疑的。很明显，枢机主教只是勉强、被迫同意召开这些协商会议。既然他不得不置身暴风骤雨中央，他又怎能躲避？外交形势也江河日下。苏格兰的吉斯党人与亲法派被迫达成一项不利的协议，承认英格兰对苏格兰的影响，这意味着法国影响的下降。如果枢机主教把外交上的败北归罪于国内的运动，即使他有理，那么他身为领衔大臣的地位也会因所承受的不利形势而始终岌岌可危。

如果权力的运作仍在枢机主教最初设计的轨道上，那么让洛皮塔尔这种信念不坚定的人手握大权就令人费解了。

想在这个政府里找到统一的计划与稳妥的执行，完全是徒劳的。人们所见的，只是恣意妄为的严酷与得过且过：危险来临时，它就畏缩；外来势力进逼时，它就退让；但它仍然企图不惜代价地保住、甚至增强手中的权力。

全国各地都在为宗教和国家事务上的言论自由前景欢呼，将其视为最令人高兴、最有希望的变革之一。各省召开的大会上，全面改革再度成为话题。这些想法曾被多次提出，但也屡屡遭到打压。无数传单被散播到各个省份、各家各户，它们以最激烈的言辞向教士、贵族、法院和滥用的职权宣战：教士和贵族违逆了最初的使命；法院只为钱宣判，没有钱时则一事无成。据称，十三个省份中的十个都持这样的观点。

无论教俗两界反对派的声势如何浩大，吉斯兄弟自信可以压服他

①米凯勒·索里亚诺（Michele Soriano），威尼斯共和国驻西班牙国王腓力二世宫廷公使。——译者注

们。他们变本加厉地把权力集中在他们与盟友的手中。尚在安布瓦斯动乱期间，弗朗索瓦·吉斯公爵就被任命为大都督，执掌军权。科利尼被剥夺了皮卡迪行政长官的地位，但是这项权力也没有交给孔代亲王，即使他按照法国的惯例对其提出要求，也无济于事。接管皮卡迪的布里萨克元帅[①]成了吉斯兄弟的党羽。其他封疆一方的波旁家族成员身边都安插了吉斯兄弟挑选的副手：不久前刚脱离蒙莫朗西家族势力的夏维尼领主分配给安茹、都兰和缅因–勒–罗伊的蒙庞西埃公爵，西皮埃尔领主腓力贝尔·德·马西里分配给奥尔良的永河畔罗什亲王。下级政府被托付给心腹管理，从而脱离了上级政府的掌控。在这个时期，集军、警大权于一身的各省封疆大员都被迫站队、卷入党争。

至于哪些意图在主导政府的行动，还可以在委派泰尔梅元帅[②]处理佩里戈和利穆赞两地的一道谕令中看出。谕令称，在那两个省份，人们就像生活在日内瓦一样，悖逆上帝和国王的荣耀；元帅应首先抓捕布道家，然后抓捕为布道家提供便利的官吏，各按罪责加以处罚。如今，强有力的镇压措施在各地启动。焚书、迫害布道家以及拘捕、判罪和处决的新闻处处不绝于耳。早年参加过战争的老骑士们来到安布瓦斯，当看到昔日战友的首级插在木桩上时，他们十分愤怒。“嗐，他们斩了法国的首级，”老欧比涅[③]啐道，“这些刽子手！”

有时，人们会指责法国的新教徒与一个政治派别勾连过深。可是在这样的形势下，新教徒又如何能够置身政治之外？吉斯兄弟机关算尽，

---

①查理·德·科塞（Charles de Cossé，约1505—1563），布里萨克（Brissac）伯爵，1550年获“法兰西元帅”头衔，与彼得罗·斯特罗齐、泰尔梅元帅是同僚。通称“布里萨克元帅”。——译者注

②保罗·德·拉·巴特（Paul de la Barthe，1482—1562），泰尔梅（Thermes）领主，1558年获“法兰西元帅”头衔，通称“泰尔梅元帅”。——译者注

③译者推测，此处兰克语焉未详的“老欧比涅”是指信奉新教的法国军队统帅、诗人台奥多·阿格里帕·德·欧比涅（Théodore Agrippa d'Aubigné，1552—1630）的父亲。他小时候与父亲在前往巴黎的路上经过安布瓦斯，看到大量“安布瓦斯阴谋”事件后被处死者的首级，受到极大的心理冲击。——译者注

正是想把血统最近的亲王与新教徒同时打倒：前者被排除在权力中枢之外，后者被镇压。亲王们除了与新教徒建立起紧密的关系，还能做怎样的选择？

加尔文对三级会议没有太大的期待，对广而告之的宗教会议更不抱任何希望——反正会上的每一项决议都会转交给一次更大的宗教会议处理。他反而对纳瓦拉国王与孔代亲王温和的反抗寄予厚望。为此，加尔文动用了他的全部影响力，在各省阻止其追随者的暴力行动，尤其强占教堂的行为。借此，加尔文允许并乐见他的同工贝扎[1]穿过遍地骚乱的省份，冒着极大的危险前往贝阿恩，打算在那儿与纳瓦拉国王达成协议。加尔文许可了贝扎的行动，并乐于见到此事的进展。加尔文的意图是促使纳瓦拉国王发起一次盛大的示威。纳瓦拉国王应带领普罗旺斯、朗格多克和诺曼底三地的贵族共同反抗吉斯兄弟。加尔文认为，只要纳瓦拉国王敢于行动，就能兵不血刃地打破强权者的权力。他深信，只要在法国组建一个反对派，就能够分化目前只信奉强权的吉斯兄弟的党羽。他估计卡特琳王后会施以援手，因为王后了解什么对她有利。

贝扎的出访当然不是一无所获。由于他的到来，贝阿恩宗教改革的实施有了最直接的动机。可是，最重要的目标却没有实现。

纳瓦尔国王安东是一个和善、慷慨、有教养的人。他虽然心慕新教，却没有能力做出充满男子气概的大胆决断。当法国朝廷邀请他过去，在当时的情势下，他没有胆量抗命，尽管他被再三劝阻。他曲意逢迎，以致没有人会对他或者陪同他的兄弟孔代亲王下手。朝廷当时驻跸奥尔良，正在筹备三级会议[2]，一面逮捕了一批可疑的市政官吏，一

---

①台奥多·贝扎（Théodore de Bèze，1519—1605），加尔文的学生、法国宗教改革时期重要的神学家。——译者注

②指1560年12月的奥尔良三级会议，由太后卡特琳召集，重点讨论宗教议题。——译者注

面召来皮埃蒙特和皮卡迪的雇佣兵以及从苏格兰返回的连队担任护卫。于是，枢机主教吉斯完全掌控了当地及周边的局势。两位亲王抵达后不久，孔代就被传唤。安布瓦斯事变以来，朝廷引入了审查制度。孔代因此受到严密的拘押，而朝廷已经郑重地讨论过是否判处他死刑。还有传言说，纳瓦拉的安东某天差点被年轻的法国国王亲手杀死，只是那一刻国王缺乏勇气，安东才捡回一条命。这样的传言与其说建立在事实的基础上，不如说它表达出纳瓦拉国王的担忧和胆怯。当各等级的代表抵达奥尔良时，宫里晦暗不明的事态，以及全国境内猖獗的恣意处决，让所有可见的前景都变得黯淡。有人断言，枢机主教意欲操控在场的各等级，趁机获取审理诸亲王的授权；并且郑重其事地通过决议，谴责新教徒。如果真的这么做，与会者都将被迫签署天主教的信仰声明。签署该声明是全国所有人的义务，从当权者到老百姓概莫能外，每一个神甫都不能幸免。谁如果抗拒签字，他就会被送交残酷无情的异端法庭。为了顺利执行这项措施，好几支军队将被派驻全国各地。在这样的形势下，天主教会与吉斯家族的权力将永远稳固。

我找到了一些支持这些断言的事实，却没有找到确凿的证据。无论是争夺统治权的派别，还是统治权受到威胁的派别，他们的终极目标很难在某时某刻变得清晰可辨，直到在各自的结局中自行显现。一切事物的发展都如此依赖枢机主教个人，对他的惧怕和仇恨都达到了无以复加的程度。然而，枢机主教手握权柄的日子也终于到了尽头。他的所有权力都取决于年轻国王与他的关系，而他也从未放任国王自行其是。1560年12月5日，国王猝然辞世，此时三级会议尚未召开。

十七年前，当这位国王出生时，举国欢呼，人们把他的降世视为法国最大的幸运。可惜他的父王早逝，在他成年、能独立干预政务之前，顽固的天主教信仰与朋党争权交织在一起的复杂局势使他在位的年月昭示出当下和未来的多灾多难。

枢机主教洛林的查理大胆利用三方面的资源为自己谋利：一是他所获得的对教士阶层与部分等级的影响力，二是天主教大一统的观念，三是听命于他的庞大军队。他还把他兄弟的进取心与王太后的支持算计了进来。迄今为止，王太后始终站在他一边。枢机主教告诉王太后，她身为外国人不受欢迎，假如没有他与盟友的护佑，她无法维持现在的身份。可是，他的兄弟首先脱离了他的摆布。吉斯公爵懂得贵族的高尚，贵族的忠君情感他感同身受。他认为，不合法的国家改革是不可能坚持下去的。枢机主教看错王太后的地方更多。太后渴盼一个能一举结束吉斯兄弟擅权的时机。她曾经忍受吉斯兄弟把持朝政，因为那是出于弗朗索瓦二世的意思，所以是不可避免的。她觉得，现在是让吉斯兄弟了解真相的时候：公众对上届政府的憎恨不是针对她的，而是针对他俩的。

“就在失去一切的时候，”贝扎说道，“瞧，我们的上帝醒来了！”

形势发生了根本的倒转。这个转变不是一蹴而就的，而是步步为营，方向日益明确——在思想意识的领域里，加尔文已经打败了枢机主教。

第十一章

三级会议及法院方面的协商

与上一次王位更替不同，新登基的国王无疑还很年幼。于是，所有迄今遭到否定的权益如今得到了伸张的机会。

甚至王后本人也怀有某种尽管不甚明确的诉求。卡特琳·美第奇没有花费时间哀悼她已去世的儿子。尚在人世的最年长的儿子顺位继承了王位。他就是查理九世，当时11岁。她挽着他出现在枢密院会议上；他指示在这里聚集的国王重臣们：母命就是王命。

依据王国自古以来的法律和习俗，宗室亲王们领导国事的权力是毋庸置疑的。枢密院决定，大小事务皆应问策于第一亲王，即纳瓦拉国王。加尔文企图以一次浩大示威促成的事情就这样成了现实。法国贵族如今确实拥有了一位领衔的亲王，他们由衷地信任这位爽直、正派、平易近人的亲王。

1560年12月13日，等级会议终于召开。枢机主教明令禁止等级会议就宗教事务发表意见。然而，在他失势后，宗教事务恰好成为当届会议最重要的议题。

第三等级的建议旨在完全改革教会制度。鉴于太多高阶或低阶的教士私德败坏，有人提议引入教会职位普选制度：社区自行选举神甫，主教只需要加以确认。神甫的考核应在博学而有名望之人的主持下公开举行，主教应由各城的神甫与世俗名流共同选出，而大主教则由其下辖管区主教、座堂神甫与堂口神甫选出。教会地产绝不可由教士专有，其中三分之一应用于救济贫民，另外三分之一应用于建造教堂、募捐善款、开办善堂与学校。不难看出，第三等级所建议的，几乎就是以世俗社会的结构重组教士阶层。

大部分贵族代表提出的建议更加深入。他们之中传出的意见表明新教观念已在某些地区占据优势。都兰的贵族模仿德意志抗议宗的措辞，要求完全依照上帝的话语改革教会——既不添油加醋，也不偷工减料；此后，应举办一次自由的宗教集会，参会的每个人都有权自由发表意见，而不用顾虑未来会承担什么责任。来自诺曼底、吉耶讷、普瓦捷、图卢兹、布列塔尼等总共52个郡的贵族代表都对现行的宗教政策提出异议，而他们大多持相同的看法：教士不再宣讲上帝神圣的话语是一切混乱的源起。代表们要求召开自由的神职人员会议，并且以上帝话语为准绳，裁决所有的争端。而上帝话语仅存于旧约与新约的教会正典之中。被枢机主教威胁打压至今的改革宗教会特派代表也前来赴会，提出他们的诉求，从而声援贵族代表们。他们也提议召开一次自由的协商会议，并且释放近期遭到监禁的同道；准许自由的布道集会与圣餐礼则是他们最迫切的要求。

三级会议的现场未能达成任何协定。所有的契约都随着先王的逝世而失效。洛皮塔尔认为，只要大部分参会代表认可卡特琳的摄政权力就已足够。为此，他一再尽心竭力地向众人做出保证。洛皮塔尔宣布散会，同时宣告不久之后将召开下届三级会议。为了减少开支，13个大区的每个等级都只允许派遣一名代表参会。首相还要求各省、各郡在会前就商定参会代表的提案。

可以想象，这些人事、规则的骤变将多么震撼人心，也多么令人惴惴不安！

威尼斯公使巴巴罗[①]称，目前受人拥戴的领袖人物共计四位：太后卡特琳、纳瓦拉国王安东、吉斯家族与大司马蒙莫朗西。太后企图掌控一切，追求更大的权力；她认定纳瓦拉国王将抢班夺权、独揽朝政；吉斯家族曾经执政，如今依然位高权重；蒙莫朗西统率军队，因为品格高尚而享有盛名。分别追随四位领袖的派别彼此视如寇仇。局势是多么不堪！稚童称王，妇人摄政，所有的权贵陷入争斗，民众为信仰揭竿而起。

我不想在此描绘党派间的冲突、领袖人物的过场以及他们影响力的此消彼长，也不愿叙述舆论如何在权力的秤盘上朝秦暮楚。况且，相关的记载疏漏颇多，而且自相矛盾。在所有的起起落落之中，我们可以从真正发生的事件之中看出局势的走向。

太后借助其个性中超凡的能量与各位宗室亲王达成了谅解。纳瓦拉的安东把领导国政的大权移交给她，自己满足于被承认为大都督——在所有臣服国王的领地代表国王本人。安东在三级会议内有强大的派系势

---

①马可安东尼奥·巴巴罗（Marcantonio Barbaro，1518—1595），威尼斯共和国外交家，出身威尼斯古老的贵族世家巴巴罗家族。他也是著名的文艺复兴建筑师帕拉迪奥（Andrea Palladio，1508—1580）的赞助人。——译者注

力，因此三级会议被禁止讨论有关政府组成的议题。只要宗室亲王参与起草的敕令中引用他们的名号，这就算合乎法律。孔代亲王被释放，还在枢密院取得了一个席位与投票权。海军上将科利尼也重返他的职位。他联合首相瓦朗斯主教，偶尔还联合奥尔良主教，强有力地推动局势日趋缓和。可是，吉斯党人还没有被驱逐，布里萨克、泰尔梅、圣安德烈与图尔农枢机主教仍然抗拒大势。最高权力中枢内无法形成稳定而明确的政策导向。

在此期间，各地的新教徒群情扰攘。他们冲破阻碍，公开举行礼拜。人们从法国各地涌至加尔文门下，请求他分派宣教士。那情形仿佛一切已经尘埃落定。加尔文本人十分惊讶。群众运动成了星星之火，新教徒纷纷开始武装防卫。进犯与守卫的行动一时让整个王国内陷入动荡和斗争。

在新局势的影响下，枢密院有时会通过一些温和的决议。某次在博韦出现的民众骚乱招致了针对新教徒的血腥暴行，这件事促使政府颁布敕令，正式给予新教徒受保护的权利。每个人都应该能够在自己家里或在朋友处享受安全，只有法官和公务员有权公正地介入这些事务，而其他人不得利用过去敕令中有关非法集会的规定作为滋事的借口。国王更愿意看到所有出于宗教原因而离开王国的人返回故乡。

然而，政府的这份声明激起了国内外天主教徒最激烈的抗议。西班牙公使声称，它简直就是新教徒集会的正式许可证，而且“激怒了整个基督教世界”。

局势突变的环境下，政府认为，此时正可再次把新教问题提交给巴黎高等法院裁决（1561年7月）。法院的所有成员——包括王国贵族——都发言了。吉斯公爵遭受到言辞异常激烈的讯问，而海军上将遭受的讯问也不遑多让。根据有人记录的投票表决结果，可明显看出，法院这个团体已经出现了重大变化。单纯传播异端学说的行为不会导致判处死刑，犯人仅仅被施以绝罚。这样温和的政策在两年前还是难以想象的，目前却已得到法院大多数人的支持与正式决议的批准。此外，还有相当多的人投票赞成给予新教徒宗教集会的权利；可是，最终的表决还是偏向了相反的决议。参与投票者约150人，赞成新教徒的一方仅以三票之差（另有人称是七票之差）惜败。于是，被称为《七月敕令》的新诏书禁止除天主教以外一切形式携带武器或不携带武器的宗教集会，尤其是圣餐礼，违者将被判处死刑或没收财产。

三级议会代表再次聚集。教士代表被安排去普瓦西参加特别会议；贵族代表与第三等级代表则在蓬图瓦兹开会，他们都是根据奥尔良三级会议的规定遴选出的，人数虽然不多，但是肩负传递各省诉求的任务。他们提出的要求简直出人意料，与新敕令的精神背道而驰。

部分贵族在奥尔良会议上提出的权利要求，如今在蓬图瓦兹成为贵族等级的普遍要求。各大区的贵族代表一致要求，宗教争端的判决应依据四福音书的教导与新、旧约中神的话语，而且，在判决之前，不得迫害任何持有使徒信经或亚那他修信经立场的人。

此时，这些观点也渗透到了第三等级之中。第三等级奏请国王，在3个月内召集自由国民宗教会议，国王本人主持大会。任何出于个人利益而致力于让所有受到质疑的规条仅凭神的话语裁断之人，不得参与投票表决；而在会议做出裁决之前，国王会禁止一切宗教迫害活动。毕竟，人可以不明智地逼迫他人做出其本性认定的邪恶之事。第三等级代表的诉求还不止于此。他们向国王提出申请：在每座城市，要么把一座教堂划拨给新近皈依的新教徒使用，要么就批准他们新建一座教堂——在那里，人人皆可观看他们做什么，聆听他们说什么；一位王室官员将留心他们，防范任何借由他们或针对他们的群众骚动出现。

这些决议意味着什么是显而易见的。贵族和第三等级针对召开宗教会议提出的条件自身就包含新教的原则。甚至可以设想，这些提议将使法国的宗教改革走得与德意志一样深入。而且，既然法国国家更加统一，那么改革或许会走得更远。

这些决议的手稿原件现在收藏在巴黎的图书馆，可是很少有人甚至根本没人提及它们。这引起了我的注意。文件本身以及与之有关的一切都值得引起关注，不只是为了了解事件的发展，也是为了认识时代与它的大势。

贵族等级迫切要求改组法院和政府。他们的出发点是，法院不可牟利，而应承担公共责任。按照贵族的意见，各行政区每三年从贵族以及其他等级遴选合适的人员，这些人不仅可被委任低等法院的职位，也可在高等法院占一席之地。他们一旦承担起职责，就无权逃避义务，即使所得的俸禄与他们的付出和职责不相称。永久的委任只会导致懈怠；在这样的机制下，每个人都愿意努力赶超他人。

与之相关，贵族等级还期望大区总督的任期限于三年。与此同时，第三等级重新提出了他们在图尔[①]提出过的要求：每两年召开一次三级会议；未经三级会议批准，不得加派税收，不得发动战争。第三等级还提出枢密院的人员组成规则，其中包括枢密院内不可有教士，因为教士出于特殊的誓言还应对教皇负责。为了整顿财政，年轻的国王打算委任一个等级会议理事会，回收财政官员为牟利而诈取的或者借征收过量军饷和养老金而中饱私囊的钱款。这次大搜查仅太后一人得免。国王受人提示，重点查处教会的财产。他有两个选择：要么下令，教会薪俸的享有者最多只能从中支取5000利弗尔，余下的都进入王家财库；要么

①指1484年的图尔三级会议。——译者注

就干脆出售教会地产。有人计算过，教士的总收入不会超过400万利弗尔，而有望来自地产售卖的地租额收入将远高于此。人人都向往占有土地，倘若国王愿意把较大的地产升格为男爵领地，那么长期以来被有意隐藏的土地所蕴含的财富将大白于天下。毫无疑问，国王会从土地的售卖中获取1.2亿利弗尔。按照通常的利率，他仅需要4800万利弗尔作为本金，就足以覆盖教士所需的400万利弗尔，保障这笔款项的支付。盈余的7200万利弗尔都归国王所有，清偿债务、回购领地需要花费其中的4200万利弗尔，所以国王还剩下3000万利弗尔。这笔钱他最好借贷给王国内最重要的城市，使金钱流通在人群里，贸易将繁荣，王国的富庶和权势将蒸蒸日上；利息可用于巩固边防、供养军队。教会地产的买家将被晋升为领主，他们会为国王出兵效力，作为真正的陪臣尽职尽责。

长期以来，上层权力已经遭到滥用，人们在冷眼旁观与默默忍受中蓄积了发动根本变革的想法。因此，人们抓住一次重大运动中出现的各个时机，试图奋力一击，从而把根本变革从想法变成现实。第三等级在蓬图瓦兹的提议具有鲜明的意图：通过定期的选举更新市政机构；大规模出售教会地产——这既有利于国王，也有利于贵族与各等级；使教士阶层接受国库奉养；每两年定期举行三级会议，限制王权。全部的蓝图加起来足以组建一个全新的法国。它们与后来通过革命所实现的有相似之处：高等法院与教士阶层没落了，而第三等级获得最多的好处。但不同之处在于，贵族阶层不仅没有被推翻，反而得到增强。这场运动不是源自某种反抗哲学，而是出于新教理念。新教的诉求究竟会不会带来天翻地覆的变革，只消看看英格兰的状况便可知晓——所谓的变革竟然可以如此微小。可是，一方面是财政的困局与普遍可见的政治骚动，一方面是宗教改革的大潮与最高权力的阙如，这一切同时发生着，使法国再难避免天下大乱。

乍一看，新教运动与政治联结，势必声势大振；仔细考察便知，那些政治思想是宗教思想尽管强大、却高度危险的盟友。我找不出任何一名新教运动的重要代表人物明确表示拥护新的政治趋向，但也找不出他们之中的任何人凭借坚定的意志、深刻的洞察与之划清界限。政治与宗教联袂登场，势必唤起针对宗教改革运动的敌意。这些敌意的出现也许不是不可避免的。敌意来自三方面：一是天主教会的势力，尽管这股势力在英格兰甚至是有助于宗教改革的；二是在法国本土享有深厚名望的高等法院；三是被迫交出财产的权贵们，他们认为，那些财产是他们在为国王效力的过程中或者从现行的赏赐体制中正当取得的。改革的前景如此难以测度，令人望而却步。

同时，普瓦西的教士会议也达成了一份立场针锋相对的协定，把政府从迫在眉睫的困境里解救出来。教士等级受到王权与第三等级的诉求以及时代风潮的压迫，提议连续6年每年提供160万利弗尔赞助王室，条件是其地产与特权不受侵犯。太后与首相都认为开出的价码不够，可是他们最终接受了。倘若他们当真采取土地出让或者体制性征敛等措施，不但前景不明朗，甚至有可能令整个天主教会与己为敌。相比之下，让教会财富直接进入流通是更好的选择。于是，政府与教会签署了一份对法国政治制度影响重大的契约。由于教士往往身居要津，王权与教会原本就过从甚密，如今，王权又在教会地产的占有上找到了新的利益点；天主教会及其财产则取得了受王权保护的新权利。

在普瓦西，各方还试图就另一个显然极其困难的议题达成协议——信仰问题。在政府的主持下，天主教会的高级教士与改革教会最重要的代表当堂对质。后者包括曾经身披僧袍、甚至被主教授予过神职的教士，他们由加尔文和孔代亲王的好友台奥多·德·贝扎领衔。贝扎是一位气质威严、满腹经纶、举止优雅、信仰坚定的俊美男子，连宫廷女眷也喜欢观察他时而戏谑、时而郑重地与洛林枢机主教论辩。如果他们心怀和解的真诚意愿，那么他们是否真的能够在教义的观点上达成和解？对此我不想做判断。圣体圣事是论辩中最具争议、最关键的部分，即使在这个方面，双方的立场其实已经非常接近。在由天主教方面最博学、最温和的人士组成的理事会内部，众人一致同意采用一套关于信仰能够赐予精神平安喜乐的说辞，从而令论辩双方感到满意。可是，当这套说辞返场到高级教士会议上时，无人喝彩，这让理事会处境尴尬。高级教士们遂制定出另一套说辞，而改革派宣称无法接受。如果说改革派只愿意暂时搁置神学上的若干争端，那么这样的让步是否能够真正维持下去？加尔文是否同意这么做？这些都是不确定的。

实际上，会上的争论不再是关乎一些教条或者对它们的调整，而是宗教生活和宗教思想的两大体系之争。参与普瓦西会议的索邦神学院代表人数众多，岂肯退让？何况，他们不久前刚刚给先前公布的信条添加了最严苛的规定。索邦神学院坚守教条，否则宁可毁灭。

这并不意味着索邦神学院有能力重新伸张针对宗教异端而设的旧的处罚规定。新的教义不光拥有纳瓦拉王后约翰娜这样显贵的热心拥趸，还通过广泛的布道与贝扎的社会活动多渠道地进入宫廷。最令索邦神学院忌惮的是它在国中不可遏制的传播。有人统计，截至1561年秋，全法国已有2000多家改革派团契。雨后春笋般的增长态势给予这些团契抗拒官方的顽强信念。某日，从一次宗教庆典返回的新教徒遭到巴黎民众的谩骂，附近领地的骑士决定下次集会时带领数千人到场，如果再次发生侮辱信徒的事件，他们就会攻占教堂、驱逐修士。为了避免发生不幸，政府请求新教徒推迟集会。政府还指出，假如驱逐或抓捕那些受民众爱戴的布道家，民众就会转投再洗礼派——一个企图摧毁包括国家在内的一切的派别。这一点让政府再无办法回归昔日的政令。在混乱的局势下，各种无政府性质和颠覆性质的运动在法国蠢蠢欲动，新教运动其实也是抵御这些极端运动的盾牌。

为了给法律的放宽一个符合王国宪制的基础，中央与各地的法院代表再次开会，商讨应采取的相关措施。拖延了一段时间后，这次会议于1562年1月5日在圣日耳曼召开。与会者中不乏仍然期待法律回归重典之人。首相洛皮塔尔询问众人，国王是否应当下令诛杀如此众多值得尊敬的子民？他想听人讲述，严苛的敕令究竟带来了怎样的效果——最关键的问题不是哪种信仰才是真的，而是人们应该如何和平共处。洛皮塔尔说服了绝大多数与会者，使他们承认，对新教徒妥协势在必行。然而，在新教徒是否有权立即使用教堂或者被给予自由集会权的问题上，众人的意见尚不能很快达成一致。表决时显示出的票数比例颇有意思：在49名参会者之中，22名同意新教徒有权使用教堂；16名只同意给予集会权；余下的是顽固的天主教徒，他们从一开始就抵制任何形式的让步，始终不渝。

在这一轮协商的基础上，新的敕令于1562年1月颁发[①]。该敕令废除了所有针对包括城外聚会在内的新教徒聚会的刑罚，并且正式许可新教徒的布道、祷告与灵修。但是，新教徒必须起誓，不得宣讲新旧约圣经与尼西亚信经范围以外的学说。此外，他们应遵守民法；未经王家官员批准，不可召开教会代表会议。

布道家们欣慰地接受了新敕令。他们还发布了一篇特殊的注解文，逐条认可敕令的内容。

这还不是他们所期望或所要求的全部。不过，与他们至今所处的非法状态相比，新敕令所给予的已经太多。在特定的条件下，他们确实如同曾

①指《圣日耳曼宽容敕令》（*Édit de tolérance de Saint-Germain*），该敕令给予胡格诺教徒有限的信仰自由。——译者注

经的德国新教徒一般被纳入王国保障的和平秩序中，没有一个省份、一个地点被排除在外。

巴黎高等法院起初拒绝批准该敕令。可是，眼见群情扰攘并且愈演愈烈，高等法院也想不出其他能够缓和局势的办法。在朝廷的迫切要求下，高等法院终于让步，但一些法院成员故意缺席批准仪式。两年半前因亨利二世的强势干预而被中断的进程如今总算完成了。视维护法制为己任的大型市政机构在那时就认为，有必要放宽惩办异端的教会法章程。市政机构尽管已经把倾向新教的成员清理出去，但在六个月前再一次提出了放宽司法的动议，表决时因微弱多数的反对而作罢。眼下，随着其他市民团体相继确认了新法令，市政机构也终于予以认可。新教徒争取到法律的许可，就以为教皇体制行将就木；他们笃定地认为，只要自己的信仰获得自由的空间，它的力量就不可抗拒——他们对此抱有很多期待，甚至太多。即使不考虑那些，宗教改革取得的成就已造成难以估量的影响。

这场异端运动起先突然爆发，随后遭到强力镇压；它源自法国国外，却在国内导致更加剧烈的对抗。最终，异端被承认为合法。

一纸由三级会议提出、由政府同意、由高等法院批准通过的敕令虽然没有为新教徒提供他们所期待的或所需要的一切，却保障了他们的生存环境和信仰生活，而他们的敌人丧失了消灭他们的利器。

从此，法兰西民族吸纳了一种崭新的生命要素。它与当时普遍的——尤其德意志民族的思想运动相联系。无论前进或败退、无论获得认可还是遭受打压，这种新的要素都会对法兰西民族的命运产生无穷无尽的影响。

附录

统治者年表（截止1562年）

由于兰克原文和译者注释中出现的历史人物较多，而且其中相当一部分人物都可以归入到某个君主、教皇或大贵族世系中，所以译者特意编写一份统治者年表，对书中出现的大部分主要人物做出梳理。

年表分为法国、意大利、西班牙、英格兰和德意志五类，教皇的年表归入意大利。法国的年表不仅包括国王，也包括本书中出场频率较高的奥尔良公爵、安茹公爵、波旁公爵、阿朗松公爵、勃艮第公爵和贝里公爵——这六个世家都是王室的旁系，以及布列塔尼公爵、佛兰德伯爵和香巴尼（莫城-特鲁瓦）伯爵三家封臣。意大利的年表除了教皇以外，还包括在本书中出场较多的那不勒斯国王、米兰公爵与佛罗伦萨共和国僭主三大诸侯。

本书正文的内容截止于1562年，所以全部年表列出的统治者都止于1562年时的在位者。

各张年表从何时开始截取以及止于何时，则根据本书的内容侧重做了不同处理。法国国王的年表从加洛林王朝开始；奥尔良、安茹公爵、波旁、阿朗松、勃艮第和贝里公爵的年表仅截取瓦卢瓦王朝时期的部分；布列塔尼公爵的年表从十四世纪后期开始；佛兰德伯爵的年表起始时间则稍早，是十二世纪末；香巴尼（莫城–特鲁瓦）伯爵的年表则截取从十世纪中叶到十二世纪中叶的片段。同样地，教皇、意大利各诸侯、阿拉贡和西班牙国王、英格兰国王与罗马人国王/神圣罗马帝国皇帝的年表也从与本书内容发生紧密联系的时代开始。此外，教皇出身多样，多有起于底层者，所属家族难以穷举，所以教皇通常仅标明其所来自的国家；如果其人出身显赫家族，亦有说明。

法国

国王			
王朝	人名	在位时间	备注
加洛林王朝	查理二世“秃头者” *Charles II le Chauve*	843~877	路易一世“虔诚者”之子，875年起为罗马皇帝。
	路易二世“口吃者” *Louis II le Bègue*	877~879	查理二世之子。
	路易三世 *Louis III* 卡洛曼二世 *Carloman II*	879~882 879~884	路易二世之子，二王共治。
	查理三世“胖子” *Charles III le Gros*	884~888	东法兰克王国路易二世“日耳曼人”之子，881~887年为罗马皇帝。
罗贝尔王朝	巴黎的厄德 *Eudes de Paris*	888~898	强者罗贝尔之子。
加洛林王朝	查理三世“糊涂王” *Charles III le Simple*	898~922	路易二世之子
罗贝尔王朝	罗贝尔一世 *Robert Ier*	922~923	强者罗贝尔之子。
博韦尼德王朝	勃艮第的拉乌尔 *Raoul de Bourgogne*	923~936	勃艮第公爵理查之子。
加洛林王朝	路易四世“海归者” *Louis IV d'Outremer*	936~954	查理三世“糊涂王”之子。
	洛泰尔 *Lothaire*	954~986	路易四世之子。
	路易五世“懒王” *Louis V le Fainéant*	986~987	洛泰尔之子。
卡佩王朝	于格·卡佩 *Hugues Capet*	987~996	罗贝尔一世之孙。
	罗贝尔二世“虔诚者” *Robert II le Pieux*	996~1031	于格·卡佩之子。
	亨利一世 *Henri Ier*	1031~1060	罗贝尔二世之子。
	腓力一世“多情者” *Philippe Ier l'Amoureux*	1060~1108	亨利一世之子。
	路易六世“胖子” *Louis VI le Gros*	1108~1137	腓力一世之子。
	路易七世“年轻人” *Louis VII le Jeune*	1137~1180	路易六世之子。
	腓力二世“奥古斯都” *Philippe II Auguste*	1180~1223	路易七世之子，头衔由“法兰克人国王”改为“法兰西国王”。
	路易八世“狮王” *Louis VIII le Lion*	1223~1226	腓力二世之子。
	路易九世（圣路易） *Louis IX (Saint Louis)*	1226~1270	路易八世之子。

续表

	腓力三世"勇者"	*Philippe III le Hardi*	1270~1285	路易九世之子。
	腓力四世"美男子"	*Philippe IV le Bel*	1285~1314	腓力三世之子。
	路易十世"吵架王"	*Louis X le Hutin*	1314~1316	腓力四世之子。
	约翰一世"遗腹子"	*Jean Ier le Posthume*	1316	路易十世之子。
	腓力五世"长汉"	*Philippe V le Long*	1316~1322	腓力四世之子。
	查理四世"美男子"	*Charles IV le Bel*	1322~1328	腓力四世之子。
瓦卢瓦王朝	腓力六世"幸运王"	*Philippe VI le Fortuné*	1328~1350	腓力三世之孙。
	约翰二世"好人"	*Jean II le Bon*	1350~1364	腓力六世之子。
	查理五世"智者"	*Charles V le Sage*	1364~1380	约翰二世之子。
	查理六世"疯王"	*Charles VI le Fol*	1380~1422	查理五世之子。
	查理七世"胜者"	*Charles VII le Victorieux*	1422~1461	查理六世之子。
	路易十一"谨慎者"	*Louis XI le Prudent*	1461~1483	查理七世之子。
	查理八世"和蔼王"	*Charles VIII l'Affable*	1483~1498	路易十一之子。
瓦卢瓦王朝奥尔良支系	路易十二"人民之父"	*Louis XII le Père du Peuple*	1498~1515	查理五世之曾孙。
瓦卢瓦王朝奥尔良-昂古莱姆支系	弗朗索瓦一世"骑士国王"	*François Ier le Roi-Chevalier*	1515~1547	查理五世之玄孙。
	亨利二世	*Henri II*	1547~1559	弗朗索瓦一世之子。
	弗朗索瓦二世	*François II*	1559~1560	亨利二世之子。
	查理九世	*Charles IX*	1560~1574	亨利二世之子。
波旁公爵				
家族	**人名**		**在位时间**	**备注**
卡佩王朝波旁家族长支	路易一世"跛子"	*Louis Ier le Boiteux*	1327~1342	国王路易九世之孙，波旁家族奠基人。
	皮埃尔一世	*Pierre Ier*	1342~1356	路易一世之子。
	路易二世"好人"	*Louis II le Bon*	1356~1410	皮埃尔一世之子。
	约翰一世	*Jean Ier*	1410~1434	路易二世之子。
	查理一世	*Charles Ier*	1434~1456	约翰一世之子。
	约翰二世"好人"	*Jean II le Bon*	1456~1488	查理一世之子。
	查理二世	*Charles II*	1488	查理一世之子。
	皮埃尔二世	*Pierre II*	1488~1503	查理一世之子。
	苏珊	*Suzanne*	1503~1521	皮埃尔二世之女。

续表

家族	人名		在位时间	备注
	查理三世	*Charles III*	1505~1523	约翰一世之曾孙，苏珊的丈夫，公国被国王弗朗索瓦一世剥夺，旋即转封给太后萨伏依的露易丝。
萨伏依王朝	萨伏依的露易丝	*Louise de Savoie*	1523~1531	去世后波旁公国被国王收回。
阿朗松公爵				
家族	**人名**		**在位时间**	**备注**
瓦卢瓦王朝阿朗松支系	约翰一世“智者”	*Jean Ier le Sage*	1391~1415	阿朗松伯爵查理二世（国王腓力三世之孙）之孙，1414年从阿朗松伯爵升格为阿朗松公爵。
	约翰二世“美男子”	*Jean II le Beau*	1415~1476	约翰一世之子。
	勒内	*René*	1476~1492	约翰二世之子。
	查理四世	*Charles IV*	1492~1521	勒内之子。
瓦卢瓦王朝奥尔良–昂古莱姆支系	玛格丽特	*Marguerite d'Angoulême*	1509~1549	查理四世之妻、国王弗朗索瓦一世之姐，去世后阿朗松公国被国王收回。
安茹公爵				
家族	**人名**		**在位时间**	**备注**
瓦卢瓦王朝安茹支系	路易一世	*Louis Ier d'Anjou*	1351~1384	国王约翰二世之子、查理五世之二弟，瓦卢瓦–安茹家族奠基人，1360年从安茹伯爵升格为安茹公爵。
	路易二世	*Louis II d'Anjou*	1384~1417	路易一世之子。
	路易三世	*Louis III d'Anjou*	1417~1434	路易二世之子。
	勒内	*René d'Anjou*	1434~1480	路易二世之子，1431年继位为洛林公爵，1435年继承那不勒斯王位。
	查理四世	*Charles V d'Anjou*	1480~1481	路易二世之孙，路易三世和勒内之侄，无嗣，去世后安茹公国被国王路易十一收回。

续表

贝里公爵				
家族	**人名**		**在位时间**	**备注**
瓦卢瓦王朝	约翰	*Jean de Berry*	1360~1416	国王约翰二世之子、查理五世之三弟，去世时无健在男性继承人，公国被国王收回。
	查理	*Charles de France*	1461~1472	国王查理七世之子、路易十一之弟，去世时无健在男性继承人，公国被国王收回。
	让娜	*Jeanne de France*	1498~1505	国王路易十一之女、路易十二第一任王后，获封贝里公国作为与路易十二离婚的补；去世时无子嗣，公国被国王收回。
瓦卢瓦王朝奥尔良-昂古莱姆支系	玛格丽特	*Marguerite d'Angoulême*	1517~1549	国王弗朗索瓦一世之姐，去世时无健在男性继承人，公国被国王收回。
	玛格丽特	*Marguerite de France*	1549~1574	国王弗朗索瓦一世之女、亨利二世之妹。
勃艮第公爵				
家族	**人名**		**在位时间**	**备注**
瓦卢瓦王朝勃艮第支系	腓力二世“大胆”	*Philippe II le Hardi*	1363~1404	国王约翰二世之子、查理五世之四弟，瓦卢瓦-勃艮第家族奠基人。
	约翰一世“无畏”	*Jean Ier sans Peur*	1404~1419	大胆腓力之子。
	腓力三世“好人”	*Philippe III le Bon*	1419~1467	无畏约翰之子。
	查理“大胆”	*Charles le Téméraire*	1467~1477	好人腓力之子。
	勃艮第的玛丽	*Marie de Bourgogne*	1477~1482	大胆查理之女，去世后勃艮第公国本部被国王路易十一收回，尼德兰、弗朗什-孔泰等领地归入哈布斯堡家族名下。

续表

奥尔良公爵				
家族	**人名**		**在位时间**	**备注**
瓦卢瓦王朝奥尔良支系	路易一世	*Louis* Ier *d'Orléans*	1392~1407	国王查理五世之子，瓦卢瓦-奥尔良家族奠基人。
	查理一世	*Charles* Ier *d'Orléans*	1407~1465	路易一世之子。
	路易二世	*Louis II d'Orléans*	1465~1498	查理一世之子，1498年继承王位，称路易十二。
瓦卢瓦王朝奥尔良-昂古莱姆支系	亨利一世	*Henri* Ier *d'Orléans*	1519~1536	国王弗朗索瓦一世之子，1536年立为王储，1547年继承王位，称亨利二世。
	查理二世	*Charles II d'Orléans*	1536~1545	国王弗朗索瓦一世之子，早逝，封地被国王收回。

布列塔尼公爵				
家族	**人名**		**在位时间**	**备注**
卡佩王朝德勒支系	约翰四世“征服者”	*Jean IV le Conquéreur*	1364~1399	1213年以来继承布列塔尼公爵的德勒家族之后代。
	约翰五世	*Jean V*	1399~1442	约翰四世之子。
	弗朗索瓦一世	*François* Ier	1442~1450	约翰五世之子。
	皮埃尔二世	*Pierre II*	1450~1457	约翰五世之子。
	亚瑟三世	*Arthur III de Richemont*	1457~1458	约翰四世之子。
	弗朗索瓦二世	*François II*	1458~1488	弗朗索瓦一世之子。
	布列塔尼的安妮	*Anna de Bretagne*	1488~1514	弗朗索瓦二世之女。
瓦卢瓦王朝奥尔良支系	克洛德	*Claude de France*	1514~1524	布列塔尼的安妮之女，国王弗朗索瓦一世之王后。
瓦卢瓦王朝奥尔良-昂古莱姆支系	弗朗索瓦三世	*François III*	1524~1536	国王弗朗索瓦一世与克洛德之长子。
	亨利	*Henri*	1536~1547	弗朗索瓦三世之弟，1547年继承王位，称亨利二世，布列塔尼公国归于国王。

续表

佛兰德伯爵				
佛兰德家族	鲍德温八世	*Baudouin VIII*	1191~1194	埃诺伯爵鲍德温四世之子，娶佛兰德伯爵迪特里希之女而继承佛兰德伯国。
	鲍德温九世	*Baudouin IX*	1194~1205	鲍德温八世之子，1204年被推举为拉丁帝国皇帝。
	让娜	*Jeanne*	1205~1244	鲍德温九世之女。
	玛格丽特二世	*Marguerite II*	1244~1278	鲍德温九世之女。
当皮埃尔家族	居伊	*Guy*	1278~1305	玛格丽特二世之子。
	罗贝尔三世	*Robert III*	1305~1322	居伊之子。
	路易一世	*Louis Ier*	1322~1346	罗贝尔三世之孙。
	路易二世	*Louis II*	1346~1384	路易一世之子。
	玛格丽特三世	*Marguerite III*	1384~1405	路易二世之女，嫁勃艮第公爵大胆腓力，从此佛兰德伯国归勃艮第公爵所有。
香巴尼伯爵（莫城-特鲁瓦伯爵）				
韦芒杜瓦家族	韦芒杜瓦的罗贝尔	*Robert de Vermandois*	946~967	韦芒杜瓦伯爵埃贝尔二世之子，946年起任莫城伯爵，956年起任特鲁瓦伯爵。
	埃贝尔二世	*Herbert II de Troyes*	967~996	韦芒杜瓦的罗贝尔之子，其继承权在罗贝尔去世后一度被叔父埃贝尔强夺至后者980/984年去世。
	艾田一世	*Étienne Ier de Troyes*	996~1021	埃贝尔二世之子，无嗣，去世后封地被国王收回。

续表

布鲁瓦家族	厄德一世	*Eudes Ier*	1023~1037	布鲁瓦伯爵厄德一世之子、韦芒杜瓦伯爵埃贝尔二世之女柳嘉德（Liutgarde）之孙，武力强迫国王授予莫城-特鲁瓦领主权。
	艾田二世	*Étienne II*	1037~1045	厄德一世之子。
	厄德二世	*Eudes II*	1045~1063	艾田二世之子。
	蒂博一世	*Thibaut Ier*	1063~1089	厄德一世之子。
	艾田·亨利	*Etienne Henri*	1089~1102	蒂博一世之子，继任莫城伯爵。
	厄德三世	*Eudes III*	1089~1093	蒂博一世之子，继任特鲁瓦伯爵。
	于格一世	*Hugues Ier*	1093~1125	蒂博一世之子，1093年继任特鲁瓦伯爵，1102年启用“香巴尼伯爵”头衔，1125年退位。
	蒂博二世“伟人”	*Thibaut II le Grand*	1102~1151	艾田·亨利之子，1102年继任莫城伯爵，1125年继任香巴尼伯爵。

意大利

教皇（十四世纪起）				
出生地/家族	**人名**		**在位时间**	**备注**
教皇国	卜尼法斯八世	*Bonifatius VIII*	1294~1303	
神圣罗马帝国 特雷维索边区	本笃十一世	*Benedictus XI*	1303~1304	
法国	克莱芒五世	*Clemens V*	1305~1314	驻阿维尼翁。
法国	若望二十二世	*Ioannes XXII*	1316~1334	驻阿维尼翁。
法国	本笃十二世	*Benedictus XII*	1334~1342	驻阿维尼翁。
法国	克莱芒六世	*Clemens VI*	1342~1352	驻阿维尼翁。
法国	英诺森六世	*Innocentius VI*	1352~1362	驻阿维尼翁。
法国	乌尔班五世	*Urbanus V*	1362~1370	驻阿维尼翁。
法国	格列高利十一世	*Gregorius XI*	1370~1378	驻阿维尼翁。
那不勒斯王国	乌尔班六世	*Urbanus VI*	1378~1389	教会大分裂时期的罗马教皇。
法国	克莱芒七世	*Clemens VII*	1378~1394	教会大分裂时期的阿维尼翁对立教皇。
那不勒斯王国	卜尼法斯九世	*Bonifatius IX*	1389~1404	教会大分裂时期的罗马教皇。
阿拉贡王国	本笃十三世	*Benedictus XIII*	1394~1423	教会大分裂时期的阿维尼翁对立教皇。
那不勒斯王国	英诺森七世	*Innocentius VII*	1404~1406	教会大分裂时期的罗马教皇。
威尼斯共和国	格列高利十二世	*Gregorius XII*	1406~1415	教会大分裂时期的罗马教皇。
教皇国 科隆纳家族	马丁五世	*Martinus V*	1417~1431	
威尼斯共和国	尤金四世	*Eugenius IV*	1431~1447	马丁五世之侄。
热那亚共和国	尼古拉五世	*Nicolaus V*	1447~1455	
阿拉贡王国 波吉亚家族	加利斯多三世	*Callistus III*	1455~1458	
锡耶纳共和国 皮科罗米尼家族	庇护二世	*Pius II*	1458~1464	
威尼斯共和国	保禄二世	*Paulus II*	1464~1471	尤金四世之侄。
热那亚共和国 德拉·罗韦雷 家族	西克笃四世	*Sixtus IV*	1471~1484	

续表

热那亚共和国	英诺森八世	*Innocentius VIII*	1484~1492	
阿拉贡王国 波吉亚家族	亚历山大六世	*Alexander VI*	1492~1503	加利斯多三世之侄，凯撒·波吉亚之父。
锡耶纳共和国 皮科罗米尼家族	庇护三世	*Pius III*	1503	庇护二世之侄。
热那亚共和国 德拉·罗韦雷家族	儒略二世	*Julius II*	1503~1513	西克笃四世之侄。
佛罗伦萨共和国 美第奇家族	利奥十世	*Leo X*	1513~1521	僭主洛伦佐·德·美第奇之子、僭主皮耶罗二世·德·美第奇之弟。
神圣罗马帝国 尼德兰十七省	哈德良六世	*Hadrianus VI*	1522~1523	
佛罗伦萨共和国 美第奇家族	克莱芒七世	*Clemens VII*	1523~1534	僭主皮耶罗一世·德·美第奇之孙、教皇利奥十世之堂弟。
教皇国 法尔内塞家族	保禄三世	*Paulus III*	1534~1549	
教皇国	儒略三世	*Julius III*	1550~1555	
教皇国	马赛二世	*Marcellus II*	1555	
那不勒斯王国 卡拉法家族	保禄四世	*Paulus IV*	1555~1559	
米兰公国	庇护四世	*Pius IV*	1559~1565	
那不勒斯国王				
王朝	**人名**		**在位时间**	**备注**
卡佩王朝 安茹支系	查理一世	*Carlo I*	1282~1285	法国国王路易九世之弟，1266年起任西西里国王，1282年西西里晚祷事件后又称那不勒斯国王。
	查理二世“跛子”	*Carlo II lo Zoppo*	1285~1309	查理一世之子。
	罗贝托“智者”	*Roberto il Saggio*	1309~1343	查理二世之子。
	乔万娜一世	*Giovanna I*	1343~1382	罗贝托之孙女。

续表

卡佩王朝安茹-杜拉索支系	查理三世“矮子”	*Carlo III il Breve*	1382~1386	查理二世之曾孙，1385年即位为匈牙利国王查理二世。
	拉迪斯劳一世	*Ladislao I*	1386~1414	查理三世之子。
	乔万娜二世	*Giovanna II*	1414~1435	查理三世之女。
瓦卢瓦王朝安茹支系	安茹的勒内	*Renato d'Angiò*	1435~1442	安茹公爵路易二世之子，乔万娜二世之养子，1442年被迫把那不勒斯王国转让给阿拉贡国王阿方索五世。
特拉斯塔马拉王朝	阿方索一世“慷慨王”	*Alfonso I il Magnanimo*	1442~1458	乔万娜二世之养子，1416年即位为阿拉贡国王阿方索五世。
	斐迪南一世（费兰特）	*Ferdinando I* (*Ferrante*)	1458~1494	阿方索一世之子。
	阿方索二世	*Alfonso II*	1494~1495	费兰特之子。
	斐迪南二世（费兰蒂诺）	*Ferdinando II* (*Ferrandino*)	1495	阿方索二世之子。
瓦卢瓦王朝	查理四世	*Carlo IV*	1495	即法国国王查理八世。
特拉斯塔马拉王朝	斐迪南二世（费兰蒂诺）	*Ferdinando II* (*Ferrandino*)	1495~1496	复位。
	腓特烈一世	*Federico I*	1496~1501	费兰特之子。
瓦卢瓦王朝奥尔良支系	路易二世	*Luigi II*	1501~1504	即法国国王路易十二。
特拉斯塔马拉王朝	斐迪南三世	*Ferdinando III*	1504~1516	即阿拉贡国王斐迪南二世。
哈布斯堡王朝	查理四世	*Carlo IV*	1516~1554	即西班牙国王查理一世、神圣罗马帝国皇帝查理五世。
	腓力一世	*Filippo I*	1554~1598	1556年即位为西班牙国王腓力二世。
米兰公爵				
家族	**人名**		**在位时间**	**备注**
维斯孔蒂家族	吉安·加莱亚佐一世	*Gian Galeazzo I*	1378~1402	米兰统治者加莱亚佐二世·维斯孔蒂之子，1395年获封米兰公爵。

续表

维斯孔蒂家族	乔万尼·玛利亚	*Giovanni Maria*	1402~1412	吉安·加莱亚佐·维斯孔蒂之子。
	腓力·玛利亚	*Filippo I Maria*	1412~1447	吉安·加莱亚佐·维斯孔蒂之子。
安布罗希亚共和国			1447~1450	
斯福查家族	弗朗切斯科一世	*Francesco I*	1450~1466	腓力·玛利亚·维斯孔蒂之婿。
	加莱亚佐·玛利亚	*Galeazzo Maria*	1466~1476	弗朗切斯科一世·斯福查之子。
	吉安·加莱亚佐二世	*Gian Galeazzo II*	1476~1494	加莱亚佐·玛利亚·斯福查之子。
	路多维科	*Ludovico*	1494~1500	弗朗切斯科一世·斯福查之子，1500年被法国俘虏。
瓦卢瓦王朝奥尔良支系	路易十二	*Luigi XII di Francia*	1500~1512	法国国王自任米兰公爵。
斯福查家族	马西米连诺	*Massimiliano*	1512~1515	路多维科·斯福查之子，1515年起流亡法国。
瓦卢瓦王朝奥尔良-昂古莱姆支系	弗朗索瓦一世	*Francesco I di Francia*	1515~1521	法国国王自任米兰公爵。
斯福查家族	弗朗切斯科二世	*Francesco II*	1521~1524	路多维科·斯福查之子。
瓦卢瓦王朝奥尔良-昂古莱姆支系	弗朗索瓦一世	*Francesco I di Francia*	1524~1525	法国国王再次自任米兰公爵。
斯福查家族	弗朗切斯科二世	*Francesco II*	1525~1535	复位，去世后米兰公国被帝国收回。
哈布斯堡王朝	腓力二世	*Filippo II*	1540~1598	1540年受皇帝查理五世赐封米兰公国，1556年即位为西班牙国王腓力二世。
佛罗伦萨共和国僭主/佛罗伦萨公爵				
家族	**人名**		**在位时间**	**备注**
美第奇家族	科西莫	*Cosimo*	1434~1464	佛罗伦萨银行家乔万尼·德·美第奇之子。

续表

美第奇家族	皮耶罗一世“痛风者”	*Piero il Gottoso*	1464~1469	僭主科西莫·德·美第奇之子。
	洛伦佐一世“豪华者”	*Lorenzo il Magnifico*	1469~1492	痛风者皮耶罗之子。
	皮耶罗二世“不幸者”	*Piero il Fatuo*	1492~1494	豪华者洛伦佐之子，1494年流亡。
共和国	吉洛拉莫·萨伏纳罗拉	*Girolamo Savonarola*	1494~1498	佛罗伦萨神权共和国精神和世俗领袖。
	皮耶罗·索德里尼	*Piero Soderini*	1502~1512	1502年起担任终身正义旗手，即共和国最高行政长官。
美第奇家族	枢机主教若望	*Cardinale Giovanni*	1512~1513	豪华者洛伦佐之子，1513年当选为教皇利奥十世。
	朱利亚诺	*Giuliano*	1513~1516	豪华者洛伦佐之子。
	洛伦佐二世	*Lorenzo*	1516~1519	不幸者皮耶罗之子。
	枢机主教儒略	*Cardinale Giulio*	1519~1523	痛风者皮耶罗之孙、豪华者洛伦佐之侄，1523年当选为教皇克莱芒七世。
	伊波利托	*Ippolito*	1523~1527	豪华者洛伦佐之孙、朱利亚诺·德·美第奇之子，1527年被市民驱逐。
共和国	尼科洛·卡波尼	*Niccolò Capponi*	1527~1529	担任终身正义旗手。
美第奇家族	亚历山德罗	*Alessandro*	1530~1537	洛伦佐二世之子，1532年获封佛罗伦萨公爵。
	科西莫一世	*Cosimo I*	1537~1569	佛罗伦萨银行家乔万尼·德·美第奇之五世孙，1569年获封托斯卡纳大公。

西班牙

阿拉贡国王				
王朝	人名		在位时间	备注
特拉斯塔马拉王朝	斐迪南一世“诚实者”	*Fernando I el Justo*	1412~1416	卡斯蒂利亚国王约翰（胡安）一世之子，开启阿拉贡王国的特拉斯塔马拉王朝。
	阿方索五世“慷慨王”	*Alifonso V lo Magnanimo*	1416~1458	斐迪南一世之子，1442年起为那不勒斯国王。
	约翰（胡安）二世“伟人”	*Juan II el Grande*	1458~1479	斐迪南一世之子。
	斐迪南二世“天主教徒”	*Fernando II el Católico*	1479~1516	约翰二世之子，1474~1504年与伊莎贝拉共同统治卡斯蒂利亚-莱昂王国，1506年美男子腓力去世后为卡斯蒂利亚-莱昂王国摄政。
西班牙国王				
王朝	人名		在位时间	备注
哈布斯堡王朝	查理一世“皇帝”	*Carlos I el César*	1516~1556	阿拉贡国王斐迪南二世之外孙，1519年起为神圣罗马帝国皇帝查理五世。
	腓力二世“谨慎者”	*Felipe II el Prudente*	1556~1598	查理一世之子。

英格兰

国王				
王朝	人名		在位时间	备注
诺曼底王朝	威廉一世“征服者”	*William I the Conqueror*	1066~1087	诺曼人公爵罗贝尔一世之子。
	威廉二世	*William II*	1087~1100	威廉一世之子。
	亨利一世“儒雅者”	*Henry I Beauclerc*	1100~1135	威廉一世之子。
布鲁瓦王朝	斯蒂芬	*Stephen of Blois*	1135~1154	威廉一世之外孙。
金雀花王朝	亨利二世	*Henry II*	1154~1189	亨利一世之外孙、玛蒂尔达皇后之子。
	理查一世“狮心王”	*Richard I the Lionheart*	1189~1199	亨利二世之子。
	约翰“无地王”	*John Lackland*	1199~1216	亨利二世之子。
	亨利三世	*Henry III*	1216~1272	无地王约翰之子。
	爱德华一世“长腿”	*Edward I Longshanks*	1272~1307	亨利三世之子。
	爱德华二世	*Edward II*	1307~1327	爱德华一世之子。
	爱德华三世	*Edward III*	1327~1377	爱德华二世之子。
	理查二世	*Richard II*	1377~1399	爱德华三世之孙。
兰开斯特王朝	亨利四世	*Henry IV*	1399~1413	爱德华三世之孙、兰开斯特公爵冈特的约翰之子。
	亨利五世	*Henry V*	1413~1422	亨利四世之子。
	亨利六世	*Henry VI*	1422~1461	亨利五世之子。
约克王朝	爱德华四世	*Edward IV*	1461~1470	爱德华三世之四世孙，第三代约克公爵理查之子。
兰开斯特王朝	亨利六世	*Henry VI*	1470~1471	复位。
约克王朝	爱德华四世	*Edward IV*	1471~1483	复位。
	爱德华五世	*Edward V*	1483	爱德华四世之子。
	理查三世	*Richard III*	1483~1485	爱德华三世之四世孙，第三代约克公爵理查之子。

续表

都铎王朝	亨利七世	*Henry VII*	1485~1509	冈特的约翰之曾孙女玛格丽特·博福特之子。
	亨利八世	*Henry VIII*	1509~1547	亨利七世之子。
	爱德华六世	*Edward VI*	1547~1553	亨利八世之子。
	玛丽	*Mary*	1553~1558	亨利八世之女。
	伊丽莎白一世	*Elizabeth I*	1558~1603	亨利八世之女。

德意志

罗马人国王/神圣罗马帝国皇帝				
王朝	人名		在位时间	备注
萨克森王朝	奥托一世“大帝”	*Otto I. der Große*	936~973	东法兰克国王亨利一世之子，951年起为意大利国王，962年加冕为神圣罗马帝国皇帝。
	奥托二世	*Otto II.*	961~983	奥托一世之子，973年加冕为帝。
	奥托三世	*Otto III.*	983~1002	奥托二世之子，996年加冕为帝。
	亨利二世	*Heinrich II.*	1002~1024	亨利一世之曾孙，1014年加冕为帝。
法兰克尼亚王朝	康拉德二世	*Konrad II.*	1024~1039	施派尔伯爵亨利之子，1027年加冕为帝，1033年起为勃艮第国王。
	亨利三世	*Heinrich III.*	1028~1056	康拉德二世之子，1046年加冕为帝。
	亨利四世	*Heinrich IV.*	1056~1105	亨利三世之子，1084年加冕为帝。
	亨利五世	*Heinrich V.*	1099~1125	亨利四世之子，1111年加冕为帝。
苏普林堡王朝	洛泰尔二世	*Lothar II.*	1125~1137	苏普林堡伯爵吉布哈特之子，1133年加冕为帝。
霍亨施陶芬王朝	康拉德三世	*Konrad III.*	1138~1152	士瓦本公爵腓特烈一世之子。
	腓特烈一世“巴巴罗萨”	*Friedrich I. Barbarossa*	1152~1190	康拉德三世之侄，1155年加冕为帝。
	亨利六世	*Heinrich VI.*	1169~1197	腓特烈一世之子，1191年加冕为帝。
韦尔夫王朝	奥托四世	*Otto IV.*	1198~1218	萨克森公爵狮子亨利之子，1209年加冕为帝。
霍亨施陶芬王朝	腓特烈二世	*Friedrich II.*	1212~1250	亨利六世之子，1220年加冕为帝。
	康拉德四世	*Konrad IV.*	1250~1254	腓特烈二世之子。

续表

大空位时期			1254~1273	有过几位罗马人国王，权力形同虚设。
哈布斯堡王朝	鲁道夫一世	*Rudolf I.*	1273~1291	哈布斯堡伯爵阿尔伯特四世之子。
拿骚王朝	拿骚的阿道夫	*Adolf von Nassau*	1292~1298	拿骚伯爵瓦尔拉姆二世之子。
哈布斯堡王朝	阿尔伯特一世	*Albrecht I.*	1298~1308	鲁道夫一世之子。
卢森堡王朝	亨利七世	*Heinrich VII.*	1308~1313	卢森堡伯爵亨利六世之子，1312年加冕为帝。
维特尔斯巴赫王朝 巴伐利亚支系	路易四世“巴伐利亚人”	*Ludwig IV. der Bayer*	1314~1347	巴伐利亚公爵路易二世之子，1328年加冕为帝。
卢森堡王朝	查理四世	*Karl IV.*	1347~1378	亨利七世之孙，1355年加冕为帝。
	文策尔	*Wenzel*	1378~1400	查理四世之子。
维特尔斯巴赫王朝 普法尔茨支系	普法尔茨的鲁佩特	*Ruprecht von der Pfalz*	1400~1410	莱茵行宫伯爵鲁佩特二世之子。
卢森堡王朝	摩拉维亚的约伯斯特	*Jobst von Mähren*	1410~1411	查理四世之侄。
	西吉斯孟德	*Sigismund*	1411~1437	查理四世之子，1433年加冕为帝。
哈布斯堡王朝	阿尔伯特二世	*Albrecht II.*	1438~1439	奥地利公爵阿尔伯特四世之子。
	腓特烈三世	*Friedrich III.*	1440~1493	施蒂利亚和卡林提亚公爵恩斯特之子，1452年加冕为帝。
	马克西米连一世	*Maximilian I.*	1486~1519	腓特烈三世之子，1508年称帝。
	查理五世	*Karl V.*	1519~1556	马克西米连一世之孙，1520年称帝，1530年加冕，1556年退位。
	斐迪南一世	*Ferdinand I.*	1531~1564	查理五世之弟，1558年称帝。